Marie Métrailler
Die Reise der Seele

PIPER

Zu diesem Buch

Die »Weise von Evolène« wurde die Bäuerin Marie Métrailler genannt. Ihre Kindheit war den harten Gesetzen des bäuerlichen Lebens und eines bigotten katholischen Glaubens unterworfen. Doch schon früh schafft sie sich durch die Lektüre literarischer Mystiker eine eigene Welt. Und beharrt auf ihrer Eigenständigkeit als Frau, indem sie gegen den Widerstand des ganzen Dorfes einen Laden eröffnet. Schon bald suchen berühmte und weniger berühmte Zeitgenossen bei ihr Rat in existentiellen Fragen.

Marie Métrailler (1901–1979) wurde als älteste von sechs Geschwistern in Evolène im Val d'Hérens geboren. Sie blieb ledig, emanzipierte sich von der katholischen Sittenlehre, fand aber Zugang zur Spiritualität. Sie und ihr Stoffgeschäft zogen Menschen von nah und fern an. Ihr Dorf verließ sie nur vier Mal.
Marie-Magdeleine Brumagne (1920–2005) arbeitete als Journalistin und lebte in Lausanne. Von 1974 bis 1979 führte sie zahlreiche Gespräche mit Marie Métrailler, die sie in diesem Buch aufgezeichnet hat.

Marie Métrailler

Die Reise der Seele

Herausgegeben von Marie-Magdeleine Brumagne

Aus dem Französischen von Pierre Imhasly

Piper München Zürich

Mehr über unsere Autoren und Bücher:
www.piper.de

Die Übersetzung wurde behutsam dem heutigen Sprachgebrauch angepasst.

MIX
Papier aus verantwortungsvollen Quellen
FSC® C083411
FSC www.fsc.org

Ungekürzte Taschenbuchausgabe
1. Auflage August 2012
2. Auflage November 2012

Titel der Schweizer Originalausgabe:
»La Poudre de Sourire. Le témoignage de Marie Métrailler«,
Editions Clin d'Œil, R. Marmillod, Schweiz 2008

erschienen im Verlagsprogramm Pendo
unter dem Titel: Die Reise der Seele
Umschlaggestaltung: Birgit Kohlhaas, Egling
Umschlagmotiv: Birgit Kohlhaas (Frau), Fotolia (Landschaft)
Satz: Fotosatz Reinhard Amann, Aichstetten
Gesetzt aus der Stempel Schneidler
Papier: Munken Print von Arctic Paper Munkedals AB, Schweden
Druck und Bindung: CPI – Clausen & Bosse, Leck
Printed in Germany ISBN 978-3-492-30002-5

Es gibt Menschen, die spüren von hier aus die Länder des Jenseits auf, nehmen, vor allen andern, den Dunst neuer Zeitengestade wahr. Sie gehn auf die Suche nach der Zukunft, wie andere auf die Suche nach neuen Kontinenten gingen. Ihr Wort nur bringen sie zurück, vielleicht einen neuen Blick. Wer aber versteht ihre Augen? Mögen sie dich auch anstiften, auf jene Reise zu gehn – es muß dir, für eine solche Reise, die Seele als Schiff dienen, möchte ich sagen. Deine Seele muß aus dem Holz eines Hochseeschiffes sein und betakelt wie dieses. Ein schönes Schiff, ha!

Edmond Gillard

M. Lutz, Hand-Lexicon der Schweiz. Eidgenossenschaft, 1856:

Evolena, beträchtliches Pfarrdorf mit fruchtbaren Matten, im wallis. Bez. Hérens, an der Borgne. Die ganze Pfarre, in welcher la Sage, Forclaz, Audeires, Pralovin, Lana, Arbe und Villa, nebst noch mehrern Häusergruppen sich befinden, hat 1040 Pfarrgenossen. Sie leben alle mit wenigen Bedürfnissen im glücklichen Mittelstande, und als ein einsam lebendes Hirtenvolk zeichneu sie sich durch Biedersinn, Gutmüthigkeit und Gastfreiheit aus. Evolena bildet den Mittelpunkt eines großen von Gletschern umgebenen Kessels, daher seine Umgebungen wild und rauh, aber für den Liebhaber der großen Natur anziehend sind. Bei der Kirche dieses, 4245 F. ü. M. erhabenen Orts quillt ein Sauerbrunnen hervor, dessen Wasser einige Aehnlichkeit mit demjenigen von Fideris haben soll, und welchen die Umwohner besuchen. In seiner Nähe befinden sich die großen Gletscher Ferpecle, über den in frühern Zeiten ein Pfad in 7 bis 8 St. nach Zermatt im Matterthal führte, und la Rolle, der in 3 langen und breiten Armen sich in die grünen Auen von St. Barthelemi ergießt. Im höchsten Sommer führt ein Pfad über diese Eisfelder nach Val Pellina und tiefer nach dem Aostathal hinab, über das Eringerthal oder Val d'Hérens (s. Hérens, Val d').

Fliehen? Und wohin gehn?

Ich bin, sehr lang ist's her, 1901 geboren, zu einer Zeit, da, vor allem für uns Bergbauern, das Leben ganz anders war. In Evolène gab es keine reichen Leute. Jede Familie hatte ein paar Flickstücke landwirtschaftlichen Bodens, aufgeteilt in was weiß ich wie viele Parzellen. Vom einen Ende ans andere mußte man laufen, um diese Erde zu bewirtschaften. Beim Einbringen der Ernte hieß es alles zusammenkratzen, den letzten Halm, die winzigste Kartoffel. Alles war zu gebrauchen.

War auch das Leben nicht leicht, daß wir unglücklich gewesen wären, konnte man nicht sagen.

Ich wurde in eine Lehrersfamilie hineingeboren, Leute, die sehr schmal lebten. Nur sechs Monate im Jahr dauerte hier die Schule. Mein Vater gab seinen Unterricht, wann und wie er konnte; er hatte es sich so eingerichtet, daß er daneben noch ein wenig Landwirtschaft treiben konnte. Wegen uns Kindern konnte sich meine Mutter nie ganz ihrem Beruf widmen. Beide zusammen verdienten sie nicht mehr als zweihundert Franken pro Winter ... So pflanzten wir denn Korn, Kartoffeln, und meine Eltern hatten, glaube ich, eine Kuh zu Hause. Ein hartes Leben, aber man lebte.

Ich war das älteste von sechs Kindern.

Hast du Erinnerungen aus deiner frühen Kindheit?

Ja, doch weiß ich nicht, ob ich sie geträumt habe. Mir will scheinen, diese Dinge hätten sich auf den Maiensäßen, den in der Bergen gelegenen Alphütten, zugetragen, wohin wir manchmal winters zogen. Ich muß ein Jahr alt gewesen sein.

Und ein anderes Bild steigt mir auf, dieses aus dem Frühling, auch da oben. Ich sehe, wie mein Onkel, ein rechter Teufel von einem Bergführer, Schneequader heraushaut. Auf seinen Schultern sitze ich. Wir hatten mehrere Maiensäße, was nicht heißen will, wir hätten viel Boden besessen. In jenem Frühjahr sind wir von Arbey nach Flanmayens heruntergestiegen, dem Wildbach nach, der in die Borgne fließt; wir zogen auf eine andere Voralpe. Ich saß in einem Aufbastsack, einem jener beiden Quersäcke, die dem Maultier über die Flanken hängen. Im anderen mein Bruder. Und ich war zu Tode erschrocken, wie ich da über die Leere ragte.

Als ich zum letzten Mal dort hinaufstieg und in Arbey wohnte, war ich fünfzehn.

Ich war mit meiner Großmutter dort oben, und ich beobachtete zum Zeitvertreib stundenlang Ameisenhaufen. Stieß sachte mit einem Stecken hinein, um zu sehen, wie die Stockwerke, die Zimmer, die Gänge angelegt waren. Pflanzte dann Blumen in den Haufen. Die Ameisen sollten einen Garten haben. Von den Pflanzen, die sie nicht kannten, überrascht, es waren vor allem wilde Stiefmütterchen, spritzten sie ihr Sekret darüber. Unter der Wirkung der Säure wurden die Blumen, die in Gelb und Violett prangten, rötlich mit ein wenig Lila drin. Ich war verblüfft.

In meinem kleinen Hirn versuchte ich, diese so gut ausgebildete Gesellschaftsform zu verstehen. Das Geheimnis, das ich nicht lüften konnte, jagte mir Furcht ein, warum, kann ich nicht sagen … Heute sehe ich die Dinge anders. Jenes Angstgefühl aber ist geblieben. Ich frage mich: Könnte es daher rühren, daß diese Insekten unsere Vorfahren waren und uns überleben werden auf der Erde? Eine Gattung, die über uns hinauswächst, in die wir uns nicht hineinversetzen können, die uns erschreckt, uns die menschlichen Grenzen aufzeigt? Ist es die Form ihrer Intelligenz, die mich verstört? Ich habe keine Antwort.

Auch die Schmetterlinge machen mir angst, wenn ich sie ansehe. Zu dieser Jahreszeit kommen sie ins Haus. Eine Vanessa Vulkan mit rotem Streifen auf schwarzbraunem Grund. Sie kapseln sich in einem Spalt am Holzboden ein, mitten im Winter beginnen sie ihre Verwandlung. Die feuchten Flügel aus einer Puppe herauskommen zu sehen, das ist höchst beunruhigend, es ist, als sähe man einer menschlichen Geburt zu. Ameisen und Schmetterlinge gehören zum großen Kreislauf der Natur, zu Gottes großem Zeitenkreis. Wie wir sind sie eine Offenbarung jener ewigen Energie des Alls.

Siehst du, ich glaube ja an eine mögliche Seelenwanderung bei den Menschen, aber für die Tiere? Sie hätten eine Gruppen-Seele, nicht eine individuell ausgeprägte wie wir, wird vermutet. Ich sage mir aber: Wenn alles wiedergeboren wird, gibt es keinen Platz mehr auf der Welt … Und ich sage mir weiter: Dummkopf, und der Platz? Wenn nötig, wird Gott ihn schon schaffen! Das ist vielleicht ein bißchen vereinfacht, aber nun!

Daß meine Großmutter sehr vertraut mit den Toten umging, daran kann ich mich gut erinnern. Mein Vater ebenfalls. Die sind also mit Armen Seelen zusammengetroffen, unterhielten sich mit ihnen. In einem gewissen Sinn ist es gut, daß die Natur ringsum mich gegen diese für ein Kind doch sehr dumpfe Atmosphäre in Schutz genommen hat.

Meine Großmutter und auch meine Mutter erzählten mir jene Geschichten von früher, Geistergeschichten meist. Für sie waren wir in ständigem Kontakt mit den jenseitigen Kräften. Ja, zum Glück beschützte mich die Natur, sie war irgendwie beruhigend. Hier hatte ich Boden unter den Füßen.

Von meiner frühesten Kindheit an, bis ich zwanzig war, waren mir solche Unterhaltungen alltäglich; die Leute redeten nur davon, was ihnen an Seltsamem, Außergewöhnlichem widerfuhr. Sogar mein Vater, einer der gescheitesten Menschen, denen ich je begegnet bin – und ich sage das nicht, weil er mein Vater war –, sogar er erzählte mir solche Dinge … auch die Großmutter, eine kluge Frau, realistisch und selbstsicher. Sie behauptete, es seien Wesen um sie herum, sie sähe sie und rede mit ihnen, ohne im geringsten zu erschrecken. Die arme Großmutter! Sie war eine außerordentliche Frau, hatte sie doch einen Fremden geheiratet, einen, der aus Frutigen, bei Adelboden, kam. Rumpf hieß der, seine Familie war aus Mühlhausen. Er stellte Messer her.

Als er seine Gesellenreise durch Frankreich machte und diese recht ausdehnte, ließ er sich hier nieder. Er hatte einen Freund, einen Schreiner aus Evolène, mit dem klopfte er die Dörfer ab, um seine Waren zu verkaufen. So ist er meiner Großmutter begegnet, einem entzückenden Mädchen. Heiratete sie, lehrte sie lesen, den Namen schreiben.

Sie war sehr fromm, aber keine Eiferin, wußte um Gottes Vergebung, sie gehörte nicht zu den Frauen, die immerzu vor dem Leben und dem Tod erzittern. Sie wußte einen schönen Teil des Neuen Testamentes auswendig herzusagen. Zu jener Zeit war das Bibellesen den Katholiken verboten. Die Psalmen, die man in der Kirche laut und lateinisch beten mußte, kannte sie alle. Ich hatte meine Großmutter sehr gern. Ich möchte sie schon wiedersehen.

Großvater, ihr Mann, starb 1875, sehr jung, an einer Lungenentzündung. Mit drei Kindern wurde sie Witwe. In Tat und Wahrheit waren es vier, denn eine ihrer Schwestern hatte ein uneheliches Kind. Sie taten sich zusammen, um die Kinder aufzuziehen.

Großmutter hat das Handwerk des Messermachers wieder aufgenommen. In der kleinen Schmiede, die mein Großvater im Haus eingerichtet hatte, hämmerte ihre Schwester die Klingen. Nachdem sie diesen ein Heft aufgesetzt hatte, ging Großmutter zu Fuß in die Dörfer, um sie zu verkaufen. Sie war sehr lebhaft, fröhlich, die Mutter meiner Mutter. Ist 1927 mit fünfundsiebzig gestorben.

Lange habe ich mich an ihrer Anwesenheit erwärmt.

Ach, wenn ich an ihr Leben denke! Siehst du, früher, da sprang man keineswegs zart um mit den Witwen, den Frauen, die übers Dorf hinaus geheiratet hatten, mit den ledigen Müttern. Ungern sah man vor allem, wenn sich Witwen wieder verheirateten. So blieben diese Frauen ganz auf sich allein gestellt. Mit einem Mann reden schürte schon Verdacht… Sie gingen so wenig wie möglich aus dem Haus. Wenn sie ins Vaterhaus zurückkehrten, wurden sie – das war der Lauf der Dinge – Mägde ihres Vaters, ihrer Brüder. Es brauchte eine standhafte Gemütsart, um solche ungeschriebenen Gesetze zu übertreten.

Meine Großmutter und meine Tante besaßen Mut und Unabhängigkeit, Freiheitsdrang.

Was du geerbt hast, dein Leben bezeugt es.

Möglich. Großmutter hat mein Leben stark geprägt. Abend für Abend erzählte sie mir beim Spinnen ihre Geschichten. Ich setzte mich zu ihr auf einen Schemel, und sie erzählte, erzählte … von den alten Zeiten, von einem ihrer Onkel meistens, einem sonderbaren Heiligen, man nannte ihn den Sakristan, *chacrustin* in unserem Dialekt.

Die Mutter meines Vaters hingegen starb 1905. Ich kannte sie schlecht. Auch sie kam von Evolène, eine Anzévui. In meinen sehr verschwommenen Erinnerungen sehe ich sie klein, alt und verdrückt. In einem kleinen Stall neben ihrem Haus zog sie Hühner auf, die wir, mein Vater und ich, bei Gott, manches Mal aushoben. Sie hinkte, sprang mit einem Stock hinter uns her! Ach nein! Sie schlug uns nicht, sie wollte nur nicht, daß man ihre liebsten Tierchen anrühre.

Was erzählte deine Großmutter über den Sakristan?

Eine Menge, Lustiges und Rührendes. Eines Tages war er hingegangen und hatte aus dem alten Beinhaus, das es nicht mehr gibt, den Schädel seiner Mutter geholt. Als Meditationsgegenstand stellte er ihn neben sein Bett.

Seine Abenteuer erzählte sie mir mit dem gleichen Eifer, wie er sie ihr berichtet hatte. Ich hätte die ganze Nacht zugehört. Der Sakristan war sehr arm, aber hier gab es Leute, die waren noch elender dran als er, und er wollte ihnen helfen. Er hatte ein Herz aus Gold. Im Tal wurde behauptet, im Berg, gegen Volovron hin, gäbe es einen verborgenen Schatz, wo die Tuffsteinmine lag mit jenem gelben Tuff, aus dem man früher die Türeinfassungen gestaltet hatte. *Le pire rouche*, zu den Roten Steinen, heißt der Ort.

Diese Schätze taten sich nur am Weihnachtsabend auf, während der Mitternachtsmesse, genau im Augenblick der Wandlung. Da öffnete sich dann der Fels, gab eine Treppe frei, die zu dem Schatz hinführte.

Der Sakristan hatte einen Freund, der war bei weitem

weniger fromm, ein Schürzenjäger. Gern würde er siebzehn Pässe überqueren, erklärte er, um einem Mädchen zu begegnen.

Wenn er herumspazierte, ließen sich immer Krähen, die wir *krok* nennen, auf seinen Schultern nieder, riesige schwarze Vögel. Die waren nicht gezähmt. Der Mann mußte einen ganz eigenen Zauber haben, der die Vögel bannte.

Nun denn, auch er wollte Gold finden. Kurz, der Heide und der Heilige taten sich für das Abenteuer zusammen. Zuvor hatten sie sich über die Bedingungen geeinigt, die dieses zu einem guten Ende führen sollten: Vier während des Sommers, in der Sankt-Johannisnacht, gepflückte Pflanzen mitnehmen; ein vierblättriges Kleeblatt, Hartheu oder Johanniskraut, einen Alpenrosenzweig und einen vom Fingerhut, den man hier *Parisette* nannte. Sie hatten die nötigen Gebete verrichtet, hatten gebeichtet, waren zur Kommunion gegangen und hatten während neun Tagen neun Pater Noster und Ave Maria aufgesagt.

Im Augenblick, da das Glöcklein zur Wandlung läutete, kamen sie an den Eingang der Höhle. Der Felsen tut sich auf. Sie sehen die Treppe, steigen unter Tag und machen einen Berg von Gold und Schmucksteinen aus, der von drei Maiden gehütet wird. Der Sakristan schaute sie nicht einmal an, während sein Freund natürlich stehenblieb und mit ihnen Süßholz raspelte.

Die Zeit der heiligen Wandlung ist kurz, es hieß schnell sein. Der Onkel hatte nicht eine Minute verloren. Mit vollem Sack steigt er sofort wieder zum Ausgang hinauf … der andere aber trödelt. Schon geht der Fels wieder zu. Draußen sieht der Sakristan, daß sein Kumpan nicht nachkommt. Fängt bestürzt an, ein Stück aus dem Johannes-

Evangelium herzusagen. Ein Wunder: Der Berg hält in seiner Bewegung inne. Leider ist der Spalt sehr eng. Wie er heraus will, zerquetscht der Verspätete sein Fleisch an den felsigen Zacken, wird auf immer verkrüppelt bleiben!

Am anderen Tag fand der Sakristan in seinem Sack nichts als verwelktes Laub!

Ist dies eine Geschichte, die sich in deiner Familie zugetragen hat?

Ja, vor über einhundertfünfzig Jahren. Ich glaube wirklich, daß die beiden Männer zu den Roten Steinen gingen, daß sie die Felsen erforscht haben, einen Spalt zu sehen vermeinten, daß Blöcke auf den Freund gefallen sind, die ihn schwer verletzt haben, denn nach diesem Ausflug hinkte er sein Leben lang. Als ich ihn kannte, war er sehr alt.

Der Sakristan war ein ungewöhnlicher Mann, großzügig, gläubig, ja leichtgläubig, harmlos und findig in einem. In seinem Zimmer stand eine Reihe frommer Bilder, wie man das früher in allen Häusern sah. Hoch unter der Decke schräg auf einem Brettchen … fast wie Ikonen. Eines dieser Bilder zeigte Sankt Theodul, der sehr verehrt wird in unserem Land. Dieser Heilige, ein schlauer Fuchs, hatte den Teufel überlistet, so daß der ihm eine Glocke über die Gletscher trug. Nicht etwa irgendeine Glocke – ein Geschenk des Papstes, das aus Rom hermußte!

Der Sakristan mochte in Sachen Schlauheit nicht zurückstehen. Am Tag des heiligen Theodul steckte er statt des einen zwei Kerzlein vor dem Bild an. Man sagte ihm: »Aber Pierre, wo denkst du hin? Du zündest dem Teufel eine Kerze an.« Lachend entgegnete er: »Haltet das Maul, man weiß nie, wen man noch gebrauchen kann …« Er versicherte sich auf beide Seiten hin!

In einem katholischen Land kann das nicht schaden! Er

meinte auch: »Wer dem Teufel hilft, wird in der Hölle den besten Platz haben.«

Und noch einmal er, in seinen alten Tagen schon – er hatte nicht viel zu beißen, und was er aß, hatte immer einen Geschmack von Asche –, wie er da nach Sitten hinabsteigt zu einem Apotheker und von diesem ein »bißchen Geschmackssalbe« will, um sich Appetit zu machen.

Wie sah hier die Kindheit eines Mädchens aus, wenn es das älteste der Familie war?

Wie anderswo, solange das Mädchen noch ganz klein war. Man war weder streng noch hart zu den Kindern. Die ersten Jahre spielten wir im ganzen Dorf Verstecken, spielten oft mit Gleichaltrigen. Später dann war alles viel verzwickter. Als ich größer wurde, mußte ich mich um die Jüngeren kümmern, sie hüten, mußte an den Haushaltskarren, Essen bereiten, all diese Arbeiten. Es ist nicht immer lustig, wenn man sieben ist und ständig hört: »Du kannst einen Augenblick spielen gehen, paß aber auf, daß den Kleinen nichts geschieht. Und nachher wirst du mir helfen...«

Die einzige Gefahr für die Kinder damals war, einem Maultier zu begegnen, das aus dem Stall ausgebrochen war. Sie hatten ihre Launen, ihr Hufschlag tat nicht gut.

Mit sechs bin ich zur Schule gegangen, ein Jahr vor dem gesetzlichen Alter. Schule hatten wir in den sechs Wintermonaten. Bis wir fünfzehn waren.

In sechs Monaten mußten wir uns ein Programm einverleiben, das im Tal auf zehn verteilt war. Wir mußten, versteht sich, einzelne Fächer auslassen: Gesang und Zeichnen wurden vollständig vernachlässigt. Rechnen und Französisch aber, da gab es keinen Spaß! In meinen ersten Schuljahren war Vater mein Lehrer. Wir lebten in Lanna.

Die Schule hatte zwanzig Kinder, der Weiler war stärker bewohnt als heute.

Immer habe ich bedauert, Musik und Zeichnen nie gelernt zu haben. Es gab wohl Gesangsvereine, doch ließ man mich nicht mitmachen. Ich mußte zu Hause bleiben. Da sang ich denn für mich allein. Jemand anderen singen hören bereitete mir überhaupt kein Vergnügen, mein Ohr war dazu nicht geschult, kein Zweifel.

Ich hatte also ein Spiel erfunden, um mir meine eigene Musik zu machen. Zog mich in mich selbst zurück, wie soll ich sagen: Ich schloß mich vollständig ein, ja, ich fing an, auf mein innerstes Wesen zu hören und hörte so eine Musik, nie gesungen, immer instrumental, getragen, friedlich und beschwichtigend! Du siehst, Musik fehlte mir nicht, nur war es keine gängige Musik. Und, weißt du, noch immer vernehme und höre ich jene harmonischen Klänge, die mich damals forttrugen. Es ist, als stürzte ich mich in ein warmes, seidiges Wasserbad.

Die Konzerte im Radio, im Fernsehen, das geht mir auf die Nerven, ich stelle das Radio ab. Das wenige aber, was ich gehört habe, läßt mich eine mögliche Verbindung herstellen zwischen meinen Kompositionen und ein paar Takten Wagner oder Händel … nie Bach, überhaupt nie. Es sind die gleichen Klänge, die ich höre, wenn ich in mich hineinhöre … Die Musik, wäre sie denn ein Element jener alles umfassenden Erkenntnis, die wir in unserem kollektiven Unbewußten haben? Wer mag das wissen?

Mit dem Älterwerden nahm die Arbeit zu, das ist alles. Das Leben brachte keinen einschneidenden Wandel. So vergingen uns die Jahre von fünfzehn bis zur möglichen Heirat. Ich bin ledig geblieben, alte Jungfer. Junggesellin, wie man heute sagt. Wir hatten Probleme mit der Familie;

ich mußte arbeiten, um meine Eltern zu unterhalten. Ach, ich hatte nie wirklich ans Heiraten gedacht: Eine Heirat, das ist hier nichts Einfaches. Zuerst einmal muß man sein eigenes Haus haben. Wir hatten eines, waren aber sechs Kinder. Mein Vater hatte es mit seinen Händen erbaut. Er besaß noch eins, das er von seinem Vater geerbt hatte, das aber zu klein war, um uns alle aufzunehmen.

Um zu heiraten, mußte man also ein Haus haben und einen Mann, der seinen Lebensunterhalt verdiente. Man überließ das ein bißchen der Fügung, dem Schicksal. Lebte weiter, in den Tag, ohne Plan und Vorhaben. Man hatte genug Arbeit, um daneben nicht zu weitreichende Überlegungen anzustellen.

Ja doch, eine Heirat stellte die Familie vor verschiedene Probleme, besonders, weil der parzellierte Boden nicht ins Unendliche aufgeteilt werden konnte. In den meisten Familien suchte man denn, um eine größere Zerstückelung zu vermeiden, das eine oder andere Kind ledig zu behalten. Die arbeiteten für die Gemeinschaft. Nicht daß diese reicher geworden wäre dabei – ein schwieriges Unterfangen, denn es gab keine wirklich Reichen bei uns –, sondern um das Los der Verheirateten und deren Kinder zu verbessern.

Wer entschied über das Zölibat? Ich weiß nicht. Bei uns ging das ohne größere Überlegung, denn erst haben sich meine Brüder verheiratet, dann meine jüngere Schwester. Da konnte ich meine Eltern nicht allein lassen, ohne Unterstützung. Altersversicherung gab es noch keine.

So blieb ganz einfach ich, die Älteste, zu Hause. Man sagte mir, in den höher gelegenen Dörfern, in Villa, La Forclaz, hätte es dafür Familienräte gegeben. Der Großvater oder einer der älteren Brüder entschied, wer zu heiraten hatte und wer nicht. Die Ledigen blieben bei den Eltern. Bei deren Tod bekamen sie das Haus. Wenn sie wiederum verstarben, ging das ganze Gut an die Neffen. Du kannst dir die Zwistigkeiten ausmalen, wenn diese zahlreich waren!

Großmutter erzählte, sie habe bei Bauern in Villa gearbeitet, die seien reicher gewesen als wir, ihr Boden weniger zerstückelt als der unsere in Evolène. Sie redete vom Rat in dieser und jener Familie. Die Elternpaare seien von den Junggesellen und alten Jungfern unterstützt worden und aus diesem Grund wohlhabender gewesen als wir, ihr Land weniger zerstückelt. Es stimmt auch, daß auf den Felsen da oben weniger Leute wohnten als bei uns im Dorf.

Mein Vater hätte es gern gesehen, wenn ich nach der Primarschule ins Lehrerseminar gegangen wäre. Das gefiel mir nicht besonders, um so mehr, als sich ein paar Mißhelligkeiten mit diesem Vorhaben verbanden. Er hatte seiner Schwester, einer Nonne, die in jener Schule unterrichtete, einige meiner Französischaufsätze geschickt. Die waren, ohne Zweifel, recht hübsch geschrieben. Meine Tante sah sofort, daß ich mit Leichtigkeit lernte, und dachte, ich würde eine gute Lehrerin. Aber da hatte ich das Unglück – oder war es ein Glück? – zu hören, wie Vater, Mutter und der Pfarrer darüber dachten. Sie sahen das Lehrerseminar als eine Art Sprungbrett fürs Kloster! Da hatte ich gleich genug. Man sollte mir von diesen Studien schon gar nicht mehr erst reden! Mit all meinen jungen Kräften widersetzte ich mich dem Gedanken, ins Kloster zu gehn, während meine Mutter nur immer wiederholte: »Du wärst fürs Leben versorgt!« Ich erklärte, eher würde ich in die Borgne, in den Fluß, springen.

Mein Vater machte der Diskussion ein Ende: »Wenn meine Tochter nicht will, so wird sie nicht ins Kloster gehn.« Da wurde nie mehr über so etwas geredet. Man konnte ein Mädchen schon nicht mehr unbedingt zum Klosterleben zwingen, doch man konnte es immerhin sehr deutlich beeinflussen. Ich war dreizehn, als das vor sich ging. Sie hatten keinen Einfluß mehr auf mich – und ich hatte meinen eigenen Kopf!

Die gleiche Geschichte später bei meinen Brüdern. Der Pfarrer kam noch zu meinem Vater: »Ihr müßt unbedingt einen eurer Buben hinunterschicken, zur Priesterschaft.« Auch meine Brüder haben abgelehnt.

Ich hatte eine Schwester. Sie wurde von der Großmutter väterlicherseits aufgezogen, die wohnte in Orsières. Die mochte ein Kind um sich. Für diese Schwester hat sich die Frage nach dem Kloster nie gestellt. Als sie zu uns zurückkam, ich weiß nicht mehr, in welchem Alter, da hat sie sich gleich mit dem Vieh beschäftigt. Mutter hatte zu jener Zeit Kühe gekauft und konnte Hilfe gebrauchen.

Eine andere Schwester ist 1909 mit zwei Jahren gestorben.

Haben die aufeinanderfolgenden Schwangerschaften unsere Mutter ausgelaugt, erschöpft? Ich habe es nie herausbekommen. Zu jenen Zeiten fragte man die Frauen kaum, ob sie am Ende waren oder nicht. Wenn möglich, durfte es jedes Jahr ein Kind sein.

Um so rasch aufeinanderfolgenden Mutterschaften vorzubeugen, stillten sie ihr Letztgeborenes bis ins dritte Jahr … noch eine Quelle der Erschöpfung, denn sie arbeiteten wie die Lasttiere, das muß man schon sagen!

Übrigens, zu behaupten, eine Frau, die stille, wäre dadurch vor einer neuen Schwangerschaft geschützt, das ist eine schöne Täuschung. Ich habe welche gesehen, die diese Verhütungsmethode anwandten, und jedes Jahr oder alle achtzehn Monate hatten sie ein Kind!

Da meine Schwester fort war, blieb ich als einziges Mädchen bei den drei Buben.

Wenn ich an jene Zeit zurückdenke, könnte ich jedesmal weinen. Das Mädchen mußte alles machen, wie ein Dienstmädchen. Meine Mutter liebte vor allem die Knaben, einen davon über alles. Von mir verlangte sie alles und gab mir nicht gerade viel. Ich stand in ihren Diensten.

Sie sagte: »Die Buben, da kann man nichts machen. Wir erziehen sie fürs Leben. Die Mädchen sollen dienen.«

Nein, zu meiner Zeit zählten die Mädchen nicht. Hatten kein Recht auf ein eigenes Leben. Ich bäumte mich dagegen auf, wußte, daß es unrecht war, doch was tun?

Mutter war keine böse Frau, nur von ihrer Religion verbildet. Ich erinnere mich an die ewigen Predigten, an die Art, wie sie immer wiederholte, alles schuldeten wir Gott, er habe uns geschaffen, allein schon die Tatsache, auf der Welt zu sein, mache uns Mädchen schuldig vor ihm.

Solche Sprüche brachten mich auf, wie soll ich sagen: stießen mich ab. Ich konnte nichts entgegnen, mochte nicht darüber reden. Darum habe ich mir keine ernsthaften Fragen in bezug aufs Heiraten gestellt. Ich hatte keine Antwort zu erwarten, warum also mich unnötig quälen? Meine Mutter war überstreng, einer der Gründe, warum ich mich so in die Lektüre gestürzt habe. Sonst wäre ich erstickt. Ich las, tagsüber jeden freien Augenblick zwischen zwei Besorgungen, las diese Romänlein für junge Mädchen, etwas anderes war nicht erlaubt. Nachts dann erzählte ich mir selber Geschichten.

Man mußte früh ins Bett, und ich habe nie lange geschlafen. In jenen Zeiten konnte ich meine Schlaflosigkeit nicht mit Lesen besänftigen, wie ich das später tat. Ich schlief drei, vier Stunden, nicht mehr, eine Gewohnheit, die ich behalten habe. Ja, ich habe meine Jugend damit verbracht, mir selbsterfundene Geschichten zu erzählen. Die endeten immer gut, schön. Es war eine Art, mich selbst zu beglücken im Traum, an mich zu denken, an mein Schicksal, wenn ich auch nie die Heldin meiner Tagträume war. Ich wählte andere Personen, etwa wie in einem Theaterstück, wie in den Romanen oder heutzutage im Kino.

Die Bilder liefen vor meinen Augen ab. Liebesgeschichten, Dreigroschengeschichten, die immer gut endeten. Die Geschöpfe, die ich in einer gewissen Weise erschaffen hatte, sollten glücklich sein, so wollte ich es. Ich konnte sie nicht in die Welt setzen und sie unglücklich machen!

Abend für Abend nahm ich die Erzählung dort wieder auf, wo ich sie am Vortag belassen hatte. Wenn sie ans Ende kam und ich nicht weiter an dem Stramin sticken konnte, begann ich eine neue. Sie liefen über Wochen, Monate. Ich gab ihnen einen märchenhaften Anstrich, wob Kobolde und Feen hinein, jene vielleicht doch wirklichen Wesen – es hängt alles davon ab, was die Wirklichkeit ist –, Dinge, die nicht gerade alltäglich waren. Diese verzauberte Welt der Nacht war mein Reich. Ich herrschte darüber wie eine Königin.

Man muß das verstehen. Ich bin in meiner Jugend sehr unglücklich gewesen, unter dem Gewicht einer erbarmungslosen Mutter, zu dem die Autorität der Familie kam, der Brüder, dazu die der Kirche … ich mußte ausbrechen, abschweifen.

In jener unerhörten Vereinsamung war mein Leben immer ein merkwürdiges Abenteuer, das kann ich dir versichern. Ich war gewohnt zu schweigen. Die Einheimischen redeten wenig mit mir, was den menschlichen Beziehungen nicht gerade bekam. Meine Mutter hatte mir jeden

Kontakt mit der Außenwelt untersagt. Es war dies bei ihr keineswegs eine Sache des Stolzes – wir Lehrerskinder oder so – keine Überheblichkeit, nur einfach die Furcht vor der Ansteckung, vor der Schulung im schlechten Denken, vor schlechten Taten, die der Gesundheit von uns Kindern, der meinen im besonderen, abträglich war. Eine Art uns zu behüten, gewiß eine Form der Liebe.

Eines Tages hörte ich sie zu meinem Vater sagen: »Wie schade, daß du dieses Stück Boden (in großer Entfernung zum Dorf) nicht gekauft hast; sie hätten aufwachsen können wie kleine Wilde.«

Meine Brüder, das waren Männer. Sie durften ausgehen, sich ihre Frauen suchen. Nie hat meine Mutter damit gerechnet, daß ich mich verheiraten könnte. Ach, zu streng, zu starr! Ohne Bösartigkeit, das will ich nochmals betonen ... von sektiererischen Betschwestern irregeleitet. Und dann war sie ja eine Lehrerin!

Freunde haben mich darauf aufmerksam gemacht, wir wären in dieser Gegend drei Frauen, deren Mütter die gleiche Schulbildung – so eng war das damals – genossen hätten. Und sie träufelten Balsam auf jene noch immer schmerzende Wunde, als sie sagten, von allen wäre ich am wenigsten zugrunde gerichtet worden, weil ich mich dagegen gewehrt habe und mir meine Unabhängigkeit bewahren konnte.

Ja, ich habe mich gewehrt, undenkbar fast! Inwendig kochte ich, wenn man mir auch nichts anmerkte, da ich schweigen mußte.

Die stille Revolte hat dennoch Früchte getragen. Aber zu welchem Preis! Ehe ich den Weg in meine Freiheit fand, war es fürchterlich.

Sieht man so ein Leben wie meines, das einer Bergbäuerin, glaubt man immer, es fließe ereignislos, ohne Leidenschaft dahin, ganz dem Rhythmus der Jahreszeiten verbunden. Und doch, welche Gewissensbisse, wieviel Bedauern in seinen Abgründen, wieviel Revolte auch gegenüber dem aufgeopferten Leben – wie das meine –, denn es verstand sich von selbst, daß man die Mädchen opferte. Es verstand sich von selbst, daß ihr äußerster Horizont Haushalt, Essen, Landwirtschaft, Tiere, alles, einfach alles war.

Man kam nicht auf den Gedanken, diese Wesen in voller Entwicklung könnten etwas anderes brauchen, etwas, das man Fröhlichkeit nennt, Freude, Zärtlichkeit, ein bißchen Zärtlichkeit.

Mit der Zeit, das stimmt, bin ich froher geworden. Mag sein, nach der harten Lektion jener erstickten Kindheit habe ich, nachdem diese einmal überstanden war, mich voll entfalten können, ganz verwirklichen, allen Schwierigkeiten zum Trotz. Aber schau nur, in all diesen urkatholischen Ländern, Freiburg, Wallis, was immer, da wurde die Frau stets auf jene Passivität zurückgebogen, in jene unterwürfige Abhängigkeit, in die man sie hineinpreßte, in die sie sich ergeben mußte. Wenn ich solche alten Bäuerinnen, meine Rasse, treffe, steigt in mir ein Anflug von Mitleid auf, auch wenn ich es nicht zeige. Gäbe ich dem Ausdruck, ich brächte sie zum Weinen. Wie ein zu lange zurückgestautes Wasser liefe mit einem Schlag all ihr Elend aus ihnen heraus. Wie ich mußten sie Lust gehabt haben, sich unter jenem Panzer zu sträuben. Vielleicht zu fliehen? Fliehen! Und wohin, wenn man in einem Dorf wohnt, keine zwanzig ist, nichts kann, unter der Fuchtel des Vaters steht, der Brüder, der Mutter manchmal … Die Männer zermalmten uns! Hätte ich irgendeine Arbeit haben, einen Beruf ausüben können! Nein. Ich mußte meinem Geschick folgen.

Mehr als einmal dachte ich daran, mich in die Borgne zu werfen, das gebe ich ohne falsche Scham zu, es ist die Wahrheit. So eintönig war das Leben, ohne Zukunft, kein Licht, keine Öffnung nach draußen. Immer nur, immer und ohne etwas … Ich weiß nicht, wie ich das überstanden habe. Vielleicht, weil man mich brauchte.

Es gibt Dinge, von denen rede ich nicht gerne, sie tun noch immer weh. Ich werde sie dir berichten, denn ich war einverstanden, mein Leben zu erzählen – und sie erklären es: Mein Vater, dieser gescheite und kluge Mensch, hat angefangen zu trinken. Die Beziehung zwischen meiner Mutter und ihm war immer gespannt. Er hatte Gedankenflüge, Interessen, die sich von jenen der meisten hier unterschieden. Sah sich unverstanden, falsch eingeschätzt. Damit er sich weniger allein fühle, bin ich an seiner Seite geblieben. Meine Brüder haben jung geheiratet, der eine mit zwanzig, mit einundzwanzig der andere. Geld fehlte. Einer mußte verdienen. Das habe ich getan.

Ich war knapp zwanzig, als ich die Sorge für unseren Hausstand übernahm.

Und dann sagte ich nein …

Ehe ich von den Eltern rede, muß ich noch zwei Worte zu Großvater Rumpf sagen, der so rasch nach seiner Verheiratung starb.

Er hatte vier Schwestern, die als Lehrerinnen nach Rußland fuhren. Drüben haben sie alle sehr gute Partien gemacht. Es waren verführerische, elegante Damen, die es zu etwas brachten … wie man so sagt. Sehr wohl!

Eine dieser Tanten, Louise, hatte Großmutter Geld geschickt, damit sie ihrer Tochter, meiner Mutter, eine Ausbildung gäbe. So konnte diese das Lehrerseminar besuchen.

Großvater Rumpf hatte eine Schmiede, das habe ich dir schon gesagt … war es nicht eine Sägerei? Daneben Landwirtschaft.

Mein Vater war ein wirklich erstaunlicher Mensch. Mit sechzehn hatte er die Studien hinter sich, war Lehrer, angestellt … ein guter Start, wenn auch der Zahltag nicht gerade schwer wog. Ein hervorragender Lehrer; er wußte die Intelligenz, den Geist der Kinder zu entwickeln. Gab seinen Unterricht in Lanna, wo wir uns für den Winter einrichteten. Ich war stolz, seine Schülerin zu sein.

Er sagte, er wolle aus uns keine Gelehrten machen, sondern uns beibringen, selbständig, aus uns heraus denken zu lernen. Er lehnte jede unnütze Auswendiglernerei ab. Nichts da von »aus dem Kopf«! Wir mußten verstehen. Von daher gesehen hatten wir, die zugleich seine Schüler und seine Kinder waren, hatten meine Brüder und ich außerordentliches Glück. Er war ein Erwecker.

Gewiß, wir lebten sehr abgesondert von den anderen Kindern. Eine gewisse Ausgelassenheit hat uns immer gefehlt, doch lernten wir immer mit Freude, unsere Neugier wuchs, der Wissensdurst, aber auch das Herz. Diese Freude habe ich ein Leben lang, bis heute, bewahrt.

Anfang des Jahrhunderts hat sich mein Vater eine ganze Bibliothek aufgebaut, er ließ uns lesen. Das war damals ganz außergewöhnlich. Auch war er auf alle Arten von Zeitschriften abonniert, woraus man sich eine Kultur, eine Bildung zimmern konnte. Bedenkt man seine ländliche Herkunft, war er erstaunlich kultiviert. Alles fand sein Interesse, wie ein Schwamm sog er es auf. Aber er war sehr allein, einsam. Wo wollte er in so einem Dorf Gesprächspartner hernehmen, die seine Interessen teilten. Klar, er hatte seine alten Freunde, die ihn besuchten und die er mochte … dennoch hätte er andere Kontakte gebraucht. Die hat er nirgends gefunden.

Mit meiner Mutter unterhielt er sich wenig, sie waren zu verschieden. Sie war keineswegs unkultiviert, weit davon entfernt, doch ging bei ihr alles in einem Glauben, wie soll man das sagen: in einem klassischen Glauben auf, in einer strafenden Gottesfurcht, in einer schuldig machenden Glaubenslehre, die aus lauter Geboten, Regeln und Gebrauchsanweisungen bestand, die man genau zu befolgen und anzuwenden hatte.

Als ich dann ein bißchen älter war, um die sechzehn, dachte ich: »Eine Bürokraten-Religion ist das, ja!« Es gibt kein anderes Wort dafür, so ist es. Ein Schubladen-Glaube, wenn du so willst, man kann darin alles schön stapeln, wenn nur nichts darüber hinausschwappt. Ein Glaube, der dem Herzen nichts gab und nichts dem Geist.

Von Zeit zu Zeit also nur sprach Vater mit Mutter, Allgemeinheiten, bodenständiges Zeug, während er doch einen Wissensdurst hatte, den man sich heutzutage gar nicht mehr vorstellen kann. In der Wüste, in der wir lebten, damals, mußte man sich seine Kultur selber schaffen. Heute stehen uns viele Hilfsmittel zur Verfügung, alles durcheinander. Mein Vater dachte viel nach, er war sehr weise.

Wir hatten keinen Arzt im Dorf. Er aber kannte alle Pflanzen. Pflegte und heilte die Kranken mit Kräutern und Wurzeln, die er sammelte … ich habe noch ganze Säcke davon, sie hängen seit fünfundzwanzig Jahren im Dachboden. Schal geworden, doch kann ich mich nicht davon trennen.

Er renkte gebrochene Glieder ein. Vor allem aber hatte er starke magnetische Kräfte. Wenn er sie berührte, hörten die Leute auf zu leiden.

Ich erinnere mich an ein kleines Mädchen, genau in meinem Alter, acht Jahre, das hatte ein Bein gebrochen. Er legte ihm Pflaster auf, schiente das Bein: Sie ist problemlos weitergewachsen, das Bein war in Ordnung. Ich erinnere mich auch an einen Jungen, Morand, glaube ich, war's, dem hatte ein Felsbrocken den Knöchel zermalmt. Man brachte ihn zu uns. Ich hörte, wie mein Vater erklärte: »Ich weiß nicht, ob ich sein Bein retten kann, es sind sieben Brüche.« Er ging und holte seine Pflaster, seine Kräuter. Viel Tolubalsam brauchte er, der wie Wachs knetbar war und ebensogut aushärtete. In der Küche machte er in dem Herd ein Feuer, kochte seine Kräutermischung lange aus. Woraus hat er die Binde gemacht …? Ich weiß nur noch, wie er die kalt ausgezogene Salbe über die Kräuter strich, auf den Knöchel, und daß er den Verband mit einer Schiene stabilisierte.

Tatsache ist, daß dieser Mann, vor etwa fünfzehn Jahren gestorben, nie hinkte.

Mein Vater braute auch eine Wundsalbe. Ich habe jemanden gekannt, dessen Gesicht von einer explodierten Ladung Pulver völlig verbrannt war. Dem blieb keine Spur einer Narbe ... Ich erinnere mich vor allem an die empfindsamen Hände meines Vaters, an ihr Fluidum. Als wäre nichts dabei, erspürten sie die Krankheiten der Leute ... Arzneien und magnetische Kräfte wirkten zusammen, zwangen die Heilung herbei. Und gegen den Schmerz benützte er Köpfe von Mohnblumen, die er in siedendem Wasser aufgoß. Sein Geschick bestand auch darin, die Heilkräuter auf Gewicht und Alter des Patienten richtig abzustimmen.

Solch althergebrachte Arzneikunst gab es in allen Tälern, nicht nur bei uns. Die Ärzte wohnten in Sitten, das war weit weg. Nun, da es in Evolène einen Arzt gibt, möchte man meinen, die Leute wären öfter krank! Ob die Möglichkeit, sich behandeln zu lassen, nicht auch die Krankheit selber schafft?

Früher starben hier die Leute stehend. Sie achteten nicht auf Alarmzeichen. Gingen zur Arbeit, und, nun ja, wenn dann der Augenblick zu sterben kam, setzten sie sich hin, legten sich nieder. Aus. Ja, sie starben aufrecht, im wahrsten Sinne des Wortes. Es mußte so sein, kann man sagen.

Mein Vater verarztete auch die Tiere. Wenn welche mit Geschwüren übersät waren, furchtbare Wunden, die sich auf zwanzig Quadratzentimeter ausdehnen können – die Haut springt auf, das Blut fließt aus –, griff mein Vater zu jenem weißlichen Schimmel, der sich in den Ställen an der Decke bildet. Er bedeckte die Wunden damit. Es war das Penicillin vor seiner Entdeckung. Viele haben es früher mit gleichem Erfolg angewandt. Wie konnte er, neben seinem

Beruf, neben der Landwirtschaft, dies alles herausfinden, lernen? Es stimmt, wenn man sich einer Sache völlig hingibt, kommt die Zeit erst zu ihrer vollen Entfaltung. Ja, sie vermehrt sich sogar, es ist wie mit der wunderbaren Brotvermehrung. Vor allem, wenn es darum geht, anderen zu Hilfe zu kommen. Das Wunder ist: Leute, die anderen Gutes tun wollen, finden immer Zeit dazu.

In seinen letzten Lebensjahren beschäftigte er sich nicht mehr sehr mit den Kranken. Endlich gab es einen Arzt im Dorf. Dennoch kam man seine Ratschläge einholen, was er nie abschlug.

Ich hatte ihn auf eine Bibliothek abonniert. In den Büchern, die er erhielt, entdeckte er viele Wörter, die ihm neu waren. Er war 1865 geboren, die Sprache hatte sich seither entwickelt. Immer hatte er ein dickes Wörterbuch neben dem Buch liegen, suchte darin die Definitionen. Lag es gerade nicht in Reichweite, schrieb er die Wörter in ein Heftchen, um sie nicht zu vergessen. Es verging kein Tag, an dem er nicht seinen *Larousse* aufgeschlagen hätte. Mit fünfundsechzig las er vier, fünf Bücher die Woche. Mit siebenundachzig ist er gestorben, du kannst nachrechnen! In seinem letzten Jahr hat er das Wörterbuch aufgegeben. »Nun, denke ich, lohnt es nicht mehr«, sagte er.

Er hielt uns an, ein gepflegtes Französisch zu sprechen. Zu Hause aber sollten wir nur unseren Dialekt, das Patois, gebrauchen. »Wenn ihr untereinander französisch redet, bekommt ihr eine lächerliche Ausdrucksweise, ihr werdet die Wörter verhunzen. Ihr müßt es in der Schule lernen und es dann sprechen, wenn ihr es richtig könnt. Ich will nicht, daß ihr schlechte Gewohnheiten entwickelt.«

Es ist eigenartig, aber später habe ich in den *Memoiren* von Mistral dieselben Ratschläge wiedergefunden. Er schrieb ungefähr dies: »Zu Hause haben wir unseren provenzalischen Dialekt gesprochen, als wir Kinder waren. In der Schule lernten wir Französisch. Wir haben die beiden Sprachen niemals vermengt.«

Du redest so gut von deinem Vater … und doch merke ich, daß du etwas verschweigst.

Ja, es ist Flucht nach vorn, wenn ich so über ihn rede. Aber es tut mir weh, sagen zu müssen, er habe getrunken. Wahrscheinlich war es nicht seine Schuld … oh, nein, ich will niemanden anklagen! Empfindsam, empfindlich, wie er war, hat er nicht jene Kontakte gefunden, die er zu seiner Entfaltung gebraucht hätte. Seine Frau und er hatten zu verschiedene Temperamente. Da hat er denn Ausflucht im Alkohol gesucht. Warum verschweige ich es, alle wußten, daß er trank. Und trotz seiner Kultur, seiner Empfindsamkeit – ihretwegen wohl –, wenn er getrunken hatte, konnte er so gemein werden wie jeder andere betrunkene Mann. Ich liebte meinen Vater, liebe ihn noch, ich habe sein Unglück verstanden.

Und deine Mutter, liebtest du sie?

Das ist, was mich plagt. Ich fürchtete sie, nie konnte ich sie wahrhaftig lieben. Sie war unversöhnlich. Zu Hause besaßen wir sehr wenig … wegen diesem Unglück des Vaters. Hunger haben wir nie gelitten, haben aber fast immer nur Kartoffeln gegessen. Nun, mit ihrem religiösen Tick fand unsere Mutter es dabei noch unbedingt nötig, das wenige, das wir besaßen, den kleinen Negerlein zu schicken! Die Missionare hatten in einer Predigt davon gesprochen. So schnallten wir den Gürtel noch enger.

Wahr ist, meine Mutter wurde im Religionsunterricht, in der Schule, in der Kirche genauso, zu Schuldgefühlen gedrängt, wie wir später. War also eine zutiefst verängstigte

Frau, die in ständiger Furcht vor der Sünde lebte, in Angst vor den Flammen der Hölle. Meine Großmutter, nein, die war anders gewesen! Ich hörte sie zu meiner Mutter sagen: »Mit deiner Fuchtel bringst du die Kinder um, ich habe dich nicht so erzogen.«

Und es stimmt. Mit ihrem religiösen Unbedingtheitswahn machte sie mich kaputt. Und doch bin ich mir sicher, daß sie nie wirklich Böses gewollt hat. Aber sie war von ihrer Erziehung gezeichnet. Für eine Frau, damals, mußt du wissen, war allein die Tatsache, daß sie auf der Welt war, eine Sünde: Evas Tochter, Erbsünde, all diese in zwanzig Jahrhunderten christlicher Zivilisation aufgetürmten Vorurteile, für welche die Frauen, darunter meine Mutter, bezahlten! Das ist nicht nichts! Die Frau war die Verführerin. Die Kirche bedachte sie nur mit Ehrerbietung, wenn sie Jungfrau und Märtyrin war! Der eheliche Akt schon war Sünde, wenn er nicht zum Zwecke der Zeugung vollbracht wurde. Auf der Kanzel sang man das Lob der kinderreichen Familien, versprach ihnen das ewige Heil, da man ihnen hier unten schon kein anständiges Leben zu bieten hatte. Die wenigen Frauen, die sich solch angeborener Versklavung entgegenzustellen wagten, bedrohte man mit ewiger Züchtigung. Tag für Tag mußte man sich von Sünden loskaufen.

Zu Hause verbrachten wir die Abende im Gebet. Die Mutter ließ uns auf die Knie gehn, dort mitten im Zimmer. Man richtete sich ein. Jeder griff nach einer Zeitung, einem Buch. Wir hörten nicht mehr darauf, was sie uns befahl: Was zuviel ist, ist zuviel!

Alle lebten wir in Revolte zu diesem Glauben, mußten diese aber tarnen. Bekamen religiöse Verdauungsbeschwerden, Herzklopfen bei diesen Übungen. Dennoch waren wir gläubig, alle sind es geblieben – aber diese Art Frömmigkeit, die im Hersagen von Pater Noster und Oremus bestand … nein, das nicht!

Es schmerzt mich sehr, auf diese Weise von meiner Mutter zu sprechen. Sie ist nicht mehr da, kann sich nicht verteidigen, kann die Gründe für ihr Verhalten nicht klarmachen. Man könnte meinen, ich wolle sie verleumden, ein Gedanke, den ich weit von mir weise. Doch niemand von euch mußte mein Leben neben ihr leben!

Mein armer Großvater sagte: »Mariechen, ach, sie muß alles tun …« Was stimmte. Ich krümmte mich unter den Lasten und Pflichten. An etwas anderes denken neben dem Alltagstrott, mich zu bilden versuchen, das war mir nicht erlaubt: Ich hätte auf schlechte Gedanken kommen können. Zu meinem eigenen Besten wollte meine Mutter mich immer zurück, wollte mich um jeden Preis bei der Hausarbeit halten, bei der Landwirtschaft: Mist austragen, Schweine tränken, Kartoffeln jäten, unsere und die vom Nachbarn, Heu wenden, im Sommer, für sie, für uns. Es brachte diese Arbeit nur Schweiß und Müdigkeit, nicht die geringste Entlöhnung, nicht das kleinste, mindeste Geld. Darüber hinaus hieß es dann beten!

Ich war nicht geldgierig, aber wir hatten, wegen Vaters Unglück, Schulden. Das Haus war in Gefahr; es sollte verkauft werden. Auf irgendeine Art mußte ich unser Leben verdienen. Meine Mutter dachte, wenn ich mich auswärts verdingte, wäre das, um meinen Spaß zu haben, mehr noch und so ungerecht: um, wie sie sagte, »auf meine Kosten zu kommen«.

Drei Jahre besorgte ich Kartoffeln, Heu, Schweine, Essen, Abwasch, einfach alles. Und dann sagte ich: Nein!

Du kannst nicht wissen, was es heißt, nein zu sagen in

so einem überkatholischen Land wie dem unsern. Ich habe dir erzählt, daß ich bis in mein zwanzigstes Jahr die Revolte in mir verschloß. Ich mußte gehorchen. Doch mit der Zeit hörte ich auf, zu den Prozessionen zu gehn, zur Sonntagsmesse. Ich fastete nicht mehr. Vorbei die Vespern, die Andachten, Novenen, Missionen. Meine Mutter verstand nicht, wie ich zurückweisen konnte, was sie für sich und für mich erhoffte: das Heil. Sie verstand nicht, daß ich mich auflehnte gegen das Bild, das sie sich vom Glauben machte. Ich habe festgestellt, daß jene Leute, die sich da nicht genug hervortun konnten, die nie aus der Kirche kamen, daß diese Weihwasserhintern die Erfüllung ihrer Pflichten, die Übung von Tugend und Nächstenliebe durch frömmelndes Getue ersetzten. Das ist alles.

Ich hingegen, die nicht mehr praktizierte, ich hatte mir meinen Glauben erhalten, wollte den Kardinaltugenden eine lebendige Bedeutung geben. Seit meinem Bruch hatten diese Werte, so wollte es mir scheinen, eine neue Dimension erhalten, eine größere, weitere, offenere, welthaltigere.

Ist dir nicht Sehnsucht nach gewissen Gottesdiensten geblieben?

Wie sonderbar es auch erscheinen mag, ich habe keine verklärte Erinnerung an all die in der Kirche verbrachten Stunden, weder Messe noch eine andere Andacht oder gar Prozessionen … Natürlich, da waren die Gesänge, die Musik, ein Duft von Weihrauch, das hatte ich gerne.

Doch mit acht Jahren war ich schon angeschlagen, vom Katechismus in Schuldgefühle getrieben. Wir seien Satans Kinder, hat man uns gelehrt, Stockschläge seien alles, was wir verdienten. Nein, ich hätte nicht eine Erinnerung an eine Predigt, die Trost gewesen wäre … man konnte nie genug tun …

Erzähl mir von den Prozessionen.

Früher gab es am 15. August eine sehr schöne, großartige. Die ging in Evolène los, stieg nach Le Sage hinauf, schlängelte sich nach La Forclaz, Sépec, kam nach Haudères herunter, um zurück nach Evolène zu gehen. Das war eindrücklich, mit Bannern, die da in der prächtigen Landschaft schwebten. Und zu dieser kamen alle anderen hinzu, die es von alters her gab: sieben im Frühjahr, davon eine große im Büßergewand. Drei weitere im Sommer, dazu die beiden am ersten und am dritten Sonntag im Monat. Letztere mit dem heiligen Sakrament, den Standarten, den Menschen in weißen Gewändern. Die Männer schürzten die Kapuzen ihrer Gewänder wie eine Mütze, die Gesichter der Frauen waren unter einem Schleier verborgen. Fast hätte ich vergessen: Da gab es noch die außerordentlichen Prozessionen, bei großer Dürre oder unaufhörlichem Regen! Das haben die Pfarrer abgeschafft. Weil die Prozessionen zu viele Neugierige anlockten, die sie als einen folkloristischen Aufzug ansahen. Mir scheint auch, es sei ihnen zu dumm geworden, so oft einen verordneten Spaziergang zu machen …

Mit der Unterdrückung der Prozessionen begann ein Nachlassen des Praktizierens. Damit wurde eine Bresche in den Kult geschlagen. Heute aber stelle ich fest, daß die Jungen im Mai sehr oft zur Kirche gehen. Sie mögen einen Augenblick meditieren, mit sich allein sein, ja eine Kerze schimmern sehen. Gewiß beten sie. Hingegen weisen sie jegliches Schuldgefühl zurück, das man ihnen anhängen möchte.

In unserer Kindheit war das schrecklich, furchtbar, wir kamen uns unwürdig vor, ohne etwas Böses getan zu haben. Das erleichtert einem das Erwachsenwerden nicht gerade. Und dann verheimlichte man uns alles, insbesondere was die Sexualität anging. Da hatten wir wohl so ein paar vage Vorstellungen … Ich meinte immer, die Ursünde wäre einfach die Art, wie wir durch einen Unterleib zur Welt kamen, durch jenen äußerst verwerflichen Körperteil. Nie eine Erklärung, nie eine Auskunft. Wir sahen wohl, daß man die Kuh zum Stier führte, damit der ihr ein Kalb machte, und wir stellten die Verbindung her, bis auf den kleinen Unterschied, daß wir uns sagten, zwischen Mann und Frau müsse das alles ganz anders vor sich gehen. Diese Fragen quälten uns. Und nie redeten wir miteinander darüber, es wäre eine neue Sünde gewesen.

Marie, hast du dennoch glückliche Erinnerungen an deine Kindheit?

Wenige. Die Spaziergänge auf den Maiensäßen, wohin wir jedes Frühjahr zogen. Dort begegnete ich den Feen. Ich hatte das Gefühl, die Wälder seien bewohnt, und ich glaube, sie sind es. Das sind meine glücklichen Erinnerungen. Aber doch, da sind die Geschichten, die ich las, und jene, die mir meine Großmutter, mein Vater erzählten. Durch sie kehrte ich zu den alten Zeiten zurück, in denen das Leben noch schön war. Doch müßte ich dir einen genauen Augenblick des Glücks sagen, ich habe keinen gekannt. Mag sein, die Erinnerung verblaßt in dem Maß, wie der Körper sich verändert. Gewisse Zellen sterben ab und nehmen das Gedächtnis in ihre Vernichtung mit.

Ich glaube sogar, daß ich nie ein Gefühl religiöser Inbrunst erlebt habe. Ich hatte zuviel Angst … vor dem Lieben Gott! Das geht weit zurück, ich muß vier gewesen sein. Ich saß auf dem Boden, neben einer Truhe. Ich sehe sie noch, die Truhe. Inzwischen ist sie verbrannt, endlich!

Ich muß etwas verbrochen haben, eine kindliche Dummheit. Hatte ich einen Löffel Konfitüre genascht? Jedenfalls hat man mich derart ausgeschimpft, mir die Hölle ausgemalt, daß sich die Angst in meinen Leib verkroch wie eine Schlange. Ich war geschlagen von dem Gedanken, wenn ich in diesem Augenblick stürbe, fiele ich für immer in die Flammen. Inbrunst, was soll's da? Wenn man von Angst niedergeschmettert wird?

Ich mußte jedenfalls beinahe zwanzig werden, bis ich mich davon befreite, indem ich zu einer anderen Form der Beziehung mit dem Heiligen fand, zu einer innerlicheren, nicht nach außen praktizierten. Diese Angst teilte ich mit den meisten Kindern hier und anderwärts in katholischen Landen. Und dann sprach man uns nur immer vom Tod, immer und ständig vom Tod, uns, die wir das Leben noch lernen, noch wachsen mußten. Um es vulgär zu sagen: Man mußte immerfort die Arschbacken zusammenkneifen und geradeaus gehen, um nicht sterbend in die Hände Gottes zu fallen, der uns auf dem schnellsten Weg in die Hölle schicken würde, weil wir nicht getan hatten, was man hätte tun, oder weil wir taten, was man nicht hätte tun sollen. Ein Teufelskreis, kann ich dir schon sagen. Man kam da nicht heraus, und der Tod versetzte einen in Schrecken.

Heute hat der Tod für mich nicht mehr dieses entsetzliche Gesicht. Ich kann nicht sagen, ich sähe ihm ganz ohne jede Angst entgegen. Das hat mit unserer physischen Natur zu tun, die dem Gedanken an das Leiden immer ausweicht. In gewissen Augenblicken nehme ich ihn sehr abgeklärt an, fast mit einem Glücksgefühl.

In diesem Winter war ich im Spital. Ich dachte, ich käme nicht mehr zurück. Es gab schwierige Stunden. Der Körper wehrt sich, der Gedanke an die Auflösung ist ihm unerträglich. Je kränker man ist, desto stärker steigt die Angst in einem auf, die man doch meistern möchte.

Meine Mutter hatte eine furchtbare Angst vor dem Sterben. Ich bin glücklich, daß sie im Schlaf gegangen ist.

Vater sagte in seiner letzten Stunde: »Yè mè fè zer …« Es macht mir angst, im Dialekt. Der Gedanke ans Letzte Gericht lastete auf ihm. Er sagte es einmal, dann starb er sehr schnell, sehr friedlich. Meine Generation und jene meiner Eltern ist mit glühenden Eisen gebrandmarkt worden durch die Panik vor der Hölle. Vor dem Gericht, der Verdammnis … Das kann man nur hassen. Das kleine bißchen ruhiges Glück, das die Leute hätten haben können, die Abgeklärtheit, die entriß man ihnen. Zugunsten wovon? Sag mir! Wenn es einen Gott gibt, kann er nicht die Menschen, seine Geschöpfe vernichten, zermalmen. Ich glaube aufrichtig, daß es ihn gibt. Er kann, was er erschaffen hat, auf dem Weg des Leidens verändern, was ein Weg der Erkenntnis ist. Die ewige Verdammnis hingegen!

Kirche und Gesellschaft, die eng miteinander verbunden waren, haben uns zermalmt. Sie haben uns die Teilhabe an einem offeneren, ausladenderen, harmonischeren Leben unmöglich gemacht. Und Schrecken in unseren Kinderherzen verbreitet. Eines Tages hörte ich einen Psychiater sagen, von seiner Kindheit genese man nicht.

Das stimmt. All die Ängste, die man uns aufgebürdet hat … Wenn man müde ist, krank, steigen sie wieder an die Oberfläche, leben wieder auf, das kann ich dir aufs sicherste bestätigen: Ich habe sie durchlebt. Und manchmal auch noch im Alter.

Du hattest niemand, mit dem du dich aussprechen, dem du dich anvertrauen konntest?

Ich war allein. Einmal, als ich am Ende meiner Kräfte war, weil ich ewig Fragen, auf die ich keine Antwort fand, im Kopf hin und her gewendet hatte, ging ich zur Beichte, wollte versuchen, in ein Zwiegespräch mit einem Priester zu kommen, der erleuchteter sein mußte als ich. Ich habe ihm von meinen tiefen Meinungsverschiedenheiten mit der Kirche berichtet. Daß ich, wenn ich wirklich darüber nachdachte, nicht an die Hölle glauben konnte, daß ich nicht wahrhaben konnte, Gott könne Sünden, die in der Zeit begangen wurden, ewig strafen. Weißt du, was der mir in einem Zug geantwortet hat: »Wenn Sie solche Ideen haben, passen Sie auf, daß Sie nicht selber in die Hölle kommen!«

Ich war achtzehn, von Fragen gequält, und bekomme diese Antwort, kurz und bündig! Ein Keulenschlag täte nicht mehr weh. Ich konnte nicht mehr schnaufen. Taumelnd kam ich aus dem Beichtstuhl heraus, völlig verlassen, ohne jede Hilfe, in die Schafherde zurückgeworfen mit jenen, die alles annehmen, die nicht zu denken brauchen: Man denkt, man bestimmt für sie. So hat man sie besser im Sack! Zum Glück war ich bereits daran gewöhnt, selbständig zu denken. Die väterliche Erziehung war in diese Richtung gegangen. Und nun die Antwort des Pfarrers: Kein Licht, das erleuchtete, nur eine Drohung. Man hat den Eindruck, ein Spielzeug grausamer Kräfte zu sein.

Füge dem die Freudlosigkeit meiner Kindheit, meiner Jugend hinzu. Und denke nicht, ich übertriebe, beklagte mich, indem ich ständig auf diese Dinge zurückkomme. Sie sind der Schlüssel zu meiner Revolte. Der Schlüssel zu einer hart ertrotzten, gegen den Obskurantismus errungenen Freiheit. Manchmal gelang es mir, für Augenblicke aus dem Haus zu schlüpfen. Ich wanderte durch die Felder. Wenn ich zurückkam, gabelte meine Mutter mich auf, lauter Verdächtigungen um diese kurzen Ausflüge … was hatte ich getan? Was, außer fliehen? Fliehen vor meiner

Angst ohne Namen, ohne Gesicht, die sich dadurch verstärkte, daß es mir nicht gelang, meine Mutter wirklich zu lieben.

Ich sage es mit Beschämung, mit Gewissensbissen und Bedauern. Heute noch habe ich Alpträume wegen dieser mangelnden Liebe. Auf dem Umweg über das Gebet versuche ich, an meine Mutter heranzukommen, so gut es geht. Ich habe die Gründe ihrer Unnachgiebigkeit verstanden. Auch wenn ich sie nie annehmen konnte. Und außerdem hielt uns noch der Generationenkonflikt auseinander: Ich sah das Leben anders, nicht durch die Brille ihrer religiösen Besessenheit. Mehr als einmal ließ mein Vater sie dies wissen. O ja, mütterliche Sanftmut hat mir am meisten gefehlt, jene Zärtlichkeit, die sie meinen Brüdern gab, vor allem dem einen, der als Kind sehr krank gewesen war. War ich eifersüchtig? Vielleicht. Immer wenn sich die Aufmerksamkeit von ihnen auf die Jüngeren abzieht, haben die Älteren das Gefühl, zurückgesetzt zu werden.

Am meisten bedauere ich, daß ich mit ihr nie eine richtige Aussprache hatte. Wenn man sich ständig einem planvollen Widerspruch gegenübersieht, schweigt man. Da machst du dann, um dich abzusichern, deine nichtssagenden Äußerungen. Sie muß darunter gelitten, muß sich allein gefühlt haben, unverstanden. Nein, wirklich, es fehlte ihr nichts, ich sorgte für ihr Wohlergehen … doch war ich ausgetrocknet wie eine ausgequetschte Zitrone. Mein Vater bezeugte mir hie und da verschämte Zärtlichkeiten. Doch die Reaktionen der Erwachsenen sind nicht vorauszusehn. Sie können einem Kind sehr weh tun. Eines Tages war ich mit ihm auf dem Weg von La Tour nach Evolène. Er war damals Angestellter bei der Post und trug eine graue Arbeitsbluse. Ich laufe ihm nach, zerre, ganz glücklich, bei ihm zu sein, am Zipfel seiner Bluse. War er überrascht, erschrocken? Er drehte sich um und gab mir eine Ohrfeige. Ich fiel in den Staub. Ich habe von da an meine Anwandlungen gezügelt, mich gehütet, zu ihm zu stürzen.

Waren die Männer deiner Generation Rauhbeine?

Ja. Der Kampf ums Überleben hat ihnen dieses Temperament geschmiedet. Mein Vater aber gehörte, wie viele Männer, im Grund zu den sanften Gemütern, die das nur nicht wußten. Heute denke ich auch, er müsse das Bild, das er sich dank meiner Mutter von den Frauen machte, auf mich übertragen haben.

So schau dir meine Jugend an: nur Priester, Zwang, Arbeit, Strafe.

Wie konntest du zu jener großmütigen Hellsicht gelangen, zu deinem Wesens- und Lebensverständnis? Nichts hat dich darauf vorbereitet.

Muß man da vorbereitet sein? Schau, ich habe jemanden geliebt, dessen Namen ich verschweigen will. Meine ganze Freiheit brachte ich in dieses Gefühl ein. Alles hat nur ein paar Monate gedauert. Ich mußte es verstecken, meine Mutter hätte das nicht ertragen. Er war ein in jeder Hinsicht mustergültiger Mann. Ja, alles Glück, die Träume alle habe ich in diese Liebe eingebracht. Und wurde verlassen, gewiß weil ich mit ihm keine rechte Beziehung unterhalten konnte, eine am hellichten Tag. Ich konnte meine Liebe nur in die Schürzentasche stecken, das Taschentuch obendrauf. Ohne zu klagen, habe ich gelitten, bin endgültig in die Vereinsamung getaucht. Jener Mann heiratete nie. Meine Mutter muß diese Liebe geahnt haben; sie brachte es fertig, mir selbst dafür ein schlechtes Gewissen zu machen! Ich hatte kein Recht auf eine »Bekanntschaft«, mußte bei ihr bleiben. Das mag dir zeigen, wie unglücklich ich war. Manchmal wollte mir der Kopf zerspringen. Gleichzeitig hatten wir furchtbare Geldschwierigkeiten, Schulden. Ich mußte all diese Lasten tragen.

Dann bin ich, 1928 oder 1929, zur Messe nach Basel gefahren, wegen meiner Arbeit. Ich hatte schon angefangen zu weben. Wohnte bei Freunden, den P.s, einer stadtbekannten Familie, die ich in meinem Atelier kennengelernt hatte. Frau P. hatte mich mitgenommen, wir besuchten das Benediktinerkloster Mariastein bei Solothurn. Drei übereinanderliegende Kirchen dort. Geräuschlos ging ich durchs unterste Schiff auf die Statue unserer Lieben Schwarzen Madonna zu. Ins Unglück versunken. Fiel auf die Knie, heulte, bestürmte die Jungfrau, bot ihr mein Leben für ein bißchen Glück meiner Familie, für das Glück dieses Mannes, den ich so liebte … Ich wollte jedes erdenkliche Leiden auf mich nehmen, wenn ich nur damit meine Verwandten vor dem Ruin bewahren könnte, meine Eltern und Brüder. Ich weiß nicht, was für eine Gnade mich berührte. Mit einemmal fühlte ich … wie soll ich's dir erklären … spürte ich, daß ich erhört war unter der Bedingung, alles, ALLES auf mich zu nehmen. Das habe ich getan.

Von hier an hatte ich die Kraft, voranzuschreiten.

Das Feuer in dir mußte geschürt werden?

Ja, und ich habe einen Weg gefunden. Ich mag nicht davon reden, schon die Geschichte mit der Schwarzen Jungfrau könnte lächerlich wirken, meinst du nicht?

Nein!

Von da ab wurde mein Innenleben stark und sehr intensiv. Man kann das einfach nicht in Worte übersetzen … die letzten Dinge einer Erfahrung auf dieser Stufe, das könnte den Eindruck erwecken, man suche nach persönlicher Rechtfertigung, wolle sich brüsten. Was ich weiß: Mir wurde geholfen. Und ich will meinerseits helfen, das ist mir ein Bedürfnis geworden. Wir brauchen alle von Zeit zu Zeit jemand, der einem das Uhrwerk wieder aufzieht. Wenn man zu dem Zweck zu mir kommt, spüre ich das genau. Höre aufmerksam hin, nicht mit dem Kopf, mit dem Herzen. Hoffe immer, die Leute möchten, wenn sie weitergehen, eine Antwort auf ihre Fragen gefunden oder diese neu gestellt bekommen haben. Ich hoffe, die Antwort geben zu können, damit sie nicht mit leerem Herzen gehen, mit ruhelosem Geist. Weil alles getan wurde, mir die Augen zu verschließen, versuche ich sie jenen zu öffnen, die Vertrauen zu mir haben.

Mit den Einheimischen wagte ich es nie, über Glaubensdinge zu reden. Für sie bin ich ein vollkommener Atheist. Es stimmt, daß ich nicht mehr zur Kirche gehe. Gebet ist für mich etwas Größeres als das Hersagen von Formeln. Beten heißt, versuchen, mit Gott in Kontakt zu kommen. Mit dem, was uns übersteigt, was keinen Namen hat.

Du wirst lachen, denn es ist ziemlich komisch. Daß ich dir eben eine Definition des Gebets gegeben habe. Nun, des öftern ertappe ich mich auf der Fährte abergläubischer Frömmigkeit. Was willst du! Wenn ich den Geldsack verlege – das ändert sich nicht mit dem Alter –, flehe ich den Antonius von Padua an. Und das beste ist, ich finde den verlorenen Gegenstand. Ich lache dann über mich selbst. Beim nächsten Mal geht es genauso. Ein sehr geheimnisvoller Bereich, diese Verbindung zwischen den Dingen und uns, zwischen Gott und uns. Es gibt da so viele verschiedene Register, auf denen gespielt wird …

In meinem Geschäft habe ich, nach Jahren der Stille und Zurückgezogenheit, eine unglaubliche Zahl Männer und Frauen vorbeigehen sehen. Sie kamen als Kunden oder aus

Neugier. Sehr schnell haben sich Bande der Sympathie geknüpft. Es wurde viel geplaudert. Und die meisten dieser Unterhaltungen beschäftigten sich mit Fragen der Religion, des Heiligen. Glaube mir, nie habe ich einen echten Ungläubigen getroffen. Ich begegnete jenen, die, wie ich, das Bildnis eines Gottes verwarfen, der ihrem Sehnen nicht entsprach. Andere verwarfen eine Form des Christentums, die sie kaputtmachte. Doch damit lehnten sie die Gottesvorstellung keineswegs ab.

Die Menschen sehnen sich nach einem, der über ihnen wacht. Unter »wachen« verstehe ich hier das Gegenteil von überwachen: uns in der Dunkelheit des Lebens führen. Mir klebt der katholische Glaube immer auf der Haut. Nie würde ich dem abschwören. Ich wünschte nur, er wäre etwas anderes als eine kirchliche Tyrannei, die uns in Schuld und Strafe verstrickt, uns schulmeistert, als ob Gott auf jedes unserer Worte lauerte, auf die geringste unserer Taten, als ob er alles in ein großes Buch schriebe, um uns dann die Unterlassungen aufzurechnen!

Ich möchte eine Kirche, die uns überzeugt, die ihrerseits von der Liebe Gottes überzeugt wäre. Daß man auf immer jenes erbarmungslose Bild auslöschte, das sie uns vorgehalten hat. Wir haben ein dringliches Bedürfnis nach Liebe.

Im Alten Testament findet man nur Strenge und Unerbittlichkeit … ich überdrehe das vielleicht ein bißchen. Es gibt dort, selten, auch Stellen, die von Liebe und Nächstenliebe sprechen!

Im Neuen Testament sehe ich nur die Person Christi. Christus hat nie jemanden verdammt. Im Gegenteil. Die Anwesenheit Gottvaters aber wirkt so unbarmherzig, unnahbar.

Es ist wahr, die Bibel wurde um- und umgeschrieben,

wie viele Male! Die mündliche Überlieferung der Apostel ist verlorengegangen. Nicht die reine Stimme der Urkirche vernimmt man, sondern jene der Geistlichen. Die waren mehr oder weniger gelehrt, mehr oder weniger dumpf oder brütend, mehr oder weniger ehrgeizig, deuteten die heiligen Texte nach Maßgabe von etwas, das keineswegs immer in den geistigen Bereich fiel.

Gemäß Origenes, wenn ich mich nicht täusche, haben die Apostel die Deutungen für sich behalten, die Jesus seinen Worten gab … Kann man als Katholik die ganze lange Liste von Verbrechen und Eroberungen in Kauf nehmen, die im Namen des Christentums begangen wurden? Man kann nicht, es ist nicht möglich.

Und, näher bei uns, durften jene, die im Namen Gottes schrieben, nur mit einem Imprimatur veröffentlicht werden? Waren sie als treue Diener des Dogmas wirklich frei, jene Vorstellung aufzuzeichnen, die sie sich von Gott machten? Ich habe eine Unzahl theologischer Bücher verschlungen. Bestimmt habe ich sie schlecht gelesen, schlecht verstanden, darum fand ich nichts darin, was mir hätte Nahrung sein können. Die *Einführung in das fromme Leben* des Franz von Sales kam mir recht entgegen, doch war es hinter einem liebenswürdigen, blumigen Stil furchtbar anspruchsvoll.

Und Franziskus, der von Assisi?

Den habe ich gerne. Er war kein Theologe, er war einer, der Gott gefunden, sich seinen Gott geschaffen hatte. Wenn Gott uns erschafft, ist doch nicht weniger wahr, daß wir ihn schaffen.

Letztes Jahr hatte ich ein Buch über orthodoxe Mystik in den Händen. Statt uns im Gefolge der Kirchenväter die Menschheit als unendlich schuldig zu zeigen, wollte der

Autor eher aufklären als drohen. Das hat mir so gutgetan. Das Gefühl, endlich hat da einer Erbarmen mit den Menschen.

Doch nichts von all dieser für mich gewiß zu schwierigen Lektüre hat mir jene unmittelbare Erleuchtung gegeben, wie ich sie bei Angelus Silesius erfahren habe oder bei Meister Eckhart. Der eine wie der andere schreiben ungefähr: »Um Gott, wie er wirklich ist, zu erkennen, müssen wir unsere Kenntnisse vollkommen ablegen. Die Liebe steht über jeglichem Wissen.« Sogar in der Apostelgeschichte findet man den erhellenden Satz: »Gott wohnt keineswegs in den von Menschenhand errichteten Tempeln …« Verstehst du?

Der Herr René

Als ich zwanzig war, sagte mein Vater zu mir: »Ich überlasse dir die Führung des Hauses.«

Er wollte mich damit auszeichnen, ich weiß schon, doch gleichzeitig stand ich da und mußte ohne Mittel Einnahmen und Ausgaben ins Lot bringen.

Die Landwirtschaft brachte nicht genug, um unser Schifflein wieder flottzumachen. Zwei oder drei Sommer habe ich mich, ohne Einwilligung der Mutter, in Arolla in einem Hotel verdingt. Sie wollte nie verstehen, daß man irgendwo anders ehrlich arbeiten konnte!

Im ersten Jahr habe ich viel Geld heimgebracht. Siebenhundert Franken, kannst du dir das vorstellen! Wir konnten die dringendsten Schulden tilgen, das Haus behalten. Mit den Gehältern aus drei Saisons gelang es mir, die gröbsten Rückstände zu bezahlen. An den anderen habe ich noch lange, sehr lange gekaut.

Male dir meine Lage ein wenig aus: mit zwanzig Familienoberhaupt. Familienoberhaupt von erwachsenen Kindern, die man nicht mehr zum Gehorchen brachte. Ich hatte alle Pflichten und keine Rechte. Ich meine Rechte, wie sie die Männer, meine Brüder, hatten.

Mit meinem Vater war es einfach: »Soll man ein Feld anpflanzen? Dies oder jenes tun?« Er entgegnete: »Du bist es, die befiehlt, mach, was du für gut hältst, ich bin aus dem Leben heraus.«

Mit meiner Mutter war es umständlicher. Nie hatte sie

sich mit dem Alltagskram abgeben wollen, fand sich darin nicht zurecht. Fällte sie eine Entscheidung, war es gewiß meist die falsche.

Die Jahre vergingen. Ich wurde dreiundzwanzig. Und noch immer die Geldschwierigkeiten ... auch das Unheil meines Vaters, an dem ich nicht rühren will. Noch sitzt mir die Wunde in der Brust.

Ich wußte nicht, wie es da aufwärtsgehen sollte. Eines Tages bat man mich, nach Sitten hinunterzugehen, eine Ausstellung anzusehen, bei der eine Frau aus Genf handgeklöppelte Spitzen zeigte, venezianische Arbeiten aus grobem Hanf. Rassige Sachen, diese Spitzen! Die Idee fand ich bestechend. Vielleicht konnte man in unserem Tal wieder eine Form des Handwerks aufbauen, die den Frauen die Möglichkeit gab, ein paar Franken für sich selber zu verdienen.

Man beauftragte mich, die Sache in Gang zu bringen, ein paar Frauen aus Evolène zu versammeln, sie arbeiten zu lassen und ihnen dieses Handwerk beizubringen.

Fleißig waren sie. Die Spitzen waren wunderbar. Im folgenden Frühjahr machte ich einen kleinen Laden auf, um die Dinge zu verkaufen. Reinfall, ich verkaufte nichts. Die venezianische Klöppelei, die so viel Arbeit gab, kam zu teuer, als daß man einen Reingewinn hätte herausschlagen können. Es war ein Fehlstart. Ich schaute mich um, was wir tun könnten, grübelte Tag und Nacht, bis mir auf einmal einfiel, man könnte doch den Webstuhl, an dem unsere hiesigen Stoffe entstanden waren, wieder einsetzen, den Webstuhl, den Vater der Mutter zur Hochzeit geschenkt hatte.

Ich sagte mir: Wenn ich nun unsere uralten Stoffe wieder zu Ehren brächte? Weben konnten wir hier alle. Man pflanzte und man wob Hanf und Leinen. Wir kauften nur die Baumwolle. Für die eigenen Bedürfnisse woben wir reines Leinen und Halbleinen.

Bei der Heirat hatten die Mädchen hier alle einen Webstuhl in der Aussteuer, wie bei euch im Flachland die Nähmaschine. Für mich allein begann ich auf einem Webstuhl mit 70 cm Breite. Diese Breite genügte nicht. Ich bat einen Schreiner, mir einen größeren zu machen. Im Jahr darauf verkaufte ich den Touristen meine Stoffe gut. Ich bekam sogar Bestellungen, immer mehr Arbeit.

Da habe ich denn weitere Frauen dafür interessiert, eine, zwei … bis zu sieben von überall aus dem Dorf. Ein wenig später richtete ich eine Arbeitsstätte mit fünf Webstühlen ein, stellte Weberinnen an und konnte zum Schluß meinen Laden kaufen.

Ich lernte, daß man die Arbeit aufteilen mußte. Eine einzige Person konnte nicht alles bewältigen, vom Weben bis zum Verkauf, denn zuerst mußte man je nach Musterung des Stoffes die Kette einrichten, einfädeln, aufbäumen. Ich habe nach neuen Webarten gesucht, dachte an Stickereien mit althergebrachten Stichen, an Verzierungen von Tüchlein und Kissen. Ich dachte an Durchbrucharbeiten, an jene schönen, die wir auf unsere Trachtenblusen machten und die man auf kleinere Tischtücher übertragen konnte. Ich dachte an die gestickten Bänder, die unsere Kinderhütchen verzierten, an die Gürtel unserer Schürzen. Ich war voll Ideen, die ich umsetzte. Sie gefielen. Ich habe immer noch nicht aufgehört, habe das bis zu meinem vierundsiebzigsten Jahr weitergemacht. Fünfzig Jahre Webkämme aufbäumen, fünfzig Jahre im Laden stehen. Ein ganzes Leben!

Man mußte stark sein.

Vor allem brauchte es die absolute Not. Ich hatte Kinder aufzuziehn, darunter den Sohn eines jung verstorbenen

Bruders. Da waren meine Eltern. Erzählt man das so und betrachtet es von weitem, macht man sich keine Vorstellung von dem Gewicht, das auf meinen Schultern lastete. Eine Riesenlast, ein Felsbrocken. Aber auch eine Hilfe. Der Stekken, der den Esel in Trab bringt, vor allem, weil ich nie zum Befehlen – das Wort ist so blöd, ich habe es nicht gern –: weil ich zum Führen nicht gemacht war.

Scheu war ich immer und bin es geblieben. Zum Glück merkte man es nicht. Ich hatte die Tollkühnheit der Schüchternen. Stürzte mich in die Tätigkeit, wie man ins Wasser springt. Anfänglich, wie ich dies Atelier leiten und entscheiden mußte, was zu tun wäre, bekam ich Angstzustände. Ich mußte mich überwinden.

Ohne es zu wollen, hatte ich einen Weg aufgetan; andere Frauen ahmten mich nach. Das war gut.

Wie ich das alles miteinander tun konnte? Ich frage mich das noch heute. Du kannst nicht wissen, was es heißt, einen Webstuhl einzurichten, wenn man zweitausend Fäden auf einer Breite von einem Meter siebzig einziehen muß. Das macht dreizehn bis vierzehn pro Zentimeter. Da darf man sich nicht irren. Oder man muß alles wieder ausfädeln! Das Weben an sich ist keine Hexerei und geht schnell.

Neben dieser Arbeit, die Zeit und Geduld erfordert, hatte ich den ganzen Haushalt zu machen, die Küche. Ich mußte Bestellungen aus Paris abweisen, von Schneidermeistern, die von mir exklusive Einzelstücke wollten. Ich konnte nicht zweitausend Fäden für ein Stück Tuch von nur zwei Metern Länge einziehen. Das Einfädeln braucht gleich viel Zeit für zwei, zehn oder hundert Meter, doch der Ertrag ist nicht derselbe. Ich konnte mir diesen Luxus nicht leisten, wenn es auch verlockend gewesen wäre, auf so schöpferische Weise zu arbeiten. Ich sah keinen Feierabend mehr, um so weniger, als ich zwei weitere Neffen ins Haus genommen hatte. Männer schon, die ich ein paar Jahre lang ziemlich vollständig unterhalten habe. Wie ich das konnte? Ich konnte.

Mein Geschäft habe ich 1925 eröffnet, ich war noch nicht ganz fünfundzwanzig. Die Fremden traten in meinen Laden ein, und die Unterhaltung ging los, ich hab' dir's erzählt. Viele von ihnen sind Freunde geworden, bis heute. Das Geschäft lief allmählich gut, doch immer noch hatten wir Schulden. Ich kam nicht dazu, zehn Batzen auf die Seite zu legen. Und dann, auch das muß gesagt sein, war ich immer schwach in Sachen Buchführung. Ich arbeitete, verkaufte gut, vernachlässigte die Rechnungen. Ich habe mir da einiges anzulasten. Zweifellos fehlte es mir an praktischem Sinn. Am wichtigsten für mich war, daß es irgendwie weiterging.

Dein Erfolg als Frau hat dir nicht viel Freunde eingebracht?

Ich hatte so viele Angriffe zu parieren, mußte unter der Bedingung äußerster menschlicher Vereinsamung kämpfen, gegen alles, gegen alle, weil ich versuchte, etwas Neues zu unternehmen. Das verstieß gegen die Empfindlichkeit der Leute hier, gegen den Geist einer ganzen Epoche.

Die Männer hier sind so. Schlecht ertragen sie es, wenn eine Frau allein, ohne ihre Hilfe, ihre Ratschläge, ihren Weg macht, und erst recht nicht, wenn diese noch die Zügel in Händen hält.

Wie ich obenauf zu schwimmen kam? Wie ich meinen Einsatz gewann? Ich weiß es nicht. Die Frauen meinten, ich wage zuviel! Die Männer waren empört. Niemandem etwas zu schulden und von niemandem etwas zu brauchen, das machte, daß mich die Gesellschaft auf gewisse Weise mit ihrem Bann belegte. Man ließ es mich auf jede

Art merken. Es brauchte gehörige Reserven an Energie, um das zu unternehmen und durchzustehen, durchzustehn vor allem! Was immer ich unternahm, geschah mit allgemeiner Mißbilligung, unter dem Gelächter der Meute. Die Bauern konnten sich nicht vorstellen, daß unsere althergebrachten Stoffe und Tücher auch nur ein paar Groschen wert sein könnten. Daß sie bewundert und wegen ihrer rustikalen Schönheit zum gesuchten Artikel werden könnten! Für sie hatte das nur Gebrauchswert. Als es mir gelang, das durchzusetzen, änderte sich ihre Betrachtungsweise.

Aber es ist hart, so isoliert zu arbeiten, sich von allen Seiten verlästert zu wissen.

Ich will dir an einem Beispiel zeigen, wie man mich schikanierte. Es gibt ganze Rosenkränze davon! Die Einzelheiten habe ich nicht mehr im Kopf, auch den Zorn nicht, einen Zorn, der vierundzwanzig Jahre rauchte!

Im Jahre 1946 ließ ich mir am Dorfausgang mein Chalet bauen. Notgedrungen mußte ich bei einer heimischen Bank Geld aufnehmen. Diese wurde, wie man sagt, von ehrbaren Leuten geleitet. Ich habe meine Schuld schnell zurückbezahlt. Nun aber gelang es mir unter allen Umständen nicht, die Hypothek abzuzahlen, einfach weil diese Leute nicht wollten! Dabei hatte ich auf alles, was ich besaß, eine Hypothek genommen. Daß ich diese nicht aufheben konnte, machte es mir unmöglich, Geld zu bekommen und damit etwas Neues anzufangen. Mit Bedacht hat man mir das immer in die Länge gezogen. Es mußte schon der Direktor wechseln, damit ich mit einem Schlag meine Sache gewann, es sind erst sieben, acht Jahre her! Weil ich eine Frau mit eigenen Vorstellungen war, hat man mich vierundzwanzig Jahre lang an der Nase herumgeführt und geplagt. Weil ich meine Ideen in die Tat umsetzte und nicht zur Kirche ging.

Und dann wußte ich mich nicht zu wehren, war allein, ohne jeden Beistand, man sieht …

Bei den Leuten galt ich als stolz und abweisend. Stolz, das ganz gewiß, besonders wenn man ringsum die erhobenen Schilde sah. Abweisend? Nein, ich war nur schüchtern, niemand hat es je gemerkt. Eine Scheuheit, die auf das zurückgezogene Leben in meiner Kindheit zurückging. Wenn man einem Kind den Kontakt mit der Außenwelt vorenthält, isoliert man es fürs Leben. Ein Kind von den anderen fernhalten: Das ist etwas vom Grausamsten, was ihm widerfahren kann.

Dennoch, vielleicht habe ich gerade in den Jahren, in denen ich auf mich selbst gestellt war, die nötige Energie geladen, die mich bis heute nicht verlassen hat. Und dann mußte man weitermachen, so oder so, ob man wollte oder nicht. Es hieß die Bürde tragen. Da lernt man, wie man sie trägt, ohne daß sie einen zermalmt. Man muß mit kleinen Schritten vorangehn und immer knapp vor sich schauen, wo man den Fuß hinsetzt. Bis dorthin will ich tragen, sagt man sich. Macht dann die Anstrengung, hat die Kraft dazu. Eine Etappe. Man fängt von neuem an, schaut zwei Schritte voraus, gibt sich noch einen Schubs. Und so fährt man fort, ein ganzes Leben. Ein ganzes Leben … Manchmal meint man, unterwegs hinzufallen, nicht mehr, nie mehr zu können. Und fällt doch nicht. Man geht, geht voran, die Last auf den Schultern. Es ist gut so. Da kommt man nicht auf zu viele Gedanken.

Die Tür deines Ladens führte nicht nur auf die Hauptstraße, sie war offen zur Welt hin.

Das stimmt, ich habe in meinem Laden einen Haufen Leute getroffen, habe viele Freunde gewonnen. Unter ihnen den waadtländischen Dichter René Morax, der 1937 hier heraufkam, um die *Servante d'Evolène* zu schreiben. Solange er bei Gesundheit war, kam er jeden Sommer wieder, blieb sechs Monate. Gegen Ende seines Lebens nur noch vier. Er war ein Mann von ausgesuchter Freundlichkeit, von großer Güte und voll Humor. Er konnte sich zerreißen, um irgend jemandem aus der Patsche zu helfen. Er hatte das Gedächtnis eines Elefanten, konnte sich an jedes kleinste Ereignis erinnern. Und wußte eine ganze Reihe von Geschichten, die ihm widerfahren waren, wunderbar zu erzählen.

Zuerst aß er nur am Sonntag bei mir zu Mittag. Mit der Zeit kam er jeden Tag. Redete von seinen Freunden, von Eric Satie und Pannaït Istrati, dem rumänischen Dichter der *Disteln des Baragan*. Er las ungeheuer viel, ich auch. Wir tauschten unsere Lektüre aus. Er las mir alles vor, was ihn besonders berührte. Wir redeten darüber. Redeten über alles ... und nichts. Ich weiß nicht, ob er von mir etwas gelernt hat, ich hoffe. Ohne Zweifel hat er mir intellektuell sehr viel gebracht, vor allem aber jene menschliche Wärme, die mir so fehlte.

Erst lebte er während einiger Jahre in Arbey, ganz allein, in einem kleinen Chalet nahe beim See. Später bekam er Schwierigkeiten beim Laufen, die Beine taten ihm weh. Man konnte ihn nicht mit dem Auto abholen, der Weg war zu schmal. Darum kam er nach Lanna und wohnte hier in einem Chalet ohne jeden Komfort. Es gefiel ihm. Jedes Jahr veranstaltete er dort einen kleinen Ball für die Jungen. Man tanzte den ganzen Abend. Ich war schon zu alt zum Tanzen ... nun denn! Auch kochte er wunderbar.

Nach dem Tanz kehrten wir, gegen drei oder vier Uhr morgens, über den Weg, der die Borgne entlangführt, nach Evolène zurück. Keineswegs müde ... glücklich!

Gesellschaft, das gefiel Morax. Er hatte alle gern und konnte es nicht ausstehn, wenn die Leute sauertöpfisch wurden, verdrossen. Ich entsinne mich noch der Überlegungen einer alten Frau aus Lanna, sie ist vor zwei Jahren gestorben. Man nannte sie die Johanna aus Lanna. Sie besaß einen kleinen Tea-Room, der hatte von »room« nur den Namen. Er war bezaubernd.

Vor mir sagte sie zu Morax bei einem dieser Bälle: »Herr René (so wollte er angesprochen sein), Sie sind ein rechter Wunderwirker; Sie machen, daß wir einander gern haben.« Das stimmte. Er war von so unangestrengter Güte, daß es den Leuten unmöglich war, vor ihm miteinander zu zanken.

Einmal bin ich mit Marguerite Yourcenar zu ihm gegangen. Er hatte uns beide eingeladen. Ich hatte sie in meinem Laden getroffen, versteht sich. Sie kaufte mir Stoffe ab.

In der *Servante d'Evolène* hat er ein paar Gipfel der reinen Poesie erreicht. Auch *Aliénor* hatte ich sehr gerne. 1965/66 bin ich zu einer Vorstellung gegangen, die das Théâtre de Mézières davon gab. Man spürte, wie die Leute erschauerten. – Und was für ein schönes Theater das ist!

Schrieb er leicht?

Sehr sogar. Eines Tages bat ihn jemand um ein kleines Gedicht. Er hat sich fünf Minuten an den Tisch gesetzt. In weniger als nichts hatte er da ein vollendetes Schmuckstück ziseliert.

Als er die ersten Jahre hier war, war er nicht katholisch. Er konvertierte dann und ließ sich in der Abtei von Saint-Maurice taufen.

Ich habe mich gefragt, ob er nicht der Reihe nach alle die großen Religionen studiert hatte, ehe er sich für diejenige entschied, die ihm bei seiner Herkunft und seiner Kultur am besten entsprach. Er war von einer solch allumfassenden Liebe, so viel Verständnis, Gedankentiefe und schlichter Empfänglichkeit.

Gegen Ende seines Lebens kam er in Geldschwierigkeiten. Seine Einnahmen, aus Buchverkäufen und einer schmalen Altersrente, waren mager. Er war wirklich nicht auf Rosen gebettet. Mehr als einmal sagte ich zu ihm: »Herr René, Sie müssen zwei Dinge tun. Da Sie alle die Leute gekannt haben, die in Literatur und Kunst eine Rolle spielen, schreiben Sie doch Ihre Memoiren. Und veröffentlichen diese, wie Sie auch Ihre Tagebücher veröffentlichen müssen.«

Aus lauter Spaß hatte er die verrücktesten Kochrezepte zusammengetragen, einfach phantastisch. Ich riet ihm, sie in einem Band zu sammeln. Er lächelte, meinte, das lohne die Mühe nicht. Ich war anderer Meinung. Es waren dies nicht einfach Rezepte, sondern eine Art Lebenskunst.

Eure Freundschaft hat seinen Tod überdauert, da er dir einen Teil seiner Tagebücher anvertraute.

Ich weiß nicht, ob es gut ist, davon zu reden. Nun gut, vielleicht gibt es Leute, die sich dessen bemächtigen möchten, und ich weiß, wie Morax darüber dachte. Als er sie mir übergab, sagte er: »Ein Tagebuch taugt nur, wenn es ehrlich ist. Wenn man vollkommen ehrlich ist, kann man in Augenblicken der Erregung oder der Übermüdung Dinge schreiben, die jene Menschen verletzen mögen, die man gern hat. Da ziehe ich vor, nichts davon herauszugeben.«

Dies Tagebuch führte er seit langem. Ich weiß nicht, über welche Zeitspanne der Teil geht, den er mir überlassen hat. Nie hätte ich mir erlaubt, es zu öffnen und Stellen daraus zu lesen. Er hat mir diese Seiten in einem großen Umschlag mit der Bemerkung übergeben: »Fünfzig Jahre nach meinem Tod zu veröffentlichen.« Meiner Verschwiegenheit konnte er sicher sein. Seine Neffen haben mir jenes schöne Porträt von ihm geschenkt, das sein Bruder malte. Es hängt im Eßzimmer. Der andere Teil der Tagebücher ist wahrscheinlich in Morges.

Am Tage seiner Beerdigung ist mir etwas Seltsames geschehen. Wenn Morax nach seinem Aufenthalt in Lanna wieder hinunterging, begleitete ich ihn im Zug bis nach Lausanne oder Morges. In Sitten tranken wir, das war ein Ritual, im Bahnhof immer einen Kaffee. Zur Beerdigung bin ich in Begleitung seiner Freunde, der Monneyrons, die hier im Chalet waren, nach Morges gefahren. Ohne ihn tranken wir den traditionellen Kaffee. Wie ich den einnahm, dachte ich, daß es jetzt aus wäre mit unserer Freundschaft, unserer Kumpanei, Komplizenschaft, daß wir nie mehr zum Plaudern hierher kämen. Und ich fing zu heulen an; ein starker Kummer, fast ein Schluchzen.

Höre ich da nicht mit einemmal seine Stimme, die mir sagt: »Aber nein, Sie nicht! Sie wollen mir doch nicht an meiner Beerdigung eine solche Figur machen!«

Es war so unerwartet, komisch, und doch er, seine Art, die Dinge zu sagen, daß ich nur in ein Gelächter ausbrechen konnte. Wie eine Verrückte lachte und weinte ich in einem. War er es? Glaubte ich nur, ihn zu hören? Das Rätsel bleibt. Doch habe ich nie mehr die geringste Träne über sein Hinscheiden vergossen. Ich dachte an ihn mit Zärtlichkeit und Rührung, ein Lächeln im Mundwinkel.

Und Marguerite Yourcenar?

Es war 1951, im Jahr der Veröffentlichung von *Ich zähmte die Wölfin*. Ich sah eine kleine, recht runde Frau mit einem blitzgescheiten Gesicht den Laden betreten … mit Augen, so unglaublich lebhaft, daß man sie nicht vergißt. Sie wollte Stoffe kaufen, eine Unterhaltung kam auf. Sie sagte mir, sie schreibe ein Buch über Kaiser Hadrian. »Ich will es Ihnen schicken«, sagte sie. Und sie hat Wort gehalten! Trotz ihres gescheiten Gesichts erwartete ich eher ein seelenverwandtes Buch, ein bißchen blumig, wie sie so in den letzten Jahren unter dem Gütezeichen Frauenliteratur herausgekommen sind. Ich kann dir verraten, daß ich mich beim Lesen hingesetzt habe. Es hat mir die Luft abgeschnitten. Weit von dem, was ich mir etwas dümmlich unter dem Werk vorgestellt hatte, war dies das beste Buch, das in den letzten fünfzig Jahren erschienen ist. Ich weiß, was ich sage. Ich war verblüfft: die unglaubliche Gelehrsamkeit, der makellose Stil, der Sinn für das Unsichtbare. Auch hatte sie mir erklärt, wie sie ganz und gar von diesem Kaiser Hadrian besessen sei. Dieses Buch hatte sie jahrelang erfüllt. So das Gefühl, das ich bei der Lektüre hatte. Nie habe ich die Vorstellung, die ich mir von diesem Kaiser machte, von der Art trennen können, in der die Yourcenar ihm ein zweites Leben gegeben hatte.

Und nie habe ich unsere kurze Begegnung vergessen. Es gibt Wesen, deren Dasein einen prägt. Ich hatte ihr Sagen aus dem Tal erzählt. Sie schien sehr daran interessiert. Wir sind zu Morax gegangen, dann fuhr sie ab. Sie hat mich nach Paris eingeladen, schade, daß ich mein Geschäft nicht allein lassen konnte.

Was ist dir von euren Unterhaltungen geblieben?

Die Erinnerung an ihre große Hellsicht. Nicht was man gemeinhin darunter versteht. Eine intuitive Klarsicht, von einem Urteil begleitet, von jener strengen Logik, die man fälschlicherweise als männliche Logik bezeichnet… Ich meine damit die Logik eines freien Geistes, sei es Mann oder Frau. Welch eine Kultur, wieviel Gelehrtheit ohne jede Pedanterie! Sie besaß wirklich alle guten Eigenschaften einer Frau, wie ich sie auffasse: Zartheit, Verständnis, Sinn für Freundschaft, jene Einfühlungsgabe, von der ich sprach, und einen wunderbaren Verstand. Ich entsinne mich, ihr Blick hatte eine zweifache Bewegung. Er durchdrang das Geheimnis des Ortes, der Gegenstände, der Wesen; und gleichzeitig wußte sie diese aufzunehmen. Ich kann den Eindruck nur schlecht umschreiben, ich will es andersherum versuchen. Der Verstand legt uns enge Grenzen auf, lädt uns ein, uns immer im schon Bekannten zu bewegen, als könnten wir dadurch wahrhaftig an die ganze Spannweite des Lebens rühren. Nun aber überschreitet unser Leben diese bruchstückhaften Grenzen des Bewußtseins. Wir sind imstande, zu anderen Ufern vorzustoßen. Oft lehnen wir es ab, diese zu betrachten, weil sie nicht in den Rahmen unserer Gewohnheiten hineinpassen. Die Yourcenar hat es gewagt. Sie ist in Hadrians Fußstapfen getreten, ist nach Rom, in die Engelsburg gegangen. Sie ist erfüllt von jener Energie, die nach dem Tod weiterbesteht, auch wenn dieser Tod Jahrhunderte vorher eintrat. Nichts geht verloren … Verstehst du, bei der Yourcenar waren alle diese Fähigkeiten des »Überschreitens« in wunderbarem Gleichgewicht mit streng geschichtlichem Wissen über ihren Titelhelden. So konnte sie nur ein Meisterwerk schreiben. Sie fand unser Tal bemerkenswert.

Und wie hast du den Doktor Forel kennengelernt?

Auguste Forel? Er wird mich gewiß dieser Tage besuchen. Bei ihm war es immer das Unerwartete. Er ruft mich an und sagt: »Ich habe einen irren Typ, den muß ich Ihnen zeigen, wollen Sie uns zu einer Raclette einladen?«

Ich sage immer ja. Und er kommt mit den wunderlichsten Leuten an. Ich amüsiere mich köstlich, wenn er kommt.

In die Gegend kam er, als er an seinen *Synchromies* arbeitete. Er hat hier eine Menge hervorragende Fotos von Borken und Rinden gemacht. Wie ich zu ihm kam? Ach ja, er kaufte Teppiche, ein bißchen überall. Besaß ein paar herrliche, flämische aus Aubusson, mittelalterliche. Bei Morax erkundigte er sich, ob er niemand wisse, der sie ausbessern könne. Morax dachte an mich.

Es ist dies ein Kunsthandwerk für sich. Ich hatte es nicht gelernt, aber ich nahm an, es machte mir Spaß. Forel rief mich an und lud mich auf zwei Tage zu sich ein. Dort habe ich eine seiner Cousinen getroffen, eine Deutsche, sie wob Teppiche. Kam aus München, glaube ich. Eine reizende Frau. Sehr rasch hat sie mir diese Art der Restaurierung beigebracht. Wenn man weiß, wie das geht, ist es überhaupt nicht schwierig.

So habe ich denn den Schloßbesitzer von St. Prex kennengelernt, einen sehr einnehmenden Mann, begierig auf alles. Er war schmal und aufrecht, rassig wie ein großer Wilder. Wenn man ihn so mit seinen langen Sprüngen vorankommen sah, erinnerte er an einen Tiger, die Art, wie er ging, nicht der Charakter.

Haben dir nicht all die Leute, denen du begegnetest, gesagt, in dieser Ecke des Landes käme man zu Eindrücken, die man nirgendwo anders empfangen könne?

Alle haben mir von jener besonderen Ausstrahlung gesprochen, von einer Energie, von der sie sich getragen fühlten … ein Ort, aus dem sich, stärker als anderswo, geheimnisvolle Kräfte lösten. Es gibt hier ein besonderes Licht und besondere tellurische Kräfte. Auch du hast mir gesagt, es sei dies hier ein Ort, an dem der Geist wehe. Ich glaube, das ist wahr. Die gleiche Überlegung habe ich aus dem Mund von Schriftstellern gehört, von Malern, Musikern, auch von Mystikern, von Spiritualisten aller Religionen, von Christen auch. Letztere machten mich darauf aufmerksam, man empfinde auf dieser Höhe, in diesen Gebirgsräumen eine ähnliche Gemütsbewegung, wie sie einen in der Kathedrale von Chartres überkomme. Andere, Reisende oder Fremde, die von weither kamen, fanden hier jene erhabenen Eindrücke wieder, die sie in Persien, in Schiras, der Stadt der Städte des Sufismus, empfangen hatten. Mag sein, die Gipfel des Val d'Hérens sind vom Keltentum getränkt. Ich sage: mag sein – aber ich bin überzeugt davon.

Es ist so eine ruhende Kraft in diesen Tälchen, eine Spur Heftigkeit, Zartheit miteinander: harmonische Rhythmen. Manche Wesen empfinden das sehr tief. Sie können nicht anders als hierher zurückkommen, sozusagen um aufzutanken.

Diese Anziehung ist einem nicht immer bewußt, aber sie ist da. Die Jungen aus dem Tal ziehen fort, wollen sehen, was anderswo vor sich geht. Sie sind voller Neugier, können nicht in einem verschlossenen Gefäß leben... Nun gut! Und wie oft geschieht es, daß sie zurückkommen! Ich habe zum Beispiel eine Schwägerin, die ist in Frankreich aufgewachsen. Ihre Eltern sind von hier weggegangen, als sie noch sehr jung war. Mit ihrer ganzen Familie, mitsamt ihren Brüdern ist sie zurückgekehrt. Man muß ihr von Fortgehen schon gar nicht mehr reden. Alle haben sie sich ein wenig Arbeit beschaffen können. Ich habe noch entfernte Verwandte in Pithiviers, die haben dort ein kleines Bauerngut gekauft. Die Männer sind Agraringenieure. Sie haben Vermögen, eine gute Stellung, doch das Herz zieht sie hierher zurück. Sie haben sich schon umgesehen, ob nicht ein wenig Boden zu finden wäre ... nichts konnte sie wirklich zufriedenstellen. Sie warten, doch wollen sie ihre Heimat wiederfinden.

Natürlich ist es die Verlockung eines Lebens in den Bergen, das sanfter, sachter, nicht so gehetzt vor sich geht wie auf dem flachen Land. Zeit gibt sich hier noch genug. Hast du die geheimnisvollen magnetischen Kräfte gefühlt, die sich hier entfalten? Beim Laufen spürt man, wie die Erde vibriert. Der Fels, Marmor, Schiefer und Speckstein sind von ihnen durchdrungen. Und jene grünen Bänder im Fels, ist das Blei, Kupfer? Man hat den Eindruck, auf Bodenschätzen zu leben, die stufenweise vom Blei zu Spuren von Gold übergehen, eine ewige Alchemie. Es ist alles voll Erzgruben hier, nur daß die zuwenig rentabel sind.

Es gibt einen guten Spruch, der alles sagt: Das Wallis ist reich an armen Minen. Die Mineralien aber sind da. Voraussichtlich sind Spuren von ihnen in der Ernährung enthalten: im Korn, das man ehemals säte, in unseren riesigen Salat- und Kohlköpfen, die einem Paradiesgarten wohl angestanden hätten. Alles wirkt, und alles ist in allem; so wurden wir, was wir sind. Was uns umgibt, formt uns; wir unsererseits schaffen dieses wieder. Für mich gilt das auch ganz selbstverständlich in bezug auf Gott, wenn ich dir sagte: Er schuf uns, und wir schufen ihn.

Nie werde ich müde, von meinem Balkon aus die Landschaft zu betrachten. Mir ist, als werde die Welt jeden Tag neu erschaffen.

Im vollen Sonnenlicht wird alles platter, flach. Am frühen Morgen aber, wenn ich die Sonne auf die Wälder mir gegenüber niederkommen sehe, da sage ich mir: Eine Welt am ersten Tag kündigt sich da an. Was kann man aus einer neuen Welt alles machen? ALLES? Ein Jungbrunnen ist das.

Zu meiner Überraschung beschreibst du mir also doch einen Augenblick des Glücks …

O ja, ich hatte auch welche. Ein Menschenleben besteht

aus den widersprüchlichsten Elementen. Wenn man davon erzählt, mag man wankelmütig erscheinen. An einem Tag beschwört man das Unheil, am anderen wird man, in einem neuen Zusammenhang, geradezu das Gegenteil behaupten. Doch das ist nur Schein; nur die Umstände haben sich geändert. Das Leben aber bleibt eine ununterbrochene Linie.

Unseren Widersprüchen zum Trotz folgen wir dieser gebieterischen Linie, um die herum tausendfacher Widerschein und noch der Widerschein vom Widerschein aufblitzt: das sind die Lebensumstände, mehr nicht. Immer habe ich festgestellt, daß es leichter ist, sich den Umständen zu beugen, als diese zurechtbiegen zu wollen. Wennschon, die Lebenslinie wird so nicht unterbrochen, die anderen können sie nur nicht immer ausmachen. Sie ist unsere innerste Zuflucht, bestimmt unsere Kontinuität. Was findet man da, in dieser inneren Abgeschirmtheit? Unsere Gewißheiten. Für die einen das ewige Leben. Gott, die Menschen, die wir lieben und die gegangen sind … Für die anderen: Schweigen.

Ich muß sagen, daß ich viel Hilfe bekommen habe von jenen Mitgliedern der Familie, die drüben, auf der anderen Seite des Lebens, stehen. Wenn ich einmal wirklich nicht mehr weiterkonnte, rief ich meine Großmutter, die ich geliebt hatte, ich dachte an Vater, an die beiden Brüder, an einen seit fünfzehn Jahren verstorbenen Neffen, der zehn Jahre bei mir gelebt hat. Noch immer rufe ich sie an, und Hilfe kommt; nicht immer so, wie man es sich wünscht, aber sie kommt! Wie oft habe ich doch Beweise dafür erhalten!

Da muß man einen recht wachen Geist haben, um solche Beweise auszumachen.

Nicht unbedingt; sie drängen sich geradezu auf. Wenn Hilfe kommt, weiß man, spürt man, fühlt man das, man nimmt es an. Man kann gar nicht anders, als sagen: Schon gut, das ist es … danke. Es gibt immer irgendwelche Hilfe in Reichweite.

Wir haben die Schlüssel und…

… und sehen sie nicht. Man muß an die Schlüssel glauben. Das erste, was man tun muß, ist davon überzeugt sein, daß uns geholfen wird, geholfen werden kann. Wenn wir nur das Böse sehn, das Schlechte, die Not, alles Negative, dann verschließen wir der Hilfe Tür und Tor, schließen uns ein im Egoismus, verschließen uns mitsamt unserem Unvermögen in ein undurchdringbares Schneckenhaus und ersticken.

Mit den hauseigenen Mitteln

Das Bild vom Schneckenhaus läßt mich an das Leben in völliger Selbstversorgung denken, das hier bis in die letzten Jahrzehnte des vergangenen Jahrhunderts überdauerte, bis etwa 1870.

Mein Großvater, der 1920 starb, war noch für den Siebziger Krieg aufgeboten worden. Er ging nach Verrières, zum Empfang der Bourbaki-Armee. Das war die erste Bresche; die Bergbauern kamen mit den Leuten aus dem Flachland in Berührung.

Unsere Lebensweise in einem geschlossenen Wirtschaftskreis aber dauerte weiter bis zum Krieg von 1914. Das war die zweite Bresche, tiefer als die vorherige. Nach dem Ersten Weltkrieg zog sich das Land noch einmal auf sich selbst zurück. Seit Ende des Zweiten ist die Öffnung vollständig.

Großmutter erzählte, in ihrer Jugend – auch in meiner – hätten die Bauern nur Salz und Eisen außerhalb des Tales gekauft. In der Bretterbude, die man dort im Garten des Hotels Dent Blanche sieht – sie dient heute als Getränke- und Eisdepot –, gab es einen alten Nagelschmied. Der machte also Nägel. Sicheln, später Sensen, Hacken, Hauen, Pflugschare, *chana*, wie wir sagen, wurden von unseren Bauernschmieden gehämmert.

Und das Salz … Ich sehe noch, wie meine arme Großmutter ihr Salz stampft, französisches Salz, das beste. Sie nahm einen leicht gehöhlten Stein, legte den auf die Truhe.

Das Salz darauf. Sie nahm einen andern Stein, einen runden, damit zertrümmerte sie die Kristalle und salzte den Käse. So geschehen auf dem Arbeyer Maiensäß, wohin wir im Sommer zogen. Großmutters Leitspruch: »Mit dem leben, was man im Haus hat.« Mit unseren hauseigenen Mitteln! In dem abgeschlossenen Tal, dessen Bevölkerung damals nicht kleiner als heute war, hat man es immer so gehalten, wenn man auch auf wenig und verstückeltem Boden hauste. Die Familien waren groß. Zum Glück heirateten nicht alle.

Mit unseren eigenen Mitteln haben wir nie Hunger gelitten, wenn wir auch wenig besaßen. Alle lebten von selbstgemachtem Käse, vom Korn, den Kartoffeln, die Ende des vorigen Jahrhunderts Eingang ins Tal fanden, von ein bißchen Gemüse und dem Fleisch eines Tieres, das man ein Jahr lang aufgezogen und im Herbst geschlachtet hatte. Das ist alles. Die Grundbedürfnisse waren gestillt. Bei allen Mißhelligkeiten, den Zwistigkeiten, die sich in jeder menschlichen Gemeinschaft zwangsläufig und wie von selbst ergeben, herrschte eine ausgeprägte Harmonie im Dorf.

Ich will dir sagen warum: Damals gab es den Neid und die Mißgunst nicht, die heute aufkommen zwischen jenen, die sich Konsumgüter leisten können, und denen, die noch keine Möglichkeit dazu haben. Niemand litt übergroßen Mangel. Es bestand Gleichheit zwischen allen, und zwar so ausgeprägt, daß ganz selbstverständlich der kleine Bauernknecht seinen Meister auf Zeit duzte und ihn beim Vornamen anredete. Ich habe da einen sehr jungen Hirten vor mir, höre noch, wie er einen würdigen Alten mit einem lauten »He, Jean!« ruft. Der Tatsache, daß man für einen anderen arbeitete, haftete nicht die geringste Minderwertigkeit an. Es war einfach so, alle mußten arbeiten. Wer ein bißchen mehr Geld hatte, nur wenig mehr, mehr Boden, Tiere, wurde nicht überheblich davon. In Tat und Wahrheit hatten sie nicht mehr als die armen Bauern. Manchmal opferten sie statt des einen zwei Tiere; das mißgönnte man ihnen nicht. Man sagte, sie hätten mehr Glück, ein paar gute Jahre gehabt.

Früher gab es in jedem Haus Ziegen, welche die Bauern auf den Alpen hielten. Genug, um allen Milch zu geben. Wenn sie nicht droben auf der Alp waren, streunten sie um die Dörfer. Pferchten sich abends in den einen oder anderen Stall, den man ihnen bereitet hatte. Morgens und abends molk man sie. Es gibt heute keine Ziegen mehr, auch keine Hirten. Die Schule dauert das ganze Jahr. Kuhmilch, die Milch unserer Kühe, kommt aus dem Tal herauf, das ist die Höhe: Wir kaufen sie in unseren Läden!

Ziegenmilch ist unersetzbar?

Ja. Wenn ein Säugling die Mutter verlor, wenn diese keine Milch mehr hatte, zog man ihn mit Ziegenmilch auf. Deren Zusammensetzung kommt der Muttermilch sehr nahe. Sie ist weniger schwer, leichter verdaulich als Kuhmilch, die den Säuglingen Durchfall und Verdauungsstörungen beschert. Auch ist sie nahrhafter. Die Ärzte haben das vergessen, oder sie wußten es nie. All die verdünnten Milchpulverprodukte können das nie ersetzen. So ist der Fortschritt, den die neue Generation erleidet!

Es gab kaum Geld, sagtest du …

Man brauchte es nur, um die Steuern zu bezahlen. In Evolène gab es einen Eintreiber.

Um die erforderliche Summe zusammenzubringen, bequemte sich jeder Bauer im Herbst dazu, ein Tier zu verkaufen. Man hatte genau, was es brauchte, oder ein klein wenig mehr. Die Steuern waren nicht sehr hoch.

Unser aller Bargeld kam aus diesen jährlichen Verkäufen. Ein bißchen besser gestellte Leute verkauften bis zu zwei Stierkälber. Was übrigblieb, legte man zur Seite für eine Beerdigung, die jederzeit fällig sein konnte. Und man sparte fleißig, um, wie ich sagte, Eisen, Salz, Nägel, ein paar Bänder zu kaufen, Posamenten für die Hochzeitsröcke und -hüte. Im Dorf waren alle Handwerksstände vertreten: Weberinnen, Spinnerinnen, Walker, die das Tuch appretierten, Sattler, Schuhmacher, Schreiner. Brauchte man sie, bezahlte man oft in Naturalien.

Vor siebzig Jahren war Evolène weit weg von allem?

Unerreichbar. Von Sitten kam man mit dem Karren herauf. Das dauerte gut sechs Stunden. Zu Fuß – reden wir nicht davon!

Jeden Tag kam die Post, mit dem Maultier oder mit dem Karren. Der Bauernkarren bestand aus einer Bretterkiste auf vier Rädern, ein Maultier davor. Man legte vor allem die Verpflegung hinein. Die Leute liefen nebenher.

Anfang des Jahrhunderts waren Kolonialwaren nicht mehr gänzlich unbekannt. Auf den Alpen machte man zum Marienfest Mitte August in einem großen Kupferkessel einen Milchreis. Auch bekam man nun nach und nach Teigwaren.

Als die ersten Fremden heraufkamen, zwischen 1850 und 1860, verwandelten sich die Bauern, die ein Maultier hatten, in Fuhrleute für Reisende und Gepäck. Eine Möglichkeit, den Ertrag zu mehren.

Ich weiß gar nicht, wie die Dörfler diesen Einbruch aufgenommen haben. Wenn es ihnen auch ein paar Batzen brachte, muß es sie doch aus ganz bodenständigen Gründen gestört haben. In Sachen Landwirtschaft lebten wir mit strengen Vorschriften, die Fremden wußten nichts davon.

Es gab Wege, auf denen es verboten war, zur Alp zu steigen, und für jede Alp gab es genaue Vorschriften für die Wege. Alle kannten sie und hielten sie ein. Kleine Pfade zerschnitten die Wiesen. Um vom einen auf den anderen zu kommen, durfte man nicht blindlings durchs Gras laufen; und sie kamen und verschwanden, diese Weglein.

Die Vorschriften stammten aus dem Jahr 1200. Aus Unwissen mußten die Touristen sie des öftern übertreten haben, was, wie ich vermute, die Leute gegen sie eingenommen hat.

Offensichtlich hat das Vordringen des Geldes vieles verändert, angefangen beim Charakter der Leute. Früher wußten wir nicht, daß jede Mühe ihren Lohn wert ist. Wir taten einen Dienst.

Das Geld hat den Wohlstand vermehrt, und das war nötig. Doch hat es die moralischen Werte des einzelnen nicht gefördert, nicht hier und nicht anderswo auf der Welt. Das Geld ist ein Aussatz, der alles verfaulen läßt. Der Sinn für gegenseitige Unterstützung ist verschwunden, das Herz wurde taub.

Früher fühlten wir uns untereinander viel freier. Man verlangte nichts voneinander, war niemandem etwas schuldig, und das ist das Geheimnis jener Freiheit, dank der wir ein ausgeprägtes Bewußtsein für soziale Gleichheit hatten. Ich kann mich an mein entsetztes Erstaunen erinnern, mit dem ich als Kind in einem Geschichtsbuch las, daß es Klassen und soziale Schranken gab, Untertanenverhältnisse zwischen Bauer und Herr … Meister und Arbeiter. Daraus kannst du schließen, in welcher Welt wir lebten!

Hast du Sehnsucht nach jener Zeit?

Sehnsucht nach einer Zeit, die Jugend war, nach einer Zeit, in der alle Hoffnungen offenblieben. Weniger Sehnsucht nach einem Leben vergangener Zeiten als jene nach einer Zukunft, die uns Hoffnung ließ. Hoffnung, das ist jetzt vorbei. Es bleiben nur noch die Steine auf dem Weg, an die man stößt.

Haben die Bauern nicht unter einem ungerechtfertigten Minderwertigkeitsgefühl gelitten, als sich das Land dem Tourismus auftat?

Gewiß, und wie! Diese Invasion hat sich in mehreren Stufen abgespielt. Als erstes kamen Ausländer, kultivierte Leute, die unsere Sitten und Sprache achteten.

Dann hatten wir über Jahre eine Kundschaft, die ich »die Zivilisation der Hausierer« nenne. Sie machten sich über alles lustig; was wir taten, wie wir redeten, unsere Bräuche. Sie fühlten sich wie in einem eroberten Land. Zum Beispiel lachten sie über unsere kleinen aneinandergereihten Fenster, die man im Winter mit Decken so schön ausstopfen kann. Man gab uns Ratschläge, wollte uns eine andere Lebensart beibringen als die, welche wir besaßen!

Das waren ganz einfach lächerliche Schwachköpfe. Wenn du wüßtest, was für Überlegungen ich zu hören bekam, welche Ratschläge man mir gab. Zutiefst verletzt, habe ich geschwiegen. Danach kam eine andere Kategorie Touristen. Diese Leute liebten die Berge, suchten die Ruhe, den besonderen Geist dieser Landschaft, wollten uns verstehen, näherkommen. Manchmal beneideten sie uns gar um unsere Lebensweise. Heute aber, mit dem Massentourismus, mit den Skifahrern und den Unternehmern in ihrem blinden Wahn, »Stationen« zu schaffen, wird alles verwüstet, fürchte ich, und stärker, als man ahnt.

Mit einem gewissen Unbehagen empfinde ich die Schranke der Scheu, ja des Mißtrauens zwischen den Bauern und uns

Fremden. Als kämen wir aus der Stadt mit einem Sack voller Kenntnis, Gewandtheit und trügerischem Reichtum hier herauf.

Ich habe es dir eben gesagt. Man hat uns ein entstelltes Bild von uns selber gegeben, das Gefühl, wir wären nichts und weniger, wüßten nichts von dem, was zu wissen sei. Davon sind wir geprägt worden, gewiß. Doch langsam schwindet die Furcht vor dieser flüchtigen Beurteilung. Der jungen Generation macht das nichts mehr aus.

Schau, eine Zeitlang sind wir von jenen neuen Lebensauffassungen, die von unten kamen, überrumpelt worden. Wir waren fassungslos. Was von dem sollte man übernehmen, was zurückweisen? Und wenn das Geld hineinspielt, wird der Druck noch stärker. Die Öffnung des Tales gegenüber dem Tourismus bedeutet eine Art Kolonialismus, mit allem, was das an Fragwürdigkeiten mit sich bringt, an Verweigerung und Abhängigkeit. Das ist wirklich nicht einfach.

Wer waren die ersten Touristen?

Nicht Schweizer, Engländer. Die haben, auf den Spuren Whympers, der das Matterhorn besiegte, unsere Berggipfel entdeckt. Mit dieser Leistung nahm alles seinen Anfang; sie hatte, immer im Rahmen des Vergleichs, für den damaligen Geist etwa die Signalwirkung der Mondlandung rund hundert Jahre später!

Bald wurde der Alpinismus das liebste Kind der Engländer. Darauf war die Reihe an den Deutschen. Ob Anfänger oder Zünftige, die glühenden Verehrer der Berge fanden einander in Arolla, wo rasch zwei Hotels entstanden. Jedes der beiden war für seine Kundschaft eingerichtet. Sie vermischten sich nicht. Der Tod führte sie manchmal zusammen: mehr als ein Engländer ruht als Opfer der Berge auf dem kleinen Dorffriedhof.

Das Hotel Dent Blanche in Evolène wurde 1858 gebaut und hatte sehr bald seine Stammgäste.

Wir Einheimischen pflegten damals überhaupt keine Beziehungen zu den Fremden. Man gab sich mit ihnen nicht ab. Das waren zwei Welten, die einander fremd blieben. Sie kamen mit der vierspännigen Post und richteten sich für zwei, drei Monate in einer der wenigen Pensionen ein. Die letzte Post kam gegen neun Uhr abends von Sitten herauf. Oft bin ich hingegangen und habe der Ankunft zugeschaut. Zerstreuung und Schauspiel. Die unglaubliche Zahl Koffer und Säcke, Kleidungsstücke und Anzüge, die Frauen im eleganten Reisekostüm, der Hut mit einem Schleierchen.

Die Bergsteiger stellten Bauern als Führer ein, welche die Verhältnisse am Berg gut kannten. So entstand der Beruf des Bergführers. Man nahm die Führer für die ganze Dauer des Aufenthaltes, bat sie zu sich ins Hotel, wo man ihnen Zimmer bestellt hatte, so daß sie immer zur Verfügung standen.

Jene Touristen waren von bester Erziehung und Herzensbildung. Sie hatten Respekt und ehrliche Bewunderung für Können, Ausdauer und Kaltblütigkeit ihrer Führer. Bande tiefer gegenseitiger Achtung knüpften sich. Du brauchst nur ein paar Alte zu fragen; einige von denen haben durchaus ungewöhnliche Abenteuer erlebt, sind gereist, haben Bildung erworben dank jener Bergfreundschaft, die große Entfernungen überdauert hat.

Mit uns haben sie, wie gesagt, nie versucht oder nie gewagt, eine Beziehung aufzunehmen. Eigentlich konnte ich den Grund für den Graben, der uns außer der Sprachbarriere trennte, nie verstehn.

Lies Toepfers Reiseberichte, schau dir an, was er über die Einheimischen zu sagen hat. Wir reden da ein heruntergekommenes Französisch, so daß er mit niemandem eine

Unterhaltung führen konnte. Unser schönes Patois stellte er auf die Stufe irgendwelcher levantinischen Mischsprachen! Hingegen hatte er mit einem Präsidenten von Evolène, er hieß Favre, Bekanntschaft geschlossen. Und kam in den überraschenden Genuß, von ihm Antworten in perfektem Latein zu erhalten: Die Notare hatten studiert – auch wenn sie aus Evolène kamen. Was Toepfer neu war. Seit dem Ersten Weltkrieg kam man mit den Fremden doch langsam in eine Beziehung. Und dann vor allem ab 1940, als das bäuerliche Leben für die Städter mehr und mehr Anziehungskraft gewann.

Vor 1914 waren die Saisons lang. Die Ferien dauerten drei Monate, vom 15. Juni bis zum 15. September. Zwischen den beiden Kriegen hat sich das verkürzt auf einen knappen Monat.

Zu Anfang bestand hier, wie ich dir erzählte, eine tiefliegende Feindseligkeit gegenüber den Fremden. War es die Furcht vor dem Draußen? Was den Glauben angeht, warnten die Pfarrer die Bauern vor diesen Leuten, die das Böse im Handgepäck hatten.

Was nicht so falsch war!

Daß bei uns das Beispiel einer Lebensart um sich gegriffen hat, die sich von der unseren unterschied, stimmt und daß wir sie für überlegen gehalten haben, stimmt, auch, für leichter und leichtlebiger. So sah es zumindest aus. Was wir dem Benehmen des Touristen während seines Ferienaufenthalts entnehmen konnten, könnte man vergleichen mit dem sichtbaren Teil eines Eisberges; den anderen Teil konnten wir uns nicht vorstellen, die wichtigere, unsichtbare Hälfte. Ihr Alltagsleben, ihre Probleme blieben uns verborgen. Wir dachten, sie hätten außer dem Auf- und Zumachen des Geldsacks keine.

Es gab da natürlich einen schwer zu überdeckenden Widerspruch zwischen den Bauern, die im Sommer an ihrer härtesten Arbeit, dem Heuen, waren, und der Freiheit der Touristen, die einfach drauflosmarschierten, schliefen und die Landschaft bewunderten.

Ich kann das verstehen, ich schäme mich selbst oft deswegen.

Ich weiß. Ich habe Freunde, die kommen seit zwanzig Jahren her und empfinden noch immer dieses Unbehagen. Sie sagten mir, die Beziehungen zu den Bauern beruhten auf einer Fehleinschätzung, die sie nur schlecht ertrügen. Man sagte oft zu ihnen: »Ihr habt Glück, könnt euch ausruhen. Ihr müßt aber reich sein!«

Nun wußte ich aber, wie es bei diesen Freunden gerade aufging; sie hatten einen Monatslohn, keinen Sparstrumpf. Mußten während zehn Monaten im Jahr wie wahnsinnig schuften – das sind ihre eigenen Worte. So waren die Ferien kein Luxus, sondern eine Notwendigkeit.

Ich begreife das Mißverständnis genau: Das Unbehagen, das beide Seiten empfinden, hat seine Ursache in der Zeit, keineswegs in der Arbeit oder im Vermögensvergleich.

Ihr kommt hierher, wenn die Bauern am stärksten mit der Ernte beschäftigt sind. Sie stehen frühmorgens auf und mähen den Berg, bringen bis in die Nacht ihr Heu ein, kommen spät ins Bett.

Im Winter ist unser Leben um einiges friedlicher, gemütlicher. Wir versorgen die Tiere, flicken die Werkzeuge aus. Im Sommer, da flickt ihr euer zerschlissenes Nervensystem. Wenn ich ganz aufrichtig bin, ziehe ich meine Lage der euren vor. Denn in den meisten Fällen habt ihr kein eigenes Haus, Gemüse, Käse, Vieh, eine Grundlage für die einfachsten Bedürfnisse des Lebens. Wir haben das. Was uns, als die Selbstversorgung einmal durchbrochen war, fehlte, war jene Lohnarbeit, die ihr habt. Dies sind also ein paar Gründe, die das Unverständnis schüren.

Heute gehen unsere Männer auf die Baustellen. Sie verdienen gut. Kleine Läden haben aufgemacht. Aber es gibt Familien, die noch immer im Herbst ein paar Tiere verkaufen, um zu Bargeld zu kommen. Sie besitzen aber nicht mehr nur ein oder zwei Färsen. Sie haben eine kleine Herde, sind besser eingerichtet. Doch mit dem, was sie aus dem Verkauf ziehen, müssen sie sich einkleiden, Steuern bezahlen, die nicht mehr so niedrig sind, Krankenkassenprämien, Altersversicherung ... es wirft also noch nicht für alle viel ab!

Besser als andere Täler ist das unsere bisher vor der Bodenspekulation bewahrt geblieben. Wird es dabei bleiben? Ich fürchte nein! Und ich frage mich mit Sorge, ob denn überhaupt genug Land verbleibe, um die Bewohner zu ernähren, wenn man sieht, was da so töricht an unnütze Überbauung verschwendet wird. Während der sogenannten Expansion sind mehr als genug Bauten errichtet worden. Soll man doch der Wirklichkeit ins Gesicht sehen: Man wird zuwenig Boden haben, dafür ein dickes Bankkonto, das einem nicht weiterhilft, wenn die Erzeugnisse der Natur verschwunden sind.

Wer zuviel will, verliert alles. Das ist meine Meinung, nicht jene der Arbeiter, die ihr karges Brot verdienen. Es sind dies die beiden Seiten der einen Medaille, des Überlebens unserer Rasse. Sie haben uns hier mit einer niederschmetternden Geschwindigkeit überfallen. Und wenige nur wollen das sehen und die entscheidenden Fragen stellen.

Die Wendung, welche die Welt genommen hat, bedrückt mich. Die Zukunft macht mir Sorgen. Das heißt: Ich kann keine Zuversicht an mein Herz pflocken. Will nur hoffen, man kommt doch noch zu jenem unabdingbaren Ausgleich.

Vielleicht kommen wir dazu. In der Stadt wird von einer Rückkehr aufs Land geträumt. Die Jungen verlangen: Schluß mit dem Geld, es lebe der Tauschhandel.

Ganz augenscheinlich ist unser Leben gesünder als eures. Doch will ich mich zum Advocatus Diaboli aufspielen und alles in Frage stellen, was ich vorher gesagt habe. Ihr habt das Elend nie gekannt, das unser einziger Wohlstand war.

Wenn ich in der Rückschau das Leben von dazumal betrachte, finde ich für meinen Teil das Leben heute unendlich viel angenehmer.

Ich habe keine großen Bedürfnisse. Habe mein Erbe verteilt, wie ich es für gut befand. Komme mit meiner Altersversicherung zurecht. Es gibt zweifellos Leute, die sich mehr wünschten, als ich je hatte … und wozu? Ich bin nicht unglücklich, kann ich dir versichern. Mit meiner Rente fehlt es mir an nichts, und ich zerbreche mir nicht mehr den Kopf. Früher habe ich wie ein Pferd gearbeitet, mußte alles zusammenkratzen. Erst nach dem Tod meiner Mutter, meines Neffen, konnte ich anfangen, etwas zu sparen.

Ich habe ein Haus, das ist wahr. Bis zu meinem Tod bin ich Nutznießer der Wohnung meiner Familie. Ich habe Land, einen Gemüsegarten. In der Stadt müssen die meisten Familien diese Posten unter die Ausgaben rechnen. Das ist hart. So verstehe ich, daß sie von einer Rückkehr zu bäuerlichem Leben träumen. Unmöglich, die Umkehr, leider! Stadtflucht, das ist ein neues Bedürfnis nach Verwurzelung.

Erde unter den Füßen haben statt Beton, Himmel über dem Kopf, nicht Neon. Ihr habt alles Hergebrachte aufgegeben, die Wurzeln verloren. Aber ein Bauer wird man nicht von heute auf morgen!

Hast du dich politisch je entschieden?

… Ziemlich persönlich. Ich habe einen heiligen Schrekken, ein gesundes und weitreichendes Mißtrauen vor den Rechtsparteien und bin dennoch keine Linke.

Mit Genugtuung begrüßte ich die Einführung des Frauenstimmrechtes, denn ich habe mein Lebtag ohne jede fremde Hilfe gearbeitet. Ich habe Verachtung, Mißbilligung von seiten der Herren der Schöpfung gekannt. Behörde und Amtsstellen unterstützten mich nie, im Gegenteil.

Für Frauen gab es nicht die geringste Möglichkeit, über die Haustür hinaus zu wirken. Haus, Vieh, Garten, Heu, aber nicht einen Rappen für sich selbst.

Für die jungen Männer gab es, wenn sie aus der Schule kamen, einen Wiederholungskurs, keineswegs einen militärischen. Einen Monat im Jahr zog man sie ein, unterrichtete sie in vielen Dingen. Du kannst dir nicht vorstellen, wie die Arbeiten und Lehren, die man sie machen ließ, zu ihrer Entwicklung beitrugen. Nichts dergleichen für die Frauen. Zur selben Zeit, da man denen ihre Unwissenheit zur Last legte, hinderte man sie bewußt daran, sich eine Bildung anzueignen. Ich will nicht sagen, die Männer wären schlecht oder roh zu ihnen gewesen. Sie nahmen die Frauen nicht zur Kenntnis und kannten sie nicht, hielten sie für eine nicht zu beachtende Größe, jedenfalls bis zu einem gewissen Alter, sagen wir um die Vierzig.

Da wurden dann diese verschupften Frauen von einem Tag auf den anderen zu einflußreichen Müttern erwachsener Kinder; als Matronen gestand man ihnen Weitblick zu.

Man hörte auf sie. Zu spät, als daß sie daraus noch etwas hätten machen können, das Alter zog schon vor ihnen herauf...

Habt ihr, ehe das Frauenstimmrecht kam, unter Frauen über die Schwierigkeiten eurer Lage gesprochen?

Solange man nichts ändern konnte, tat ich es sowenig wie möglich. Wozu sollte es gut sein, sie die Last ihres Geschicks spüren zu lassen. Sie hätten noch mehr gelitten. Als sie mit Weben ein paar Groschen verdienen konnten, blühten sie ein wenig auf. Es war der Anfang.

Über Politik reden mit ihnen, mein Gott! Ich erinnere mich, ich war um die Dreißig und unterhielt mich mit einem meiner Brüder auf der Straße. Kommt so ein Biedermann aus dem Dorf, der ist zwanzig Jahre älter als ich. Er hört uns, ruft meinem Bruder zu: »Sieh an, du erlaubst deiner Schwester, mit dir über Politik zu diskutieren?« Mir schnitt es die Luft ab, ich fand unser Gespräch so natürlich. Man sieht, die Frauen hatten nicht eben viel zu bedeuten. Sie blieben unmündig ihr Leben lang. Man sollte sich keine falschen Hoffnungen machen über das Stimmrecht, das sie jetzt haben. Da bleibt viel zu tun. Nicht etwa im Sinne eines kämpferischen Feminismus – der scheint mir den echten Forderungen der Frauen zuwiderzulaufen.

Du denkst nun, ich hätte mit den Frauen dieses Thema umgangen. Die fanden ganz einfach, als Ledige hätte ich zuviel Glück gehabt.

Glück?

Das meinten sie, die Armen!

Glück würde ich nicht gerade sagen. Ich will dir hier nicht meine Ansichten darüber auftischen, wir hätten bis morgen daran und wären nicht schlauer. Frei war ich, sagen wir lieber: teilweise befreit, mit dem Alter, von gewissen

Abhängigkeiten. Ich stand finanziell auf eigenen Füßen, das ist wichtig. Das Zölibat machte mich zum Meister über meine Entscheidungen, doch manchmal hätte ich es vorgezogen, weniger allein zu sein. Das sind nur scheinbar Widersprüche. Kopf und Zahl einer Münze, die vorn und hinten gleich viel wert ist. Die eine Seite mag uns bekannt sein, die andere verborgen bleiben.

Oft habe ich über die Widersprüche nachgedacht, aus denen unser Leben gewirkt ist. Ich will dir Beispiele geben: Unser Leben war früher härter als heute – doch ganz gewiß war es ein echteres Leben. Die Bauern waren Gefangene ihrer Lebensumstände – und überraschenderweise dadurch freier. Sobald sie gegen den Druck jener Macht aufstanden, die ihren Sitz in Sitten hatte, wurden sie zerschmettert, hatten gegen die Willkür keine Mittel, was in ihnen eine gesunde Revolte gären ließ und ihnen die Mittel zum Widerstand gab.

Heute hat der Staat die Sorgepflicht für die alten Leute übernommen. Das brachte mir eine echte Sicherheit. Doch es ist selten, daß man seine Tage noch in einer Familie beenden darf. Wir haben das Recht auf die anspruchsvollste Pflege, welche die Familie nicht geben könnte, aber man steckt uns in Altersheime. So schneidet uns das Geld von den anderen ab. Es läßt uns mit Anstand altern, ohne jemandem zur Last zu fallen.

Wenn man Überlebensnöte gekannt, den Kampf der Bergbauern mitgemacht hat, ist dies hier, materiell gesprochen, gewiß ein Fortschritt. Genügt das? Wenn man dabei das Herz verliert! Früher haben die Unglücklichen den Unglücklichen geholfen.

Einzig vom praktischen Gesichtspunkt aus, natürlich: Wenn ich Lust auf ein Steak habe, gehe ich zum Metzger statt in meinen Speicher. Leider hat das Fleisch nicht mehr den Geschmack wie damals, als wir unser Schwein, unser Stierlein aufzogen und Hausmetzgete hielten.

Es gab aber bestimmt Leute, die durchs Tal zogen, ehe die ersten Touristen kamen?

Das Tal durchqueren ist nicht möglich, es ist eine Sackgasse. Doch in meiner frühesten Jugend kamen die Hausierer, sie durchstreiften die Täler eins nach dem andern. Zu Fuß kamen sie mit ihrem Rückenkorb voller Plunder an: Merceriewaren, Heiligenbilder, Rosenkränze, Medaillons. Den letzten habe ich vor etwa dreißig Jahren gesehen.

Wenn wir auf den Voralpen waren, sagte Großmutter abends immer: »Verschließt die Tür gut, es können Soldaten herumstreunen, Deserteure ...«

Da oben hatten wir Angst. Im Dorf nicht, da drängten sich die Häuser aneinander.

Seit urdenklichen Zeiten wird es diese Hausierer immer gegeben haben, denke ich. Ohne es zu wissen, spielten sie die Rolle des Verbindungsmannes, brachten ihre Geschichten ins Dorf, wenn sie ihren Ramsch loswerden wollten. In meiner Jugend waren es nur noch reisende Kaufleute.

Einem Deserteur bin ich nie begegnet, auch meine Großmutter nicht. Diese Furcht mußte auf die Kriege des Empire zurückgehn, als man die Walliser zwangsweise in die Arme Napoleons eingezogen hatte. Da gab es schon Deserteure, die sich in jene verlassenen Gegenden zurückzogen, um nicht aufgebracht und in die Schlächterei zurückgeschickt zu werden.

Das Wallis war von Napoleon dem Reich eingegliedert worden, muß ich dir sagen. Es wurde zum Departement Simplon. Die Wehrpflicht erfaßte die Männer. So war es auch bei einem meiner Großonkel, der an der Beresina umgekommen ist. Ein Bruder von ihm starb als Söldner in Neapel, im Castel dell'Ovo.

Großvater hat mir viel von der Napoleonischen Besatzung erzählt. Ich weiß nicht, ob seine Geschichten wahr sind. Er hat sie erlebt, diese Dinge. Die Generäle Masséna und Brune, den man hier den Schlächter Bruna nannte, hatten das Land an sich gerissen und in Hérémence, damals Bezirkshauptort, von jedem Gemeindepräsidenten Unterwerfung verlangt.

Evolènes Präsident, er hieß Favre, machte sich nach Hérémence auf. Als er ins Dorf zurückkam, ließen ihn die Bauern im Stich, zwangen ihn, dahin zu gehen, woher er kam, und seine Unterschrift zurückzuziehen. Das hat dem Land eine Plünderung eingebracht und eine Besatzung, die lange dauerte.

Auch erzählt man, wie die Leute Verstecke für ihre Lebensmittel aushuben. Ich kann mich noch daran erinnern. Man nannte sie Kessel, denn sie waren in die Erde gegraben und ausgemauert, damit sie nicht einstürzten. Damit nicht zuviel Getier eindringen konnte, hat man mit kleinen Kieseln gemauert.

Napoleons Soldaten zerstörten die Vorratskeller. Steckten ein Feuer an und rösteten auf ihren Spießen unseren Käse.

Mein Urgroßvater, der Vater von Großmutter Anzévui, muß zwei oder drei Wochen liegend, eingepfercht zwischen der Decke seiner Wohnung und dem Fußboden der darüberliegenden, verbracht haben. Wie bequem diese Lage war, kann man sich vorstellen: Die Höhe des inneren Raumes betrug kaum mehr als 60 cm!

Ich denke, nachts hat man jeweils ein paar Bretter oder

Balken gelöst, um ihn heraussteigen und Luft schnappen zu lassen.

Und der berühmte »Deserteur«, der so schöne Bilder malte?

Großmutter und eine alte Tante erzählten noch von ihm. Irgendwo bei Veysonnaz oder Nendaz hatte der sich eingerichtet. Lebte in einem Stadel, jedenfalls in einer nicht heizbaren Scheune. Er wollte kein Haus. Man behauptete, er sei ein Mann, der in seinem Leben eine schwere Dummheit angestellt hatte. Er sei hierher gekommen, um sich die Sühne eines armseligen, harten Lebens aufzuerlegen. Er streifte ein bißchen in der Gegend herum, bot den Bauern seine frommen Bilder an. Da niemand Geld besaß, gab man ihm gewiß keines für seine Arbeiten, wohl aber Essen und Mundvorrat. Man weiß nicht gerade viel über ihn.

In meinen Erinnerungen sehe ich auch eine Reihe seltsamer fremder Gestalten über unsere Wege gehn. Ich war zu jung, um zu erraten, wer sie waren, was sie taten. Die einen sahen unheimlich aus, andere nur zerlumpt. Doch bettelten sie nicht. Man lud sie zum Essen ein. So unerkannt, wie sie gekommen waren, verabschiedeten sie sich auch wieder.

Die standen nicht irgendwie in Verbindung mit Longeborne?

Ich weiß es nicht, aber das waren keine Wüstenheiligen, es gibt sie nicht mehr im Christentum. Diese sonderbaren Gesellen beschäftigten mich. Hatten sie Namenlosigkeit und Armut aus Opfergeist gewählt oder aus Freiheitsdrang? Oder gar, um ja nicht erkannt zu werden?

In der Einsiedelei soll es eine bemerkenswerte Sammlung von Ex votos geben.

Sie ist eindrucksvoll. Die ältesten stammen aus dem 17. Jahrhundert. Die Trachten von Evolène sahen fast so aus wie heute. Den Kindern erzählte man, alle Neugeborenen kämen aus dem Garten der Einsiedelei. Der Einsiedler brachte sie den Eltern. Wir stellten uns vor, in dem abgeschlossenen Garten wären die Babys hintereinander eingepflanzt und ihre winzigen Köpfe äugten über die Blumenrabatten.

Großmutter brachte mich hin, um mich die zukünftigen Geschwister auswählen zu lassen. Erst einmal in der Umzäunung drin, sah ich nichts: Es gab keine Kinder mehr. Alle waren ausgeteilt worden, man mußte auf Nachschub warten! Verrückt, aber immer wenn ich an diesen Besuch zurückdenke, lache ich vor Freude und Zärtlichkeit. Stell dir vor, einen Garten voller Kinder! Die Kleinen aus Evolène, wie sie da alle sprossen!

Longeborne war allem voran ein Wallfahrtsort. Starb ein Kind, eh es die Taufe erhalten hatte, was für die Eltern ein Drama war, brachte man den kleinen Leichnam nach Longeborne. Man stellte ihn auf den Altar und ließ eine Messe lesen. Das tote kleine Kind belebte sich noch einmal, genau so lange, bis es das Sakrament bekommen hatte, starb darauf wieder, seinen schönen Tod, wie es hieß. Man war sicher, es kam geradewegs ins Paradies.

Nicht weit von hier gibt es einen Ort, der Plan-Alp heißt. Dort konnte man neben einem alten, zerstörten Backofen ein Kreuz sehen. Auch dahin brachte man die ungetauft gestorbenen Kinder. Die Bauern kamen von St. Martin, von Mase her bis zu dem Kreuz, um dort die heilige Agatha anzuflehen, die Sizilianerin, die man gemartert hatte, indem man ihr sämtliche Zähne ausriß … Unnötig zu sagen, daß sie sie wegen ihrer Zahnschmerzen anriefen!

Und der Einsiedler von Longeborne?

Ich kann mich nur an den einen erinnern. Er lebte in einem gut hergerichteten Häuschen, das wie in den Felsen hineingeschoben war. Schöne, geheizte Zimmer. Die Eremiten waren nicht bis ans Ende ihrer Tage in Longeborne, blieben nur für kürzer oder länger dort. Es waren müde, erschöpfte Männer, welche Einsamkeit suchten, innere Sammlung. Die Ex-voto-Sammlung kann man immer noch ansehen, denke ich. Wir müssen einmal hingehen.

Eine unstillbare Neugier

Im Jahre 1914 war ich dreizehn. Bis 1918, scheint mir, hatte der Krieg nichts verändert im Land. Dann schlug die Spanische Grippe wie ein Blitz ein. Eine Seuche, die jede Familie traf. Kranke überall. Oft blieb nur noch eine einzige Person übrig, um die anderen zu pflegen.

Die Grippe kündigte sich mit heftigen Fieberanfällen an, darauf wurde die Haut schwarz. Im Zeitraum von nicht einmal einem Monat hatten wir fünfzig Tote im Dorf. Zum Glück und per Zufall war gerade ein Arzt dort, Carlos de Allende y Navarro, ein Chilene. Einer seiner Vorfahren, ein Spanier, hatte an der Eroberung der Neuen Welt teilgenommen, war in Chile geblieben, wo er viele Nachkommen hatte, die Großgrundbesitzer wurden und auf ihren Haziendas einen Haufen Indios als Arbeiter anstellten. Bei solchen Familien war es Tradition, daß ein Sohn Arzt wurde, der die Verwandtschaft und die Sklaven pflegte.

Carlos de Allende war nach Europa gekommen, um eine Assistenz zu machen. Evolène hatte er sich für einen kurzen Ferienaufenthalt gewählt, gleich anschließend wollte er nach Hause zurück. Er blieb dann aber lieber da und mietete ein Chalet. Mitte August, als die Grippe auf dem Höhepunkt stand, richtete er sich dort ein.

Eines Tages sehe ich ihn zu mir kommen.

»Sehen Sie, Fräulein, den Leuten geht es zu schlecht, niemand, der sich um sie kümmert.«

Von Sitten konnten die überbeschäftigten Ärzte nicht

hergerufen werden. Keine Medikamente, keine Krankenschwester, nichts. »Kommen Sie mit mir«, fügte er hinzu, »wir wollen versuchen, die Kranken zu pflegen. Ich werde Ihnen ein paar Lektionen in praktischer Medizin geben, und dann gehen wir zusammen ans Werk.«

Ich war siebzehn. Dieses Mal ließ die Mutter mich aus dem Haus. Inzwischen war Allende nach Sitten gegangen, hatte Medikamente geholt, die man spritzen konnte, Leinsamen und Kampfer, um das Herz zu stützen; kurz, was er in den leeren Apotheken, die schon gestürmt waren, auftreiben konnte.

Er lehrte mich, Spritzen unter die Haut zu geben. Und für die Umschläge machten wir uns an den Leinsamenvorrat zu Hause. Als der zu Ende war, versuchten wir es mit Mais; das ging sehr gut. Wir wandten auch das alte Hausrezept an, das darin bestand, Flachsfasern mit heißem Wasser zu tränken.

Und tatsächlich, diese Notübungen wirkten. Das Fieber flaute ab.

Zwischen zwei Behandlungen gingen wir auf den Feldern Thymian sammeln, Germer, alle anderen hier in Gebrauch stehenden aromatischen Kräuter. So haben wir ich weiß nicht wie viele Kranke über die Runden gebracht bei dieser Epidemie, die sich anderthalb Monate lang hinzog. Doch es gab viele Tote; andere, nicht wenige, sind arg angegriffen worden, bekamen kaputte Lungen, ein gesprungenes Herz.

Du sprachst von einem Moor, das man in gewissen Fällen auch benützte.

Das ist eine andere Sache. Das benützte man schon vor 1918. Bei Leuten mit Drüsenbeschwerden oder bei Schlangenbissen.

Man stieß sie einfach ganz leicht in diesen außerordentlich feinen, morastigen Sand, der alle bösen Säfte aufsog. Er befand sich da unten, bei der Borgne, unter dem Dorf.

Ich hörte sagen, die Kranken seien ihm völlig geheilt entstiegen. Drei oder vier Tage lang ließ man sie in dem Morast stecken, eingetaucht bis zu den Achseln oder an den Hals. Es war jemand da, der wachte. Abwechselnd brachte man ihnen zu trinken.

Diese Genesungen sind ein unleugbarer Beweis für die Heilwirkung der Erde.

Die Tonerde, die man in der Apotheke findet, hat die gleiche Wirkung, vor allem, wenn man sie vor Gebrauch an die Sonne stellt. Doch die Wirkung des Moors muß stärker und dauerhafter gewesen sein. Es besaß andere Energien als das Pulver in der Büchse.

Und der Brunnen deines Großvaters?

Ach, das ist noch einmal etwas anderes. Siehst du, unser Land ist voll unerschöpflicher Kraftquellen, das hat man vergessen.

Diese Geschichte hat mir eine alte Tante erzählt. Die hustete stark, hatte es ebenfalls mit den Drüsen.

Mein Großvater holte damals ein paar Korbflaschen Wasser aus jener Quelle, die sich in der Borgne verliert. Machte sie Umschläge, Kompressen? Nahm sie Bäder in unseren großen Waschbottichen? Hat sie das Wasser getrunken? Sicher ist, daß Husten und Drüsenbeschwerden vergingen und nie mehr aufkamen. Die Quelle gibt es noch, auf dem Weg nach Lanna. Seit es Ärzte und Badekurorte gibt, benützt man sie nicht mehr. Schade, dieses Wasser muß einen unglaublichen Reichtum an Mineralien besitzen.

Dein Vater kannte die alten Rezepte auch.

Du bringst mich wieder auf meinen Vater … das habe ich dir noch nicht gesagt: Er kurierte die kranken Kühe und Maultiere. Es gibt die Geschichte von der Maul- und Klauenseuche auf den Alpen Savoyens.

Ich habe dir erzählt, daß er nur für sechs Monate Schule im Jahr bezahlt wurde, zu wenig, um eine Familie zu ernähren. So ließ er sich denn für den Sommer auf den savoyardischen Alpen als Käser anheuern. Einmal war eine Herde mit Maul- und Klauenseuche geschlagen. Bei uns tötete man die Tiere, um der Ansteckung zuvorzukommen. Da drüben ging es in erster Linie darum, die Tiere zu retten, was meinen Vater außerordentlich beschäftigte. Er hatte gesehen, daß die Hirten die Tiere desinfizierten. Mit Quendel und Thymian – das sind starke Antiseptika – hat er eine wirkungsvolle Behandlung ausgetüftelt. Er machte sehr starken, sehr kräftigen Tee daraus, wusch damit Euter, Maul und Hufe des kranken Viehs. Nun ja, er brachte sie über den Berg.

Nach der Heilung gaben die Tiere erst wenig Milch, und man verwertete sie nicht, sondern schüttete sie weg. Mit dem Melken wartete man bis ins andere Jahr. Aber die Tiere waren gerettet. Auch die Besitzer: Das Vieh ist des Bauern Gold.

Und wo hast du alles gelernt, was du weißt?

Es ergab sich so. Ich war oft allein. Vergrub mich in Vaters Bücher, las sie vier, fünf Mal. Manche waren für mein Alter, andere überhaupt nicht. So entdeckt man einen Haufen Dinge: eine ständige Erkundungsfahrt! Mehr als das; wenn ich las, geschah etwas ganz Seltsames: Es war, als erweckte ich nur einfach im Hirn wieder, was ich schon wußte. Ich hatte nie das Gefühl, ich müsse mir den

Kopf mit Wissen ausstopfen; ich erweckte diese Dinge nur einfach!

War es, daß ich als Kind Vater über bestimmte Dinge hatte reden hören; war mir so eine Furche in den Geist gezogen worden? Oder ist das alles viel tiefer angesiedelt, liegt weiter zurück? Sagt Jung nicht, das kollektive Unbewußte, das in uns allen ist, verfüge über alle Erkenntnis! Ich konnte nie ausdrücken, woher mir dieses fast spontane Wissen kam. Manchmal dachte ich: Sollten wir etwa andere Leben hinter uns haben und jenes zellenförmige Gedächtnis besitzen, das die Wissenschaftler vor kurzem entdeckten?

Oder, ja, ganz einfach, ich hörte als Kind viele Dinge ringsum, die mein damaliges Verständnis überstiegen. Sie senkten sich in mich hinein. In dem Maß, wie mein Verständnis wuchs, formten sie sich klarer aus. Es ist wie beim Entwickeln eines Fotos. Was weiß man davon!

Der Großteil meiner Lektüre waren Schriftsteller vom Ende des letzten Jahrhunderts, die heute in Ungnade gefallen sind. Eines Tages werden sie wieder an die Oberfläche kommen, denn sie hatten eine Sprache, die inzwischen verlorengegangen ist. Eine Sprache voller Klarheit, klassisch!

Ich besaß das Glück, Gauchard zu begegnen, einem hervorragenden Sprachforscher. Der befaßte sich mit unserem Patois, um dessen Ursprünge herauszufinden. Ich erzählte ihm im Dialekt Geschichten. Er unterbrach mich, erklärte mir: Dieses Wort ist römisch, jenes keltisch, und dieses hier hat germanische Wurzeln. Durch ihn lernte ich, auf den Sinn der Worte zu achten, ihrer Herkunft nachzugehen. Ich machte mich ans Lesen philologischer Bücher. Ich hatte eine unstillbare Neugier, die ich meinem Vater verdanke.

Mit ihm suchte man das Warum und das Wie von allem. Das ist mir geblieben.

Deine Einsichten gehen von den Konfitüren übers Weben zur Theologie.

Ach, weißt du, wie man im 18. Jahrhundert sagte, ich besitze einige Aufklärung in allem, aber ich weiß nichts von Grund auf. Es ist alles schlecht geordnet, bruchstückhaft. Hat überhaupt nichts mit Bildung zu tun, schon gar nicht mit Kultur; Dilettantentum, mit ein paar Einsichten.

Die Konfitüre. Die mußten wir schon machen. Wir pflückten die kleinen Früchte überall. An einem Tag konnte man zehn Kilo wilde Himbeeren und Heidelbeeren sammeln. Am Tag darauf ging es weiter.

Die klassische Fruchtkonfitüre kennt jedermann. Sie ist nicht unbedingt besser, als was wir hier aus jenen Beeren machten, die in Sonne und großer Höhe reiften.

Das Weben beschäftigte meinen Kopf am meisten. Abends las ich beim Stricken. Hatte so das Gefühl, meine Zeit nicht zu verlieren, nicht an das eine, nicht ans andere. Ein alter Schreiner hatte mir ein Pültchen gebastelt, auf das ich mein Buch legte, so hatte ich die Hände frei.

Auch hatte ich das traurige Glück, an Schlaflosigkeit zu leiden. Man mußte diese Stunden ohne Schlaf ausfüllen, um nicht fortgetragen zu werden von jenem Gedankenstrom, der, wenn man nicht schlafen kann, zum verwüstenden Wildwasser wird. Statt herumzudoktern, zog ich es vor zu lesen.

Und ein anderes Glück hatte ich: immer mein eigenes Zimmer, ein Licht neben dem Bett. Ich las, bis es nicht mehr ging. Gegen drei, vier Uhr morgens schlief ich ein, versank in jenen wahrhaft tiefen Schlaf, den ich gern verlängert hätte, doch da hieß es aufstehen.

Ich weiß nicht, ob meine Schlaflosigkeit mit kindlichen Ängsten zusammenhängt, mit jenem Teufel, den man so eindringlich an die Wand gemalt bekam. Ich brauche nachts Licht. Abends zögere ich das Einschlafen lange hinaus. Lösche nachts meine Lampe nicht, immer schon hatte ich Angst vor der Dunkelheit. Und gut schlafe ich nur im Morgenlicht.

Dieses Spielchen erschöpfte dich nicht?

Erschöpft war ich so oft, daß es zur Gewohnheit wurde. Meine Furcht muß auf diese Teufelsgeschichten zurückgehn, auf Hölle und ewige Züchtigung, die man uns im Katechismus so vielwissend beigebracht hatte. Ausgezeichnet, um Schlaflose zu züchten!

Wie bist du an diese ganze Literatur gekommen?

Ich war auf eine Bibliothek abonniert, denn ich hatte nicht genug Geld, um mir Bücher einfach zu kaufen. Wenn ich eines fand, das mich wirklich anging, dann erst habe ich es erworben.

Ich hatte einen solchen Wissensdurst, daß ich alles verschlang, was mir in die Hände fiel.

Mit der Zeit begann ich auszuwählen. Ich las auch Essays, Romane. Nach fünfzig Jahren habe ich noch ganze Sätze der Colette im Kopf. Mir gefiel ihre Sensibilität, die die Natur durchdringt, ihre intuitive Sinnlichkeit. Es gab da auch unanständige Sachen! Lange Passagen aus Gides *Uns nährt die Erde* kann ich noch auswendig; und Gyp, den man jetzt wiederentdeckt, das war alles andere als gestelzt! Die Brüder Tharaud, was für eine Feder! Anatole France: seine *Insel der Pinguine*, aktueller denn je, tief und komisch. Es wird nicht mehr gelesen, geht durch das Schriftsteller-Fegefeuer.

Die Last und die Gnade der Simone Weil hatte ich bei mir,

als ich in Lausanne war, um mich dort einer schweren Operation zu unterziehen. Trotz der Spritzen, die man mir gab, konnte ich nicht einschlafen. Ich fing dieses Werk zu lesen an. Welch ein Denken, was für eine Frau! Nach der Operation habe ich es in einem Zug zu Ende gelesen.

Kein Widerspruch zwischen Leben und Überzeugungen. Kostbare, beispielhafte Simone Weil! Für eine andere Frau habe ich ebenfalls lebhafte Sympathien, auch wenn ihr Simone Weils mystische Dimension abgeht: Louise Michel. Ich habe nur ihre Biographie gelesen. Und dann Flora Tristan. Die wird von den Feministinnen gerade entdeckt. Was für ein Mensch, welch eine Kraft in diesem Leben.

Sehr gefielen mir auch Romane, die Charakterstudien waren. Und ich las gerne Philosophie.

Nach dem Krieg wollte ich mich auf Sartres Schriften stürzen. Er reizte mich, weil er so nachhaltigen Einfluß auf die Jugend hatte. Das gab ich schnell auf…

Ich habe mich an Simone de Beauvoir versucht. In *Sie kam und blieb* treten eine Reihe von zutiefst verzweifelten Figuren auf, die vor lauter ausschließlichem Diesseitsglauben alles in Gang setzen, um sich zu beweisen, daß sie leben. Ich weiß nicht, ob ich das richtig mitbekommen habe, aber der Existentialismus ist doch die Verzweiflung darüber, daß man nicht ewig lebt; die Unmöglichkeit, sich einzugestehen, daß der Mensch nicht das Maß des Universums ist. Noch heute, zwanzig Jahre danach, meine ich, mit seinem ganzen verschachtelten Gedankengebäude, mit seinem Kauderwelsch und seinen Unstimmigkeiten sei der Existentialismus nichts anderes als eine Philosophie der Verzweiflung. Nun aber scheint es mir unstatthaft, zwei Begriffe wie Philosophie und Verzweiflung in eins zu bringen.

Die Liebe zur Weisheit kann nicht in die Verzweiflung führen, oder die Liebe ist nicht da!

Besonders angezogen fühlte ich mich von den großen Religionsstudien und von Büchern über Religionsgeschichte, denn ich hatte eine derart andere Wahl getroffen als das, was man uns in der Kirche auftischte bei den Predigten, in der Auslegung der Evangelien! Da war ich glücklich, frischen Wind zu spüren. Nichts anfangen konnte ich mit Werken ausgesprochen unreligiösen Charakters, denen das Heilige nicht ein Element in der Struktur des Bewußtseins ist.

Jung hat mir viel geholfen. Ich las ihn erst spät, vielleicht vor fünfzehn Jahren. Als ich aufhörte, mich mit Freud zu quälen. Alle redeten nur von dem! Wie er das Funktionieren der Frau auslegte, die schneidende Art, das Ich der Frau zu bestimmen, jene übertriebene Wichtigkeit, die da der Sexualität zukam, das alles hat mich rundweg abgestoßen. Jung erlaubte mir, weiter in die Tiefen innerer Welten vorzustoßen, zu versunkenen Kontinenten!

So gut ich es konnte, habe ich mir auch die östlichen Mystiker einverleibt. Sie ließen mich ungeheure Entdekkungen machen: Ramakrischna. Sri Aurobindo, einer der größten Denker unserer Zeit, Vivekananda, Swami Maharishi Mehesh. Die jüdischen, die moslemischen, die christlichen Mystiker ließ ich aber keineswegs links liegen.

Durch Zufall, wiewohl ich an Zufall nicht glaube, stieß ich auf den Hinduismus, auf Zen-Buddhismus, Taoismus, auf die französischen Okkultisten. Durch die Bibliothek, deren Abonnent ich war. Ich habe Stanislas von Gaïta gelesen, den ich bei Huysmans entdeckt hatte. Papus und Péladan, das ist ganz gewaltig, Péladan … Eliphas Lévi. Auch mit der Anthroposophie bin ich in Berührung gekommen.

Rudolf Steiner ist einer der großen Denker der Neuzeit, ein Seher, ein Weiser und ein Gelehrter. Natürlich steckte ich meine Nase in H. P. Blavatsky, in Alan Kardec.

Wie du siehst, versuchte ich, wenn ich einmal an etwas geschnuppert hatte, mehr darüber zu wissen. Diese Lektüre füllte eine Leere aus, weckte in mir gleichzeitig auf, was ich schon wußte und vergessen hatte.

Was man uns an religiöser Unterweisung gegeben hatte, war mager, nicht Brot fürs Leben. Ich merkte sehr wohl, daß es auch eine christliche Esoterik gibt. Vom Abscheu gegen jegliche Bigotterie bin ich so gezeichnet, daß dieser Weg mir versperrt blieb; man hat ihn mir verwehrt! Unser Glaube, das war so entmutigend, zerstörerisch. Man ließ uns in Angst vor der Verdammnis leben.

Um überhaupt zu leben, mußte ich die Kraft bekommen, jene Bedrohung zu überstehen. Darum habe ich mich nach anderen Wegen umgesehen, auf denen meine Seele wirklich Nahrung fand.

Mir war aufgegangen, daß all die großen Offenbarungsreligionen eines gemeinsam hatten, den Geist, wenn du so willst; nur die Worte unterschieden sich. Diese Bücher bestätigten in mir etwas, was ich immer geahnt hatte.

Denn oft dachte ich an das Voltaire zugeschriebene Wort, als er seine Uhr betrachtete: »Ich mag nicht glauben, daß die läuft und es keinen Uhrmacher geben sollte.«

Eine höhere Ordnung hält die Welt zusammen, das ist gewiß, welche Namen und Chiffren man ihr auch geben mag! Es gibt einen Uhrmacher, und die einzelnen Religionen sind ebenso viele Arten, von ihm in verschiedenen Sprachen zu sprechen.

Es ist nicht möglich, daß dieses höchste Wesen irgend jemanden zurückwiese im Namen eines Glaubens, der die

Wahrheit für sich allein gepachtet haben will. Solche Überlegungen machte ich, schon ehe ich auf diese Bücher stieß. Immer enthielt ich mich des Urteils, wollte nicht Partei ergreifen im Namen jenes Glaubens, in dem ich erzogen worden war, jenes unversöhnlichen, der nur sich selber kennt.

Ich hielt dafür, am Anfang der Zeiten müsse es die eine, einzige Offenbarung gegeben haben, die sich in immer verzweigtere Verästelungen aufschlüsselte, bis hin zur vollendeten Bastardisierung, Entartung, in der wir versunken sind. Das ist so augenfällig, daß man es verstehen kann, ohne ein großer Gelehrter zu sein, im Gegenteil, meinst du nicht?

Die Mystik ist eine Flamme, die all jene verzehrt, die das wesenhaft Einzige suchen, die Rückkehr zur Ganzheit anstreben. Sie legt Klassen-, Kultur- und Rassenschranken in Asche. Aber man muß suchen. Wenn man dir über Jahre wiederholt: Außerhalb der Kirche kein Heil! Wenn man dir als Kind nur von falschen Göttern erzählte, von falschen Religionen, von Ungläubigen und Heiden, dann bist du verwirrt bis in Mark.

Man muß sich auf die Suche machen, muß den Aberglauben ausmerzen, muß ausästen, lichten. Irrtum und Rückfall begleiten dich, doch schließlich machst du ein Ende des Tunnels aus, aber ist es wirklich das Ende?

Es frißt dich auf. Hast du einmal deinen Fuß in jene Richtung bewegt, kannst du nicht mehr zurück. Da kannst du hinfallen, dir weh tun, kannst Augenblicke völliger Verfinsterung durchleben, vorantastend gehst du weiter.

Es ist lange her, daß ich in einem Buch über Luther dessen erschütternde Bemerkung las: »Mein Herz ist zerrissen, weil ich mich von der römischen Kirche getrennt habe. Gern wäre ich in ihr verblieben, doch ich kann nicht anders.«

Ich kann nicht anders! Auch ich konnte nicht anders, mußte meinem Gewissen folgen.

Beim Katechismus hatte uns ein alter Diakon aus dem Tal mit heftig einfühlender Gestik erzählt, wie ein fünfjähriges Kind verdammt worden war, ich weiß nicht mehr, warum! Einer Nonne widerfuhr dasselbe, sie hatte sich der Oberin widersetzt, indem sie am Sonntag kein neues Hemd anzog. Da kannst du dir über das Niveau dieser Unterweisung ein Bild machen! Ich überlegte mir schon, daß solche Geschichten keinen Sinn hätten, ich glaubte nicht zu sehr daran. Dennoch, wie weh hat man uns getan!

Als Heranwachsende schob ich es jahrelang hin und her: »Mit welchem Recht widersetzt du dich der universellen Kirche, Göre, die du bist, kaum trocken hinter den Ohren.« Der Gedanke verfolgte mich. Es war niemand da, dem ich echte Fragen hätte stellen können. Peinigende Zweifel nagten an mir. Wie entscheiden, allein, ohne Führung? War es Überheblichkeit, wenn ich versuchte, mir meine persönliche Überzeugung zusammenzuschustern? Luthers Ausspruch, den ich noch nicht kannte, kam wieder und wieder: »Ich kann nicht, ich kann nicht!« Aus der Tiefe meines Leibes war er aufgestiegen, lange bevor ich ihn aus der Feder des Reformators las. Ich habe nie ein Buch von ihm gelesen. Es war uns Katholiken übrigens strengstens untersagt, ein Werk zu lesen, das eine andere Religion behandelte. Heute noch frage ich mich manchmal, ob ich den rechten Weg eingeschlagen habe: »Ich kann nicht anders!«

Was immer man mir an abgeklärtestem Frieden gäbe, an Nachlaß vergangener und kommender Sünden, ich müßte es zurückweisen. Muß meine Suche vorantreiben, weiter und weiter, oder näher zu mir!

Führtest du solche Gespräche mit den Geistlichen, die dich aufsuchten?

Wir redeten darüber, aber es warf nie hohe Wellen. Die Priester diskutierten nicht, sie sind so überzeugt. Ich sagte ihnen, was ich dachte, glaubte. Meine Überzeugungen jemandem aufdrängen konnte und wollte ich nicht. Aus jenen Unterhaltungen konnte ich nur entnehmen, daß mit ihnen keine freie Aussprache möglich ist. Ich schäme mich, wenn ich daran denke, wie beschränkt die manchmal waren. Zugeknöpft, verstopft, dabei wußten sie mehr als ich über das Thema. Solche Überlegungen aber sind unehrerbietig.

Es gab, selten genug, Ausnahmen. Ein Dominikaner vor allem, den ich sehr gern hatte, so offen dem andern gegenüber, so gelehrt und so feinsinnig; ein Geist, wirklich erleuchtet von einem lebendigen, lichtvollen Glauben, der keiner Krücken mehr bedurfte.

Bald vierzig Jahre ist es her, da las ich ein Buch, das mir meine Ablehnung des Alten Testaments verstehen half: *Die hebräische Sprache neu eingerichtet*, von Fabre d'Olivet. Eine Suche nach dem Ursprung des Wortes und eine Studie der Sprachen, die zu diesem hinführen können, mit durchdringender Genauigkeit erforscht. Fabre d'Olivet hatte auch die *Goldenen Verse* des Pythagoras übersetzt und ein Buch über Musik verfaßt. Alles verschwunden, nicht mehr aufzutreiben.

Alles gerade neu aufgelegt.

Ein gutes Zeichen. Ich habe mir sagen lassen, es gäbe heute eine ernsthafte Forschung über die Esoterik, für die Traditionen der Initiation käme akademisches Interesse auf. Zweifellos mußten erst Leute wie wir, ohne Ausbildung, sich daranmachen. Lange hat man uns für verrückt gehalten. Gäb's nichts Schlimmeres! Diese starke Neigung zu Werken mit Einweihungstendenz entspringt den Tiefen des Unterbewußtseins.

Als ich den Schöpfungsbericht in der Übersetzung von Fabre d'Olivet las, sagte ich mir: »Da hast du endlich eine annehmbare Erzählung der Schöpfungsgeschichte.« Gegen das, was man uns weismachte, mußte man sich einfach sträuben.

Am Anfang des göttlichen Wortes, also der Schöpfung, sind für Fabre das Chinesische, Sanskrit und Hebräisch. Er wählte Hebräisch, weil das uns und unserer Tradition näherliegt. Er meinte, die Bibel, die wir benützen, sei weit entfernt von der genauen Übersetzung des mosaischen Sepher. Er ging zu den Quellen und versuchte, diese wieder in ihre ursprünglichen Rechte einzusetzen.

Es ist schon sehr lange her, daß ich dies Buch gelesen habe, nicht alle Beweisführungen, die er gibt, um seinen Standpunkt zu verteidigen, sind mir noch im Sinn. Ich will dennoch versuchen, mich daran zu erinnern. Du wirst sehen, mit was für einem Vorwärtsspiel man sich seit Jahrhunderten herumschlägt!

Nach Fabre hätten die Kirchenväter bis hin zu Hieronymus geglaubt, die sogenannte »Septuaginta«, die griechische Version des Alten Testamentes, die älteste und bekannteste von allen, sei ein göttliches Werk, von den Propheten geschrieben. Diese Version stammte etwa aus der Zeit um zweihundert vor Christus; nun aber findet, dreihundert Jahre nach Christus, Hieronymus diese Version verfälscht. Er schiebt ihr eine andere in lateinischer Sprache unter, die dann als einzige vom Tridentinischen Konzil für echt befunden wird! Und zu deren Verteidigung wurden die Scheiterhaufen der Inquisitionen angezündet!

Später hat auch Luther offen erklärt, die Septuaginta sei ein Verrat am Urtext. Hierin zog er mit Hieronymus gleich, wiewohl er mit der römischen Kirche gebrochen hatte. Er machte sich an eine eigene Übersetzung der Bibel ins Deutsche.

Dies ganze so oft gemahlene Mengkorn hat mit dem Urtext nichts mehr zu tun. Der Dominikaner, von dem ich sprach, hatte an der Übersetzung der Jerusalem-Bibel mitgewirkt, und er sagte, die Episode mit der Erbsünde sei dort z. B. kaum mehr angedeutet, während man doch immer ein Schlachtroß christlichen Glaubens daraus gemacht hatte. Warten wir auf das Ende der Übersetzungen der Manuskripte vom Toten Meer, vielleicht wissen wir dann die Wahrheit. Ich werde sie nicht mehr vernehmen. Ich bin zu alt, und das ist traurig!

Ich habe dir all das erzählt, um dorthin zu gelangen: Diese Geheimlehren, zweifelsfrei verfälschte Übersetzungen, hat man uns als letzte Erkenntnis eingetrichtert, wie um Gott vor der Not dieser Welt zu rechtfertigen.

Das ist es! Der Mensch mußte schuldig sein, es ging nicht anders, der größere Teil jener Bibel, die wir kennen, beruht auf dieser erbarmungslosen Gegebenheit … Nicht so die Evangelien. Auch wenn die Texte noch einmal umgebaut und umgebastelt worden sind, sie haben einen viel befreienderen Urgrund.

Ich weiß nicht mehr, aus welchem Evangelium der Satz stammt, der mir viel bedeutet: »Das Gesetz ist für den Menschen gemacht, nicht der Mensch für das Gesetz.« Im Klartext: Wenn dir das Gesetz leben hilft, folge ihm. Wenn es dich erdrückt, lehne es ab. Diese Aussage läutet einen anderen Sonntag ein als die biblischen Verwünschungen. Leider hat man uns solche Stellen nie vorgelesen noch gedeutet.

Was hältst du von der Wiedergeburt?

Das ist, ehrlich, bald entschieden: Ich glaube lieber daran als an die ewige Hölle! Das ist kein Beweis, sondern eine eigennützige Meinung.

Nun, im Ernst führt alles dazu, anzunehmen, sie sei keine Einsicht des Geistes. Seit der frühesten Antike haben überall auf der Welt Menschen dieser Glaubenslehre angehangen, die sich je nach Religion in verschiedener Weise offenbart.

In meiner Jugend zog es mich zu Plato; es könnte überheblich wirken, wenn man das so dahinsagt. Ich habe nur ein paar seiner *Dialoge* gelesen. Ich glaube, im *Phaidon* hat er den Vorrang der Seele über den Leib herausgearbeitet. Er sagt auch, der echte Philosoph übe sich in den Tod ein. Und ebenfalls im *Phaidon* läßt er Sokrates sagen, die Seele sei in diesem Tränental, um die Fehler eines früheren Lebens zu sühnen. Welch schöne Seiten über die Unsterblichkeit! Und kurz bevor er den Schierlingsbecher nimmt und seinen Freunden das Wesen seiner heiteren Abgeklärtheit darlegt, die aus Zuversicht und Hoffnung gemacht ist, da tippt Sokrates, als wahrer Philosoph, nur Möglichkeiten an. Hoffnung und Zuversicht hält er nicht für beweiskräftig. Die Unsterblichkeit, nach der er strebt, will er auf Gewißheiten des Verstandes begründen, nicht auf irgendeine Chimäre, von der man sich nur zu willig verzaubern ließe. Und wenn er von Göttlichkeit spricht, ist es, um zu erklären, er wisse darüber nichts Gesichertes. Er hütet sich ganz einfach davor, Sokrates die Sprache menschlicher Dummheit in den Mund zu legen.

Was er über die Wiedergeburt und Seelenwanderung sagt, entspricht dem, was ich aus den fernöstlichen Überlieferungen herausgelesen habe, und aus den keltischen

Triaden auch. Den Mythos von Platons Höhle findet man in den *Triaden* wieder, bis auf den Unterschied, daß bei den Kelten die Seelen in jener Höhle die verschiedenen Existenzen vorgeführt bekamen, unter denen sie die neue Erdenwanderung auswählen konnten. Du siehst: Man stirbt, kommt wieder, entwickelt sich weiter, stirbt, kommt wieder … Es ist fast das gleiche wie die hinduistische Wiedergeburt, die ausgetüftelter ist als bei Plato.

Auf die *Triaden* bin ich in alten *Magasins Pittoresques* gestoßen, sie stammten aus dem Jahr 1850. Umsonst versuchte ich, weitere Nummern aufzutreiben. Denke aber, die großen Bibliotheken müßten diese Zeitschriften besitzen.

Ein gewisser Villemarqué hatte im letzten Jahrhundert ein Buch über die *Triaden* veröffentlicht, nicht gerade sehr wissenschaftlich vielleicht, und Auszüge davon waren in diesen Magazinen zu lesen. Aber von Robert Ambelain gibt es ein sehr zuverlässiges Werk über das gleiche Thema; das gibt eine faßbare Vorstellung von der keltischen Gotteslehre. Die Eingeweihten, die Druiden, glaubten an den einen Gott. Der Tod erschien ihnen nur als eine Stufe in den Wanderungen der Seele. Die Seelenwanderung war nicht Strafe, sondern hatte das Ziel, sich neue Verdienste zu erwerben oder anderen zu helfen, sich ihrerseits zu befreien.

Bei uns hier, wo auch nach späteren Kreuzungen das Keltentum immer wieder zum Vorschein kommt, habe ich Überraschungen erlebt. Die Leute kommen dir mit spontanen, bedeutungsvollen Aussagen wie: »Es scheint, man müsse drüben im anderen Leben das Leben wiederaufnehmen.« Sie nennen das: Notwendigkeit! Und fahren fort: »Drei Schicksale wird man uns vorführen, und da dürfen wir denn wählen.«

Wo haben sie diese Dinge her, wenn nicht aus einem uralten Gedächtnis, an dem der Katholizismus nur etwas gehobelt hat?

Keltentum und pythagoräische Lehre haben enge Verbindungen: Ob man das eine oder andere Schicksal wählt, wir haben in einem neuen Leben dieselben Prüfungen zu bestehen. Das ist das Gesetz des Karma. Diese Prüfungen braucht es, um die Statue zu formen. Jeder Meißelstich, den man erhält, macht sie vollendeter.

Liebst du die Poesie?

Damit konnte ich weniger anfangen. Sie fällt mir schwer. Natürlich habe ich Baudelaire gelesen und wiedergelesen, Victor Hugo. Aus den *Contemplations* lernte ich seitenweise auswendig. Aber von den beiden abgesehen, packte mich Dichtung kaum. Oft sah ich, zu meiner Beschämung gesteh' ich's, darin nicht viel mehr als eine Reihe mehr oder weniger geglückter Formulierungen. Die Dichtung ist mir wie mit einem Schlüssel verschlossen.

Im Gegensatz dazu, und es ist dies vielleicht eine andere Art Poesie, hat mich das Studium der Pflanzen immer bewegt. Dies Interesse übernahm ich von meinem Vater.

Ich begann damit, jene zu untersuchen, die nützlich sein konnten, lernte ihre einheimischen Namen. Daraufhin habe ich mich in die Botanik gestürzt. Ich kaufte mir den großen *Bonnier*, das beste Buch, das auf diesem Gebiet je herauskam. Mit ihm füllte ich meine Abende aus, wenn die Eltern sich um acht ins Bett legten. So konnte ich ruhig arbeiten. Die bildlichen Darstellungen waren wunderbar ausgearbeitet, bis ins kleinste: Wurzel, Blüte, Körner …

Ich machte Streifzüge über Land, raffte Blumen zusammen, nahm sie auseinander. Sie haben mir eine Welt aufgetan. Leider konnte ich nie ein Herbarium anlegen; der Platz hätte nicht gereicht, das alles unterzubringen.

Auf diese Art also habe ich die Leere in einem nicht gerade lustigen Leben ausgefüllt. Im Bett las ich weiter. Manchmal, wenn ich gerade nichts Bewegendes in Händen hatte, war es das erstbeste. Bücher sind, was wir daraus machen. Es gibt sechsunddreißig Arten zu lesen.

Hast du viele Märchen gelesen?

Ach, und wie! Als Kind lebte ich mit den Feen. Sah sie, redete mit ihnen. Mit den Zwergen auch. Meine blühende Phantasie half mir zu leben. In Momenten starker Einsamkeitsgefühle setzten sich Feen an mein Bett. Nahmen mich bei der Hand, erzählten mir ihre Geschichten. Trösteten mich, wenn sie sagten: »Je älter du wirst, desto weniger Schwierigkeiten wirst du haben.«

Im allgemeinen warfen sich die Kinder meines Alters mit allem Schwung auf die Religion. Nicht so ich. Ich zog es vor, mit meinen kleinen Wesen zu leben, die mir keine Schuld aufbürdeten. Und dennoch hatte ich immer ein religiöses Temperament, meinst du nicht?

Im Frühjahr stieg ich mit Großmutter in die Maiensäße. Das Königreich der Feen. Als ich mir später bewußtmachen konnte, was so ein Märchenwesen ist, war es sozusagen eine Bestätigung dessen, was ich als Kind gesehen hatte.

Dort oben wohnten wir in einem kleinen Haus gleich neben dem Arbey-See, zwei Schritte vom Wald entfernt. Überall bemooste Bäume mit ihren langen, grünlichen Flechtenbärten. Ihnen zu Füßen sprossen die Pilze.

Ich hielt mich bei den Lärchenpilzen auf. Ich sah die Feen herbeischweben, sie setzten sich mir auf die Hände. Ich hatte Gesellschaft, fing sogar eine Unterhaltung an.

Du glaubst also an die Existenz dieser Feen?

Auf eine gewisse Art, ja. Ich glaube, daß es um uns herum Wesen gibt, die uns zu leben helfen. Mag man sie Engel oder Feen nennen, da ist kein großer Unterschied.

Zweifellos entsprangen sie … wie soll ich es dir sagen … nicht nur der Phantasie, sondern etwas viel Subtilerem, Mächtigerem auch. Darum waren sie nicht weniger wirklich.

Irgendwie ähnelten sie jenen »Gedanken-Formen«, die man nicht sieht, aber fotografieren kann. Ich sah sie. Sie waren da. Swedenborg hat wunderbar erzählt von den Engeln, mit denen er sich unterhielt. Er war ein Seher. Viele Leute mögen lachen, den Kopf schütteln und denken, er sei verrückt, und ich auch. Ich will mich hier nicht in große Erklärungen einlassen, mein Gedächtnis schwindet. Aber so ungefähr erinnere ich mich an das, was Rilke über den Engel in seinen *Elegien* sagte oder, wenn ich mich nicht täusche, in seinen *Briefen*. Er sagte, unsere Aufgabe auf dieser Welt sei es, eine dauerhafte Umsetzung des Sichtbaren ins Unsichtbare herbeizuführen, und der Engel sei das Wesen, bei dem diese Umsetzung vollendet sei.

Das unterstellt, noch einmal, den Vorrang des Geistes über den Leib, der nur eine Hülle ist, ein Arbeitsanhängsel. Hast du nie in gewissen Zeiten Wesen, wohltätige, die dir helfen, um dich gespürt?

Oder unheilbringende?

Das Böse gibt es nur, wenn man ihm die Tür öffnet. Versperrt man ihm den Eintritt zu Geist oder Seele, kann es keine Gewalt darüber haben. Man kann sich seiner einfach entledigen, indem man sagt: »Du vermagst nichts über mich.« Das ist kindisch, naiv. Von mir aus. Ich hab's von der Großmutter gelernt, und die glaubte an die Hexer mit dem bösen Blick. »Wenn du jemanden triffst, dessen Anwesenheit dich verhext, wenn du spürst, daß etwas Schweres über dich kommt, denk nur mit Entschlossenheit, daß man nichts gegen dich kann.«

So habe ich's gehalten, mir angewöhnt. Ich will damit nicht sagen, die Leute, welche ich für hexerisch hielt, seien es wirklich gewesen. Auf diese Weise wehrte ich mich gegen Angst und Schrecken, die man uns in Katechismusstunden und Missionen aufgepfropft hatte. Eine schreckliche Kindheit wird man nicht so leicht los. Ich war mit Eisen gebrandmarkt; die Narben sieht man noch.

Siehst du, wie ängstlich ich bin!

Unsere Eltern stellten alle möglichen Vorkehrungen an, damit wir nur nicht aus dem Haus gingen. Ich habe nie herausbekommen warum. So war es uns zum Beispiel strengstens untersagt, zwischen dem Angelusläuten am Abend und jenem am Morgen die Abmessungen des Daches zu überschreiten, über den Ort hinauszugehen, wo die Regentropfen aus dem Kännel herausflossen. Wenn man das mißachtete, wurde man Freiwild, lief Gefahr, von Armen Seelen oder dem Teufel mitgenommen zu werden. Sogar Großmutter warnte mich: »Du gehst nicht über die Dachtraufe hinaus. Wenn du über diesen Kreis hinaustrittst und sie dich erwischen, kannst du fortgetragen werden.« So lebte man in ständiger magischer Angst.

Vielleicht heißt das, wenn man nicht mehr unter dem Dach der Familie sei, könne alles geschehen. Später dachte ich an die Bannkreise, wie sie Zauberer um sich herum ziehen, um sich vor der Macht jener Kräfte zu schützen, die sie heraufbeschwören.

Ähnliches hatte man in vielen Familien erzählt bekommen. Das ging doch zu weit.

Vor den Feen hattest du keine Angst?

Nein, das sind Aggregatzustände der Natur. Wir geben ihnen ihre Dichte. Sie leben nur, wenn wir an sie glauben. Glaubt man nicht daran, hat man nicht die Macht, sie herbeizurufen.

Ich glaube auch, man kann die Seele der Pflanzen spürbar werden lassen, wenn man sie liebt und versteht. Ich sage Seele, weil mir ein anderes Wort fehlt. Man kann sie nicht beschreiben, diese Seele. Die Essenz, ist das besser? Die Essenz der Pflanze?

In dem Buch über Goethe als Botaniker, das du mir geschenkt hast, war dieser überzeugt, die Intuition könne in der Pflanze, im Tier etwas entdecken, was der einfachen Beobachtung mit den Sinnen verschlossen bleibt. Goethes Auslassung über das Samenkorn, das sich, einem geistigen Maß folgend, stufenweise zur Frucht wandelt, ist bewundernswert.

Der Teufel hatte hier viel zu tun?

Im täglichen Leben, ja. Man glaubte früher fest daran. Eine Anzahl Felsen trägt Abdrücke seiner Klauen, einer davon befindet sich auf der Straße nach Arolla. Hier war der Teufel stehengeblieben, weil er des Bischofs Herde vorbeiziehen sah. Es paßte ihm überhaupt nicht, daß der geistliche Herr hier heraufkam. Hier hatte er das Sagen. Auch den Bauern gefiel das im übrigen nicht!

So hat der Teufel denn diesen Felsbrocken auf die Herde geworfen, die nur durch ein Wunder nicht zerquetscht wurde. In dem Stein sieht man noch die Spur seiner Krallen. Was die Leute vom Teufel hielten? Kann man, meine Liebe, wissen, was wahr und was unwahr ist? Sie glauben heute nicht mehr daran; früher hatten sie eine Heidenangst. Man erzählte ihnen immerzu davon. Er war in alles verwikkelt. Daß man nicht gerade gesehen hat, wie er mit seiner großen Gabel jene aufspießte, die in der Kirche zuwenig beteten, ist eines. Im besonderen waren die Kinder von ihm besessen. Ihnen fehlte noch der kritische Sinn, der ihnen klarmachte, jene Drohungen und Erzählungen hatten alle nur das eine Ziel: uns eine heilsame Furcht einzujagen. Heilsam konnte ich sie nie finden, jene Angst.

Ich habe die Feen gesehen …

Um auf die Feen zurückzukommen, ich habe also meine ganze Kindheit mit ihnen verbracht. Es gab welche in Evolène, im Märchenschloß, einem Felshaufen über dem Dorf. Es sind die Feen von der Grande Combe.

Man sagt, sie wären aus dem Land gejagt worden, weil die Leute ganz dem Materialismus verfielen. Ich weiß nicht, wann sie fortgegangen sind, den Schlüssel zum Schloß ins Gebüsch geworfen haben, doch auf abenteuerliche Weise bin ich zu einem Schlüssel gekommen, besser gesagt: zu einem halben, denn er war zerbrochen. Das Stück, das blieb, ist schlichtweg hinreißend.

Wie kam der Schlüssel in deinen Besitz?

Ich erinnere mich nicht. Vielleicht hat Vater ihn mir vermacht, um mir eine Lektion zu erteilen: »Hier hast du den Schlüssel zum verzauberten Schloß. Geh, such die andere Hälfte!«

Um diese zu finden, bedurfte es magischer, ritueller Kräuter, wie bei jedem Aufbruch ins Reich des Übernatürlichen. Es brauchte dazu auch einen besonderen Seelenzustand: ans Gute glauben … ach, und dann noch etwas sehr Hübsches – eine gewisse Unschuld. Ich wußte, die andere Hälfte mußte am Fuß der Felsen liegen, und machte mich auf die Suche. Gewiß hatte ich nicht genug von jener gewissen Unschuld. Ich habe den halben Schlüssel nie gefunden.

Es mag kindisch erscheinen, von Feen und deren Sitz so

zu reden, wie ich es tue. Für mich leben diese Sagen noch heute.

Wie waren die Feen denn?

Ehe ich sie dir beschreibe, will ich noch dieses anfügen: Die ganze Märchenwelt um mich herum habe ich vor meinem siebten Jahr wahrgenommen, ehe ich lesen lernte. Ich fand den Ort, an den die Feen zum Tanzen hinkamen, ein bißchen abseits, mit leichten Bodenerhebungen, im Patois nennt man sie *groubes*, das heißt Hügelchen. Es gibt einen *Plan des Groubes*, dorthin gingen sie zum Tanz.

Rundum die Hügelchen, die Erde leicht aufgeworfen, zerstampft. So entstand ein kleiner Rundweg, ein Tanzboden, stell dir vor, sie waren ständig in Bewegung.

So setzte ich mich auf eines der Hügelchen. Ich wartete, daß sie kämen. Es geschah: Was man für ein knapp über dem Boden schwebendes Dunstband hätte nehmen können, verdichtete sich langsam, verknotete sich in sich selber, wurde zu einer Silhouette, zu vielen Silhouetten, nahm Farbe an, fing an zu leben, zu tanzen! Ja, ich habe gesehn, wie die Feen vor meinen weit aufgerissenen Augen Form annahmen. Ich habe Zwerge gesehen, so winzig, daß sie unter einem Pilz wohnen konnten. Ihre Hosen und Joppen in verschiedenen Farben, eine Zipfelmütze. Sehr geschäftig trotteten sie nach allen Seiten hin.

Die Feen waren wesentlich größer.

Noch immer bin ich überzeugt, daß es Kräfte um uns gibt, Energien, die sich verdichten, Materie werden können. Man spaltet die Materie mühelos in ihre Teile, warum sollte man sie nicht zusammensetzen können. Diese Erscheinungen haben meine Tränen getrocknet. Immer habe ich an Hilfe von draußen geglaubt.

Du glaubst an Engel?

Versteht sich, nur kommen sie vom Himmel. Die Feen aus der Erde. Doch, sag mir, wo ist die Grenze? Wo Himmel und wo Erde, wenn wir in jene anderen Dimensionen vorstoßen, in die vierte, die fünfte …

Wenn ich in Schwierigkeiten bin, rufe ich oft Engel an. Um dem Gelächter aus dem Weg zu gehen, sage ich nichts davon.

Da gibt es nichts zu lachen: Unsere Augen sind noch ziemlich blind, die Ohren verstopft, ausgedörrt das Herz.

Ich glaube an das Dasein jener Wesen. Sie sind wohl Zwischenglieder, die höher entwickelte Wesen und uns verbinden. Wenn man allein im Wald ist, vor allem da, wo es Pilze gibt, hat man das Gefühl einer Anwesenheit, auch wenn man die nicht beschreiben kann. Man spürt es sehr wohl.

Die Leute sind zu verstandessüchtig geworden, sind nicht mehr verbunden mit dem Unsichtbaren. Nicht mehr religiös … religio: Verbunden-heit. Haben den Sinn für das Geheiligte verloren.

Auf der sichtbaren Ebene ist alles benannt und beschriftet. Alles hat sich genau einzuordnen, Menschen, Dinge, Maschinen. Nie habe ich geglaubt, daß wir in eine geradlinig verlaufende Zeit eingesperrt sind. Alles fügt sich zusammen, aber in den kosmischen Dimensionen.

Du hast das mit den Feen der Grande Combe nicht zu Ende erzählt.

Nun, früher lebten sie auf vertrautem Fuß mit den Menschen. Du kannst ihr Schloß von der Straße aus sehen, rechts von Volovron, von Föhren umgeben. Das war ihr Winterquartier.

Wenn man an schönen Tagen die Bäume klar vor sich hat, die eine große Föhre, die herausragt zwischen den kleinen Glocken- und Steintürmen, heißt es, sie hätten ihre Flagge gehißt.

Dort wohnten sie jahrhundertelang. Im Sommer verließen sie den Palast und tummelten sich auf den nahen Alpen. Sie waren scharf auf kuhwarme Milch. Da die Hirten ihren Geschmack kannten, stellten sie jeden Morgen kleine Holzschalen mit guter, frisch gemolkener Milch aufs Fenstersims der Alphütten. Eine der Feen verliebte sich in einen Hirten, der seine Herde nahe bei Cotter hatte. Man nannte ihn Mima, was Ich-Selber heißt. Die Sage baut auf dieses Wortspiel auf. Hör zu: Die Fee schwebte um Mima herum, was diesem auf die Nerven ging. Im Tal hatte er eine Verlobte zurückgelassen, die wollte er im Herbst, nach dem Alpabzug, heiraten. Um sich der Aufdringlichen zu entledigen, schüttete er eines Morgens statt warme siedend heiße Milch in die Holzschale. Man sagt, siedende Milch habe die Eigenschaft, in der Sonne nicht zu dampfen, ich habe es nie überprüft.

Die Fee hatte großen Durst und stürzte sich auf den Trank und verbrannte sich furchtbar.

Sie schrie auf, rief ihre Schwestern zu Hilfe. Die waren gleich gegenüber, auf der anderen Talseite, auf der Alpe Niva.

Sie brüllte: »*M'an bourla, m'an bourla!*« Man hat mich verbrannt. »Wer hat dich verbrannt?« wollten die Gefährtinnen wissen.

»Mima, Mima!« stieß sie sehr schnell hervor.

Ungerührt gaben die andern zurück: »*Mima l'a fet, Mima lu tèche!*« was man etwa mit »wenn du es selbst gemacht hast, mußt du auch die Folgen selber tragen« übersetzen kann.

Die Fee genas von ihrer Liebesverletzung, von der Verbrennung.

Eine Zeit darauf verließ die ganze Schar das Land. Sie sind gegen Aosta gezogen, man hat sie nie wiedergesehen. Diese Sage hat denselben Gehalt wie jene von Polyphem und dem Herrn Niemand in der Odyssee. Vielleicht kehren die Feen eines Tages zurück, wenn wir nicht mehr an allem zweifeln und der Natur wieder mehr Poesie zugestehen. Man muß dafür empfänglich sein, sollen sie sich offenbaren.

Was mich sehr traurig macht, ist diese Banalisierung der kindlichen Welt. Als ich klein war, las ich ein Buch mit dem Titel *Die Heckenrose*. Ich habe es nie wiedergefunden. Es war eine Sammlung von Sagen aus allen Ländern, hinreißend. Es sprach von Meeresgründen und von Tieren, die reden konnten. Glaubst du, Comics könnten solche Lektüre ersetzen? Die sind oft von ungeheurer Vulgarität und weisen nie den initiierenden Reichtum der Märchen auf.

Es ist dies nicht ein Bedauern so obenhin: Märchenerzählen heißt der Kinderseele Nahrung geben, einen Weg öffnen zu jener unversieglichen Quelle, die in einem jeden von uns ist.

Man wächst nicht gut auf, weißt du, man verkrüppelt in seiner Entwicklung, wenn man in der Kindheit nicht zum Abstieg ins eigene Innere angehalten wird. Der Lebensquell ist dann nicht aufzuspüren. Er bleibt unter einer Gehirnwäsche-Schule verborgen, unter einem verteufelnden Glaubensbekenntnis, unter all den Spiegelfechtereien der Journaille, des Fernsehens, die, statt wachzurütteln, uns einschläfern, uns von uns selbst abschneiden, von den andern, den Nächsten, vom Göttlichen, der wahren Religion.

Der Glaube ist die Brücke zwischen dem Sichtbaren und dem Unsichtbaren, zwischen dem, was die Sinne erfassen, und dem, was die Intuition erspürt, zwischen der Quelle, dem Symbol jeglichen Anfangs, und dem täglichen Leben.

Diese Brücke allein kann uns zu unserer geistigen Reife führen, ohne die alles andere, Altwerden eingeschlossen, Lug und Trug ist! Lernen, wie man über diese Brücke geht, erfordert eine persönliche Anstrengung: man darf nicht ausgleiten, umfallen, das Gleichgewicht verlieren. Es ist ein schmaler Steg, nicht breiter als die Schneide eines Schwertes.

Die Existenz Gottes anzunehmen fordert die gleiche persönliche Anstrengung, wie das Dasein der Feen zu bejahen. Das liegt, wenn auch auf einer anderen Stufe, auf derselben Ebene. Warum sollten die Feen nicht wiederkommen, sag mal? Das Schloß steht noch immer, und ich habe die Hälfte des Schlüssels.

Sie werden ihn von dir verlangen. Und wie steht es mit den Kobolden?

Kobolde gibt es in zweifacher Ausformung: Der eine ist ein kleiner, unmanierlicher Geist, der dir zu Hause auf die Füße tritt, um die Röcke hüpft, Streiche spielt, und dann ist er auch ein Staubwirbel. Kobolde haben am heimlichen Leben der Berge teil; sie lebten mit den Feen, den Gnomen und all den andern Naturkräften, die man als Personen dargestellt hat, indem man ihnen Namen gegeben hat.

Sah man Staub aufwirbeln, hieß es: »Da kommt der kleine Kobold.« Wurde die Milch sauer oder fand sich eine Handvoll Asche im Eßtopf, war es ein Streich eines Kobolds.

Wollte man seine Neckereien vom Hals haben, gab man ihm ein paar Nüßchen, Beeren oder ein wenig *croukchanch*, jene Früchte, die man im Herbst auflas und in der Sonne trocknen ließ. Wollte man nicht, daß der Kobold zu viele Streiche spiele, mußte man sich mit ihm abgeben. Neben ihm und den Feen, Zwergen und anderen Sagengestalten gab es in der Gegend weitere, weniger gut faßbare unsichtbare Wesen.

Ich denke, es handelt sich dabei um Wesen, die ins Jenseits gegangen sind und auf die Erde zurückkommen wollen, auch können. Können und Wollen sind dasselbe.

Eine Menge Leute erzählten, sie seien von diesem Ereignis, von jener »übernatürlichen« Begegnung überrascht worden. Alles das wurde, und nicht umsonst, sehr ungenau bezeichnet. Furcht verhinderte eine genaue Umschreibung jener Vorgänge, und wäre es, um diese ein für allemal zu widerlegen, wäre es, um ihre Wahrhaftigkeit abzusichern. Oder auch um sicherzugehen, daß sie sich jeder Untersuchung entzogen, ihrem Wesen nach unerforschbar blieben. Andere Leute sagten mir, sie hätten solche »Anwesenheiten« gesehen, mit ihnen geredet. Sie waren darüber nicht sonderlich erstaunt, fanden das ganz natürlich.

Wenn sich das Gespenst auflöste, wurden sie nachträglich aber von solchem Schrecken ergriffen, daß sie ihr Hirn schnellstens von dem reinfegten, was ihnen eben widerfahren war.

Ich kenne ausgesprochen gelassene, gesetzte Leute, gescheit und keineswegs von der Gattung der Erleuchteten, die solche Augenblicke erlebt haben: »Ich war auf einer Alp und hatte eine so verrückte Begegnung, daß ich sie wirklich nicht erzählen kann …« Den Schrecken abgerechnet, ist es ungefähr das gleiche, wie wenn du versuchst, einen Traum zu erzählen. Je mehr du die Einzelheiten herausarbeiten willst, desto eher entschwindet dir das Ganze. Übrigens erklärten die Leute dann: »Ich glaubte, geträumt zu haben.« Ein Traum, was ist das? Eine Verschmelzung von Erinnerungen, Empfindung, aber auch das Hinübergleiten in eine andere

Dimension des Geistes, des Raumes und der Zeit. Man hat uns solche Angst eingejagt vor allem, was jenseits unserer Sinneswahrnehmungen liegt! Darum, ohne Zweifel, sind Begegnungen dieser Art und Träume so vom Vergessen verwischt, was nichts anderes ist als eine Abwehrhaltung des wachen, vernünftigen Geistes gegen alle möglichen Einbrüche in Welten, die neben der unseren existieren.

Welchen Platz haben die Sagen in deinem Leben eingenommen?

Einen ungeheuren. Die Sage stellt für mich ein Bruchstück der Vergangenheit dar, das übersetzt wurde, verdichtet, gewissermaßen gelichtet, und so die Phantasie ins Rollen bringt. Sie vermag die Klugheit des Herzens zu wecken. Sie ist alles, nur keine auswendig gelernte und beherrschte Lektion. Sie bringt im Menschen das Innere zum Schwingen, erlaubt ihm, anzuknüpfen bei urzeitlichen Ahnungen, die tief unter jedem Wissen vergraben sind.

Es ist eine Wiederentdeckung wahren Reichtums, grundlegender Werte, und jedesmal, wenn man ihrer habhaft wird, kann man das Leben neu erschaffen. Mit den Sagen gehen wir sehr weit in die Welt der Archetypen zurück. Ich kenne viele, möchte sie nicht untergehen lassen. Sie sind mir von ganz alten Leuten erzählt worden, niemand kennt sie mehr. Bruchstücke davon sitzen mir noch im Gedächtnis.

Wenn ich darüber rede, heißt es: »Ja genau, diese Geschichte muß man mir erzählt haben, als ich klein war, ich kann mich nicht mehr genau daran erinnern.« Mit den Märchen zusammen waren sie mir eine Zuflucht. Dank ihnen konnte ich mir mein Leben als Außenseiter aufbauen.

Ich hatte Glück, meine Großmutter wußte unzählige, auch Vater. Er hatte eine poetische Gabe, sie zum Leben zu erwecken, unleugbar. Immer haben ältere Leute mich angezogen, sie waren die lebenden Gefäße jener herrlichen Geschichten.

Mit der Zeit habe auch ich sie vergessen. Als ich in Lausanne operiert wurde, bekam ich eine tiefe Narkose. Was geschah? Beim Erwachen erinnerte ich mich all jener Quellen der Vergangenheit, sie hatten sich wieder aufgetan. Sprudelten. Vollkommen deutlich ist mir alles wieder in den Sinn gekommen. Auch die Sagen waren da. Gern hätte ich sie aufgeschrieben, meine Augen taugten da noch. Aber mir fehlte die Zeit. Die Weberei nahm mich zu stark in Anspruch. Ich habe es versucht.

Schreiben heißt: aus einer Welt treten, um in eine andere einzusteigen. Da braucht es große Hingabe, Verfügbarkeit, man muß den Faden behalten. Ein Luxus, den ich mir nicht leisten konnte, es fehlte mir die Kraft dazu.

Dieselbe Erfahrung machte ich mit dem Malen. Wenn ich malte, war ich so gepackt von dem, was ich tat, daß ich nachher den Mut nicht mehr fand, in das bodenständige Alltagsleben zurückzukehren, das bis obenhin gefüllt war mit dringenden Verpflichtungen.

Du hast sie wider besseres Wissen geliebt.

Ich konnte nicht … nein, ich konnte nicht anders. Ich bin über jene Wunschvorstellung des Schreibens, des Malens hinweggegangen, wie ich über meine Liebe hinweggehen mußte. Ich war auf ein anderes Geleise gestellt worden. Ich muß wohl oder übel annehmen, es sei das richtige, das gute, nachdem ich ihm schon bis hierher gefolgt war.

Weben ist schöpferisch.

Ja, doch ohne jene ganze Entfaltung, das Aufblühen, das mir Schreiben und Malen gegeben hätten.

Es gibt Dinge, die man liebt – anderen stellt man sich. Man habe immer die Wahl, wirst du einwenden. Ich habe gewählt. Und ich kann nicht sagen, ich hätte mich in die Weberei über all die Jahre einfach ergeben. Ein Teil von mir fand Spaß daran.

Die große Freude hingegen wäre das Schreiben gewesen. Nicht für Ruhm, sondern wegen des Glücks, den Zeichen ein Leben zu geben! Das schien mir wichtiger als Stoffränder. In Wahrheit war es nicht wichtiger ... Wichtigkeit einer Sache, was heißt das schon?

Wenn du deine Sagen nicht mehr schreiben kannst, kannst du sie immerhin erzählen.

Dafür habe ich mir ein Aufnahmegerät gekauft. Ich erzähle, aber falle dabei ins Leere. Ich kann mein Interesse daran nicht aufrechterhalten. Ich bräuchte einen Gesprächspartner, schau, genauso, wie wir es jetzt miteinander tun.

Da wird meine Sprache kraftvoller, auch freier. Wenn du möchtest, können wir es versuchen?

Ich will ja nichts anderes, doch sag mir, ist das Wallis ein Sagenland?

Ja, und alle Sagen beruhen auf einem Stück Wirklichkeit.

Die meisten Walliser stammen ursprünglich von den Kelten ab. Die Kelten waren ein indogermanisches Volk, dessen Wanderungen weit in die Vorzeit zurückreichen. Sie hatten sich einmal über ganz Europa und bis nach Kleinasien ausgebreitet. Die Sprachwissenschaft hält sie für Brüder der Slawen, Thraker, Inder und Perser. Diese rassisch verschiedenen Stämme waren ein einziges Volk und redeten die gleiche Sprache.

Bei uns hier haben sich viele Rassen vermischt, denn das Wallis war immer ein Durchgangsland. Die Sagen gehen auf die keltische Besetzung zurück, von daher kommen sie.

Typisch ist die älteste, die vom Mont Miné. Auch die anderen, jüngeren, weisen noch jenen mystischen keltischen Urgrund auf, verschwommen, aber unübersehbar.

Ehe ich dir die Geschichte der Stadt erzähle, die unter dem Mont Miné versank, will ich jene vom Walliser See berichten, der sich bis nach Vevey ausdehnte. Sie ist weniger alt, bringt die Bekehrung des Landes vom Heidentum zur Sprache. Und hat eine unglaubliche Stoßkraft, gerade zimperlich wird dabei mit den Glaubensboten nicht umgesprungen.

Da sie an religiöse Gefühle rühren kann, habe ich lange gezögert, sie zu erzählen, sprach aber schon hie und da darüber. Und ich war jedesmal überrascht von der Reaktion der Gesprächspartner. Ihre Überlegungen kamen aus einer tiefen Ferne, die sie gar nicht erst ausloteten. Vor der Erzählung will ich noch eine Bemerkung machen; die soll dir unsere keltischen Wurzeln zeigen: Eines Tages kam ein guter Alter, um die achtzig Jahre, zu mir und sagte: »Wenn ich in einem anderen Leben auf die Erde zurückkomme, will ich zwei Dinge unter keinen Umständen werden: Frau im Val d'Anniviers oder Maultier in Savièse.«

Er schwieg, fügte dann hinzu: »Ich möchte auch nicht Hund sein bei Herrn X., den wir beide kennen.« Unvermittelt nahm er sich zurück: »Wie dumm ich doch bin, ich habe ja nur ein Leben. Als Christ werde ich wohl nicht wieder zur Welt kommen. Was erzähle ich dir da!«

Die Kelten glaubten an die Seelenwanderung, hatten die Möglichkeit, unter drei Lebensformen auszuwählen. Diese unbedachte Äußerung des Alten kam aus einer tiefen Schicht, die er nicht ausmaß, der Arme! Ich hätte alle

Bemerkungen aufschreiben sollen, die man mir in dieser Richtung machte.

Hier also die Sage:

Früher einmal gab es einen See, der unseren ganzen Talgrund ausfüllte. Ein Erdwall zwischen den Eckpfosten der Flanmayens – abrupte Felsen, die bei Lanna das halbe Tal verriegeln – und dem Mont de la Garde staute ihn zurück.

Der See stieg recht hoch, bis unter die Felswände von Villa, Volovron. Er deckte Evolène zu, war weit und breit; auf Nachen fuhren die Leute darauf, fischten. Das Land war sehr fruchtbar. Der See spielte die Rolle eines Wärmeregulators. Das Klima war milder als heute.

Im Tal heißen heute noch manche Scheunen »Zum Ring«. Und die Überlieferung sagt, diese Ringe wären in den Fels gedrückt worden, um daran Boote zu befestigen. Ich selber habe solche nicht gesehen. Der größte Hafen des ganzen Sees sei am Felsen von Nax gewesen, heißt es, und man hätte Ankerringe in Evolène gefunden, am Tsan de l'annay, dem Feld der Ringe.

Geologisch sei klar zu erkennen, hat man mir gesagt, das Wasser müsse hier einmal hoch hinaufgereicht haben. Es hätte also in der Steinzeit diesen See gegeben, und in dieser Zeit wäre er nach unten ausgelaufen.

Die Geschichte ist insofern interessant, als sie zwei Elemente vermengt: die Existenz eines viel früheren Sees und die Missionierung, die im ersten Jahrhundert unserer Ära stattfand, als die Heiligen Irlands kamen, um den Kontinent zu bekehren.

In steinernen Trögen waren sie in Villa gelandet. Sie wurden aufs beste empfangen von der Bevölkerung, die liebenswert, gastfreundlich, großzügig mit den Gütern einer milden Natur umging. Die Sendboten des Glaubens redeten ihnen von Gott, von Kasteiung, Sühne und Reue … so fing das schon an! Sie wiederholten immer den alten Kehrreim: »Bereuet, denn Gottes Himmelreich ist nahe.«

Was hatten sie zu bereuen? Sie führten ein einigermaßen behagliches Leben, in allem Frieden. Jene aufdringliche Bekehrung konnten sie nicht annehmen. Sie behielten die Iren ein paar Tage bei sich und stießen sie dann, als sie von ihren Drohungen und Schmähreden genug hatten, zurück, mitten auf den See hinaus, samt ihren Steintrögen.

Die Heiligen bekamen die Abfuhr in den falschen Schlund. Mit Gewalt erzwangen sie sich nochmals eine Landung an den Felsen, sprangen an Land. Der eine von ihnen pflanzte dort seinen Pilgerstab auf und schrie: »Da ihr unsere Ermahnungen nicht annehmen wolltet, werdet ihr endlich zu spüren bekommen, was Mühen sind und Leiden.« Er sprach: »Weiche, o Walliser See, zurück nach Vevey!«

Und da versank das Wasser langsam durch eine Felsspalte. Es ging immer weiter zurück. So bildete sich der Genfer See.

Seither sahen sich die Bewohner der Felsen auf ein Leben zurückgeworfen, das immer eingeengter wurde. Das Klima wurde schlechter. Die Kulturen wuchsen kaum oder gar nicht mehr. Man kannte magere Jahre.

So die Sage. Ich sagte dir schon, ich wolle nicht darüber reden, um nicht unsere Leute zu vergraulen, deren Vorfahren, so sehen sie es gern, das Christentum sehr willig angenommen haben. Ihnen mit einer Sage ein ganz anderes Bild zu geben als jenes, das sie von ihren Beziehungen zur Kirche haben, das würde mich bedrücken.

Wie kam das Christentum zu uns? Ich weiß nichts darüber. Es gab Glaubensboten aus Italien, die gewiß über die Pässe gekommen sind, um uns das Wort zu bringen. Man hat die Reste einer sehr alten Kapelle gefunden, nicht weit von hier, an einem Ort, den man *Bouktsapèla* nennt, hoch über La Tour, auf dem alten Weg, der Via Antica, die hinter dem Christophorus-Hügel vorbeiführt.

Ich habe einen Glaziologen getroffen, der Forschungen anstellte darüber, was bei den verschiedenen Eiszeiten hatte versinken können. Es gab vier solche Eiszeiten. Er sagte, er hätte an diesem Ort Spuren eines Bauwerks aus dem 4. oder 5. Jahrhundert gefunden. Er hatte die Reste mit Kohlenstoff-14 analysieren lassen.

Seine Entdeckung stimmte mit dem überein, was meine Großmutter behauptet hatte: Die älteste Kirche des Landes sei die *Bouktsapèla*, was Kapellen-Stall bedeutet. Sie war wohl ein einfacher Unterstand und gleichzeitig Heiligtum, an den Weg gestellt, der, von Zermatt über den Col d'Hérens, die Pilger zu Unserer Jungfrau von Valeria brachte.

Schon 1200 überquerte man den Collon-Paß, der ins Aostatal hinüberführt. Gletscher rücken vor und zurück. Manchmal begraben sie Alpen unter sich, Häuser. Heute kann man sie nicht mehr so leicht überqueren.

Unsere Kirche in Evolène ist 1445 errichtet worden, die Pfarrei Hérens-Saint-Martin aber bestand schon vor 1280. Die Gottesdienste fanden in Saint-Martin statt. Stell dir vor, die Pfarrkinder kamen von Sepec zu Fuß und hörten die Messe. Vier bis fünf Stunden über Wege, die man im Winter nicht gehen konnte. Übrigens haben wir das Recht auf unsere eigene Kirche erhalten, weil der Weg so weit und schwierig war.

Die Sage von der Stadt, die unter dem Gletscher des Mont Miné begraben wurde, beschäftigte den jungen Gletscherforscher, von dem ich sprach, heftig. Sie stimmt fast mit der bretonischen Sage der Stadt Ys zusammen. Diese versank unter den Fluten. Bretagne, Hochburg des Keltentums! Allerdings haben sich die Bretonen rassisch weniger vermischt als wir.

In ihrer Geschichte heißt der König Gradlon, seine Tochter Aès oder Dahu und der Heilige, der sie für ihren Unfug mit dem Teufel bestraft, Saint Guénolé. Bei uns hat er keinen Namen, ist auch kein Heiliger.

Da gab es früher einmal eine sehr reiche Alp, am Hang über Les Haudères, unter Bricola, zwischen Bricola und dem Mont Miné, knapp hinter den Veisivi: die Alp Mont Miné oder Manzeuttes, wegen der großen Spalte, die sich unter dem Gletscher findet.

Zahlreich waren im Sommer die Herden da oben.

Die Sage sagt, hier wäre eine Stadt gewesen; das mußte wohl ein Dorf sein oder eine sehr alte Alp. Jedenfalls war es ein vorrömischer Durchgangsort. Das Tal war schon vor der Besetzung durch Cäsar sehr begangen.

Die Stadt hatte einen König, Boräus; er trug den Namen der Gottheit des Nordwinds. Sie war sehr reich, mit einigen wohlgeschmückten Kirchen. Die Sage erzählt: eine schöne, wohlhabende Stadt, mit luxuriösen Häusern. Der König hatte eine Tochter, Annaès, hinreißend und kokett, und sie langweilte sich in der friedlichen Einsamkeit des väterlichen Palastes. Um alles in der Welt wollte sie Freunde haben, Galane, was der alte Mönch, der geistliche Oberhirt der frommen Stadt, nicht gern sah.

Eines Tages bekam Boräus Besuch von einem fremden Prinzen. Es war der Teufel, als toller Junker verkleidet; der wollte die Stadt in Besitz nehmen. Sie schien ihm würdig, sein Lehen zu werden.

Er tat alles, was zur Eroberung einer Jungfrau führen konnte. Annaès verliebte sich in ihn und gab ihm die Schlüssel zu den Toren der Stadtmauer, damit er sie in größter Heimlichkeit besuchen könnte.

Als der Teufel zum ersten Mal heimlich in die Stadt drang, stürzten die Felsen, die über ihr hingen, in sich zusammen und begruben die Stadt unter furchtbarem Dröhnen. Der Gletscher kam hinterdrein. Durch den höllischen Lärm vor der Katastrophe gewarnt, gelang es dem König gerade noch, seine Tochter zu packen, sie aufs Pferd zu setzen und mit ihr zu fliehen. Auf einem anderen Streitroß folgte ihnen der Mönch.

Als sie auf der Höhe von Villa ankamen, hielten sie an. Der Gottesmann beschuldigte Annaès, sie sei der Anlaß des ganzen Dramas. Er erzählte Boräus von ihren Treffen mit dem Teufel und befahl ihm, seine Tochter in den See zu werfen. Da gab es den See also noch!

Boräus weigerte sich. Zur Bestrafung aber verstieß er sie und sperrte sie in eine Felsgruft, die mit einem schweren Steinbrocken versiegelt wurde. Von Schmerz niedergedrückt, setzte sich der König darauf. Spuren seiner Hände sieht man noch eingegraben in den Stein, so groß war seine Pein. Er verdammte Annaès zu dieser schrecklichen Gefangenschaft, bis ein weiser, frommer Mann um ihre Hand anhielte.

Doch das Mädchen hinterließ einen so angeschlagenen Ruf, daß sich bis heute niemand fand, sie von ihrem Schicksal zu erlösen. Sie hockt noch immer da drin und wartet. Zwar haben sich einzelne Hirten, heißt es, schon einmal bis zu dem Stein hingetraut, doch wagten sie das Wort nicht auszusprechen, das sie befreite.

Man sagt auch, bei ruhigem Wetter hörten die Bergsteiger, wie unter dem Mont Miné die Glocken der versunkenen Stadt läuten.

Hat man unter dem Gletscher Reste gefunden?

Trümmer einer Kapelle, ja. Bis anhin wußte ich nichts davon, dachte mir aber, die Sage müsse einen geschichtlichen Hintergrund haben. Vielleicht ist es auch eine Hirtenhütte, die dort begraben wurde, scheint aber doch eher eine Raststätte gewesen zu sein. Folgende Erklärung hat man mir dafür gegeben: Der Ort heißt Manzeuttes, ein Wort, das auf das lateinische *mansion* zurückgeht. Der Ausdruck stand immer für einen Etappenort, an dem die Römer die Pferde wechselten.

Wie ich sagte, wurde dieser Übergang seit Urzeiten benutzt. Da hat man schon eine Raststätte, einen Unterschlupf errichten können. Und später ein Bethäuschen für die Pilger, die nach Sitten wollten. Der Gletscherforscher hat ausgerechnet, daß man auf alle sieben Wegstunden so ein römisches Schutzhaus findet.

Die Übereinstimmung von bretonischer und Walliser Sage spricht für sich.

Ihr keltischer Ursprung bleibt unbestritten, auch wenn Mönche und die Kirche darin vorkommen. Ich denke, ein Kenner des Keltentums müßte den Anteil aus jener Überlieferung und den der christlichen Kultur auseinanderhalten können.

Ich bin in die Bretagne gegangen, mußt du wissen. Es hat mich sehr berührt, daß ich mich dort wie zu Hause fühlte. Nichts kam mir fremd vor, weder Traditionen noch Glaubensdinge noch das Alltagsleben, auch nicht gewisse Wörter und Ausdrücke; ja, das hat mich sehr bewegt.

Die Goldgruben sind auch eine Sage?

Die sind ein Irrtum.

Ein Nachbar von mir sprach unaufhörlich von diesen Minen. Im Tal glaubte man daran. Man sieht solche Steine hier, aber in Wahrheit ist das Schwefelkies. Sie schließen ein gelbes, glänzendes Metall ein, das dem Gold ähnlich sieht.

Vor dreißig Jahren etwa kannte ich einen Bergwerksingenieur, der mich aushorchte, was ich von den Minen in Lanna hielte. Ich habe ihm meine Meinung gesagt: Pyrit. Er machte Untersuchungen. Kam zum selben Schluß.

Lanna, was auf keltisch flacher Ort, Ebene heißt, war auch so eine Etappe für die Reisenden, die von Zermatt über den Ferpècle-Gletscher kamen. Sie verbrachten eine Nacht auf dieser einladenden Hochebene.

Es gibt noch eine Sage, sie betrifft die Ebene von La Garde, über der Kapelle gleichen Namens. Dort sieht man einen riesigen Fels, der bis an den Boden reicht. Auf dem hat sich nachts der Gratzug, die Wilde Jagd, niedergelassen, die wir *chiligaude* nennen.

Man fand überlebensgroße Fußabdrücke, umgeben von Spuren von Pferdehufen, Wolfszehen, von Hunde- und Katzenpfoten … Der Umzug der Verdammten, die, in Tiere verwandelt, vom Teufel angeführt werden.

Hört man die Wilde Jagd, muß man sich mit dem Gesicht zum Boden hinlegen oder sich auf einen magischen Kreis zurückziehen oder den heiligen Michael anrufen.

Die Wilde Jagd finden wir in weiten Teilen Frankreichs wieder, unter verschiedenen Namen: die Tanzende Jagd, die Reinholdsjagd, die Jagd des Königs David, die Kainsjagd, die Königsjagd. Ich frage mich, ob es in unseren Nachbartälern diese Jagd nicht auch gibt.

Es können sich Fehler einschleichen in alles, was ich da erzähle. Das mußt du mir nicht nachtragen. Mein Gedächtnis läßt nach. Meine einzige Entschuldigung: Ich bin alt.

Was mir wichtiger scheint als Genauigkeit: Werden und Vergehen des Tales durch die Jahrhunderte aufzuzeigen, damit man es wie ein Röntgenbild von innen betrachten kann; damit man lernt, mehr darin zu sehn als einfach eine schöne Landschaft, etwas für sich, unabänderlich, seit Jahrtausenden in den Bergen verschlossen.

Hier ist alles durcheinandergerührt worden, geknetet, verschmolzen und wieder gegossen. Wir sind das Ergebnis dieser Alchemie.

Es gibt mehr Dinge im Himmel und auf der Erde …

Bleiben wir, wenn es dir recht ist, noch einen Augenblick beim Zauber. Die Menschen der Hochtäler haben einen ausgeprägten Sinn für gewisse Naturerscheinungen, oder?

Abgeschnitten von der Umwelt, wie wir waren, erlebten wir die geringsten Erschütterungen, wirkliche oder eingebildete, sehr stark. Wir deuteten sie auf unsere eigene Art. Bergführer waren oft Zeugen ungewöhnlicher Ereignisse; manchmal konnten sie die erklären, manchmal nicht. Sie redeten kaum über die Vorwarnungen und Begegnungen, die sie erlebten.

Zahlreich sind jene, die auf dem Hintergrund des Schnees Gestalten aufscheinen sahen wie Riesen; sie nannten sie Berggeister. Eine Fata Morgana, wie in der Wüste. Auch Flammen sah man, Lichter. Es handelte sich um Phosphor eines verdorrenden Baumes, der sich entzündet hatte.

In diesem Zusammenhang erinnere ich mich der Scheune, die du dort vorne siehst, da, neben dem Haus! Man hatte sie abgerissen, das Holz verfaulte. Den ganzen Frühling über und noch im Sommer lief man denn im wahrsten Sinne des Wortes übers Feuer. Wenn ich abends spät vom Geschäft nach Hause kam, ging ich über die Flammen. Es war Phosphor.

Jemand sagte: »Habt ihr das Arme-Seelen-Feuer gesehen? Ihr seid stracks darübergelaufen. Das wird ein Unglück geben.«

In jenem Jahr wurden wir wirklich von einem Unglück betroffen: Ein Bruder starb mit fünfundzwanzig Jahren. Und sie wiederholten: »Ihr habt das Totenfeuer gesehen und nicht daran geglaubt.« Das stimmt. Das bleibt für mich ein Zufall.

Wenn früher ein Baumstamm den verschneiten Hang steuerlos herunterrollte – was hie und da vorkommen konnte – und wenn der zufällig an ein Haus prallte, stellten die Leute sich vor, bei dessen Bewohnern müsse es einen Trauerfall geben. Der Baumstrunk kündete einen Toten an. Später dann brauchte es den Strunk nicht mehr, das klopfende Geräusch aus dem Unsichtbaren genügte. Die Stämme waren recht lang geschnitten, um Balken daraus zu machen. Man entastete sie, damit man sie zu der Stelle schlittern konnte, an der man sie weiterbearbeitete.

Mir kommt jemand in den Sinn, der nicht alt, sondern sogar jünger war als ich; jedesmal, wenn es im Dorf einen Toten gab, war er, so behauptete er, durch einen klopfenden Stamm gewarnt worden.

Wenn einer demnächst vom Leben in den Tod mußte, hörte man jeweils drei Schläge, immer in einer Ecke des Hauses, in das Trauer kommen sollte. Den gleichen Schluß zog man, wenn viele Fadenwurmhügelchen in einer Wiese gesehen wurden: Der Tod war nicht weit!

Erstaunlich die Deutung solcher Zeichen: Stämme, Klopfen etc. Es bedeutet: »Ich bin gewarnt. Man macht mich auf das Abscheiden eines geliebten Wesens, gar auf mein eigenes, aufmerksam. So kann ich mich auf das Unvermeidliche vorbereiten. Wenn schon nicht mit freudiger Abgeklärtheit, kann ich mich immerhin in christlicher Ergebung dreinschicken.«

Warst du für solche Zeichen empfänglich?

Ich glaube schon. Man kann es nicht erklären, muß hier geboren sein, um diese Haltung zu verstehn. Wenn ich etwas höre oder sehe, was nicht durch die Kanäle der Vernunft geht, nehme ich es denn für eine Botschaft! Und habe sie zu entziffern! So ist mir einiges bedeutet worden. Was für einen Nutzen haben diese Warnungen, Vorahnungen, um in der Sprache der Vernunft zu reden? Ich weiß es nicht. Ein Beistand? Auf daß wir auf das Unabänderliche gefaßt seien? Eine Art, uns einen Weg zu weisen, damit wir unsere Intuition besser gebrauchen können? Das sind gewiß schäbige Antworten.

Wenn man genau hinsieht, zeigt uns alles auf, daß der Geist eins ist mit der Allgegenwart der Dinge. In seiner Dimension, die nicht die unseres Körpers ist, geraten die Begriffe Raum und Zeit völlig durcheinander. Vergangenheit oder Zukunft haben, im tatsächlichen und im übertragenen Sinn, keine Bedeutung mehr.

Wenn unserem Geist die ungeheuren Kräfte bewußt würden, über die er verfügt, könnten wir uns ohne Schwierigkeiten auf jene noch unbekannten Äste hinauslassen. Vorahnung, Intuition, Hellsehen sind die Durchlässe, die, so glaube ich, uns mit jener Dimension verbinden, die unsere Leiblichkeit zurückweist. Ich weiß nicht, ob ich mich deutlich ausdrücke.

Von Kind auf war ich für solche Äußerungen empfänglich. Später versuchte ich, sie zu verstehen. Es ist unmöglich, doch das Irrationale besteht. Nur muß man da sehr behutsam sein, muß merken, was echte Erscheinung und was ganz einfach Sinnestäuschung ist. Seit langem ist mir nichts mehr widerfahren. Ich bin wie Blei geworden. Eine dumpfe Lebenskraft, die sich mit ihren Forderungen schützend vor jene subtileren, aufmerksameren Kräfte stellte, die eine Person ausmachen. Zum Glück, übrigens. Es wäre mir heute unmöglich, mit einem so undurchsichtigen Körper ständig in solchen Zuständen zu leben. Eine gewisse Beruhigung braucht es.

Wenn die Ordnungsrufe ans Lebendige verhallen, kommt die Hellsicht wieder. Hellsehen! Ich sage lieber: Hell-Sehen, in zwei Worten. So nimmt man ihm einen unnötigen Beigeschmack von Magie.

Wie äußert sich diese Hell-Sicht?

Flüchtige Visionen, denen man oft beinahe keine Aufmerksamkeit schenkt. Ehe meine Mutter verstarb, sah ich sie tot. Meinen Bruder auch. Ich habe vor zehn Jahren einen Neffen verloren, das gleiche Phänomen.

Als mein Bruder starb, erlebte ich sein Gesicht genauso, wie ich es ein paar Tage darauf auf dem Krankenbett im Spital sehen sollte. Da kurz zuvor meine Mutter gestorben war, versuchte ich eine Vernunftbegründung, glaubte, ich hätte sie wiedergesehen. Ein verstörtes Bild der Erinnerung statt der Vorahnung. Aber ich hatte das Gesicht nicht erkannt, und ich sollte mich irren.

Das hat sich beim Tod meines Neffen wiederholt. Ich versank in Trauer und glaubte, seinen Vater vor mir zu haben.

Ich hatte Angst, das ist wahr. Wagte diese Bilder nicht zu sehen, habe sie rasch aus dem Gedächtnis gefegt. Meine Vernunft wollte sie um jeden Preis in der Vergangenheit ansiedeln. Man sucht stets nach Ausflüchten: Der Tod der Angehörigen schmerzt immer, insbesondere wenn er früh und unverhofft kommt. Da wagt man sich nicht einzugestehen, daß man gewarnt war.

Die Maultiere scheinen eine außergewöhnliche Wahrnehmung für Dinge zu haben, die dem Menschen unsichtbar sind, auch die Katzen.

Ich will dir eine Geschichte erzählen, die meinem Vater passiert ist, als er jung war. Er redete nicht gern davon, sie gehörte zu seinen schlimmen Erinnerungen.

Da war ein Mann, der wollte sein Mädchen heiraten. Er war nach Sitten gegangen, um alles für die Hochzeit einzukaufen, was es im Dorf nicht gab: Essen und farbige Bänder. Vater war ein guter Bekannter von ihm.

Auch er ging an diesem Tag nach Sitten hinunter. Dort trafen sie sich, plauderten und verabredeten sich für den anderen Tag in Evolène, um zusammen einen zu heben. Mein Vater hatte das Maultier dabei, der andere den Karren, in den er seine Einkäufe lud.

Mein Vater machte sich als erster auf den Heimweg. Kam zu jener Stelle, an welcher der Weg schmal und schlecht war und steil in die Tiefe zur Borgne abfiel. Ein Kreuz stand da, das hat man vor ein, zwei Jahren weggenommen.

Genau an dieser Stelle will das Maultier keinen Schritt weiter. Vater steigt ab, zerrt es am Halfter. Das Tier will nicht und will nicht.

Vater schneidet sich eine Haselrute und schlägt ihm damit leicht auf die Kruppe. Nichts zu machen. Doch plötzlich bricht es aus, aber statt nach vorn, nimmt es einen mächtigen Satz zur Seite, als wolle es einem Hindernis ausweichen. Lief dann in einem Galopp ins Dorf, wo es einiges vor meinem Vater ankam.

Am Tag darauf vernahm man, Martin Pralong, so hieß der junge Mann, sei an jener Stelle zu Tode gestürzt. Sein Karren war in die Schlucht hinuntergekippt. Das Erstaunliche ist: Das Maultier muß den Unfall geahnt haben.

Dann gibt es auch die Geschichte mit meiner Tante. Die war während langer Zeit sehr krank gewesen, konnte eine Erkältung nicht ausheilen; eigentlich eher eine Art Schwindsucht.

Es gab keinen Arzt hier. Daß man einen heraufgeholt hätte, war nie vorgekommen. Die einzige Lösung, die wir fanden: Mein Vater ging nach Sitten, suchte den Heilkundigen auf, legte ihm die Symptome der Krankheit dar und kam mit den Arzneien zurück.

Wie er eines Tages zum x-ten Mal nach so einer Konsultation zurückkam, sah er vor sich im Schnee eine Frau in Tracht gehen. Er trieb das Maultier an, dachte, er könne ihr auf dem Heimweg Gesellschaft leisten.

Wie immer er das Maultier antrieb, es gelang ihm nicht, jene Frau einzuholen, von der er nur den Rücken sah. Mit einemmal wurde ihm bewußt, daß sie beim Gehen keine Spur im Schnee hinterließ; wie wenn sie geglitten wäre. Ein paar hundert Meter vor dem Dorf verschwand sie. Vater dachte sofort, es müsse sich um ein Zeichen handeln. »Tante Marie ist verloren.« Tatsächlich ist sie gleich nach diesem Vorfall gestorben.

Mein Vater hatte die Gabe des Hellsehens und der Wunderheilung. Er wollte nicht über das reden, was ihm auf diesem Gebiet alles widerfuhr, denn ihm war nie etwas endgültig, gesichert. Da er ein Skeptiker und ein Rationalist war, analysierte er solche Dinge sorgfältig. Wenn er schließen mußte, es ließe sich keine vernünftige Erklärung finden, reihte er den Vorfall in die Kategorie der unerklärlichen Ereignisse und verlor kein Wort mehr darüber.

Dennoch war er wohl gezwungen, zu glauben, was ihm geschah, während er die Erzählungen von anderen mehr als einmal in Zweifel zog.

1912 zogen wir in dieses Haus. Es war 1905 erbaut worden. Aber einige Dächer blieben noch zu machen, denn zu jener Zeit baute man für die Ewigkeit. Zehn Jahre dauerte es, bis es bewohnbar wurde.

Das Haus war groß und leer. Wir hatten wenige Möbel.

Wenn meine Mutter abends in die Küche ging, war diese nur schwach beleuchtet, mit Kerzen oder kleinen Petroleumfunzeln, und da bekam sie es, da sie so viele Geistergeschichten gehört hatte, beim geringsten Geräusch, vielleicht von einer Maus, einer Katze, die sie nicht sah, mit der Angst zu tun.

Schnell kam sie zurück ins große Zimmer: »Vater, hilf mir, gewiß sind Arme Seelen in der Küche.«

Nie habe ich Mutter den Vater mit seinem Vornamen Jean anreden hören. Das ist so bei den Bauern.

Meinen Vater sah ich dann mit seinem Holzschuh-Schritt – denn solche Schuhe trug er im Winter – aus dem Zimmer gehen. Er machte sich ans Beschwören, *conzura* in unserem Dialekt. »Hört mich, wenn ihr etwas braucht, sagt es mir. Ich tue, was ich kann, euch zu helfen. Doch erschreckt mir meine Frau nicht.«

Darüber mag man heute lächeln. Doch ehedem gehörten Furcht und Beschwörung zu einer Kultur und einer Tradition, zu einem Aberglauben, der verlorengegangen ist. Sie hatten ihren Reichtum.

Wollen wir bei diesen Zaubereien bleiben, du wirst meine Spukgeschichten nicht leid?

Nein.

Es gibt noch welche zu erzählen. Wenn sie das lesen, werden die Leute denken, wir wollen sie auf den Arm nehmen, oder sie meinen, ich wäre immer schon ein bißchen, na ja …

Ich machte das nicht absichtlich, versuchte nie, mich in so eine seltsame Lage zu bringen. Das kam von selber, zu meiner eigenen Überraschung. War einmal das Erstaunen vorbei, konnte man darüber lachen.

Die letzte Geschichte ereignete sich vor einem Jahr, als ich wegen einem Anfall von Zuckerkrankheit in Sitten im Spital war. Man hatte mich gepflegt, es ging mir besser. Es war an einem Morgen, ich kann mich nicht mehr aller Einzelheiten entsinnen. Was ich weiß, ist, daß ich als vollkommen von mir losgelöste Person in dem Zimmer herumlief.

Ich merkte genau, wie ich schwebte; ganz leicht war ich. Mit einem Schlag sah ich von oben herunter eine alte Frau entkräftet auf dem Bett liegen; sie schien zu schlafen. Ich habe mich selber nicht gleich erkannt.

Ich vernahm ein ziemlich heftiges Geräusch, ich kann nicht sagen, woher es kam. Auf eine Art erschütterte es mich, und da erst kam mir zu Bewußtsein, daß ich es war, die dort auf den Laken lag, eingehüllt in einen Morgenrock voller Flecken. Und diese Überlegung stellte ich an: »Nun denn, so muß ich wieder in die zusammengebrochene dicke Frau dort hineinkommen. Muß ich wirklich?« Ich sagte das nicht, ich dachte es nur.

Ich mußte wieder in jene Frau zurückkehren. Der Zeitpunkt, an dem ich meinen Leib verlassen sollte, war noch nicht gekommen. Behutsam, als wäre ich eine Gaswolke oder gar eindringendes Wasser, glitt ich durch die Poren der Haut in jene Person, die ich selber war.

Nach einem Moment machte ich die Augen auf. Sah das Zimmer, die kranke Frau im Bett daneben. Ich auf dem meinen, in meinem verfleckten Morgenrock. Wie war diese Reise vonstatten gegangen? Wie hatte ich meinen Körper verlassen? Ich sollte schlafen.

So etwas ist mir auch schon früher passiert. Ich trat aus, trat wieder ein, zumindest hatte ich diese Empfindung. Aber nur kurz, nie so lange und nie, wie soll ich sagen: nie so hoch, daß ich meinen eigenen Körper sehen konnte.

Ohne Zweifel war ich da stärker abgelöst von ihm denn je, war kränker. »Ich muß diese zusammengebrochene dicke Frau da erreichen …«, alles andere als schmeichelhaft. Aber das habe ich gedacht.

Was ist dir sonst noch geschehen?

Da kommen wir aber in den Bereich der reinen Geistergeschichten, und ich will keine Erklärungen dafür suchen, keine Auslegungen geben. Es ist einfach geschehen, wie ich es dir erzähle.

Eines Morgens lag ich halbwach. Sah eine wundersame Gestalt in das Zimmer treten. Um ihre seltsame Erscheinung zu beschreiben, will ich mich der Science-fiction-Sprache bedienen. Sie sah aus, als gehöre sie nicht in unseren Erfahrungs- und Erlebniskreis. Kleiner als ein Mensch, ohne Ebenmaß, verzogen, breite Schultern, ein Kopf, dreimal der meine, mit einem freundlichen Ausdruck; das Ganze fast dreieckig.

Von Angst überwältigt, sprang ich auf. Sie sprach zu mir: »Brauchst dich nicht zu fürchten, ich will dir nichts Schlechtes.« Ich weiß nicht, ob die Worte ausgesprochen wurden, oder ob ich sie mir im Kopf zurechtgelegt habe. Schnell ist sie verschwunden. Ich sagte, ich hätte geträumt, aber da war dennoch, verworren, aber hartnäckig, der Eindruck, es sei dies alles andere als ein Traum gewesen.

Die gleiche Empfindung hatte ich beim Besuch der Einhörner. Man wird meinen, ich sei verrückt; und man sperrt Leute für Geringeres ein. In Büchern geht die Rede von Einhörnern: sehr fein geformte Pferdchen mit einem einzelnen, schraubenförmig gewundenen Horn auf der Stirn.

An meinem Bettende sah ich etwas anderes: drei Tiere, die aussahen wie Schafe, etwa in dieser Größe. Drei. Das männliche, höher, mit einem gewundenen Widderhorn. Das Weibchen, das Horn kleiner und gerade. Das Lamm, *kanton*, wie wir sagen, zwischen Jungtier und Ausgewachsenem, hornlos. Im Gänsemarsch sind sie angerückt, ans Bett gekommen, haben sich der Reihe nach aufgestellt, damit ich sie streichle.

Ich hatte keine Angst, während meine kleine gute Dreiecksgestalt… Ich streichelte sie und fühlte auf meiner Hand das Wollfett, was ich gut kannte, ich habe genug Schafe aufgezogen. Ich weiß nicht mehr, ob sie gleich verschwanden oder leise wieder zur Tür hinausgegangen sind.

Was ich aber genau weiß: Als ich allein war, faßte ich meine Hand an. Sie triefte vor Talg. Ich habe nie versucht, dieses Vorkommnis zu deuten, um so weniger, da ich überhaupt kein Erstaunen empfand, als jene Fabeltiere auf mich zukamen. Nicht einmal, daß es mir seltsam vorgekommen wäre.

War es ein Traum? Und der Talg? Ich weiß, das Einhorn verkörpert das Eindringen des Göttlichen in die Geschöpfe. Es ist das Symbol der geistigen Befruchtung. Auch weiß ich, daß Tiere, nicht nur das Einhorn, als Archetypen tiefe Schichten des Unbewußten darstellen, des Instinktes, daß sie auch Symbole geistiger oder materieller Kräfte des Alls sind. Diese Symbole findet man wieder in den Tierkreiszeichen, bei den vier Evangelisten, im Heiligen Geist. Auch werden die Tiere als Mittler angesehen, sie sind weise und hellseherisch. Lassen wir es dabei.

Was Tiere angeht, da kommt mir die Katzengeschichte

in den Sinn, die meinem Urgroßvater passiert ist… Sie ist lustig. Großmutter hat sie erzählt.

Dieser Anzévui also hatte, als er jung war, in Les Haudères einen Schatz. Von Zeit zu Zeit ging er sie spät abends besuchen. Den Mädchen nachlaufen war verboten, nachts schon gar; da verstand der Klerus keinen Spaß.

Eines Abends, gegen Mitternacht, macht er sich zu ihr auf. In La Fauchère, auf halbem Weg zwischen Evolène und Les Haudères, hält er bei einer Scheune an, die ihm gehört. Er sieht eine Katze auf dem *boutsal* sitzen: Das ist jener kleine waagrechte Balken mit Fugen, in die man links und rechts zwei senkrechte Balken steckt, welche die Mittelwand halten.

»Eine Katze um diese Zeit und so weit vom Dorf, das ist seltsam«, denkt er. Er nähert sich dem Tier, das ihm nicht recht gefiel. Es schien, als ob sie ihn mit den Augen messe.

Um sein Unbehagen zu besänftigen, schleudert er ihr, ohne viel zu denken, entgegen: *»Ah, t'es pout!«* Wie häßlich du bist, auf Dialekt. »Auch du bist nicht der Schönste«, erwidert die Katze schlagfertig.

»Wer bist du«, pokert, ganz verwirrt, der junge Mann weiter, »eine redende Katze, das sieht man nicht alle Tage.«

Die Katze: »Und du, wer bist du?« Der Junge: »So bist du der Teufel?« – »Ja, der Teufel bin ich, und du bist ein Stück von mir…«

Bei diesen Worten glitt das Tier den Balken hinunter, schlug mit dem Schwanz und floh auf die andere Seite der Borgne.

Ich erzähle diese Geschichte, weil man in unserem Land dem Teufel oft in Tiergestalt begegnet. Nicht umsonst hat man unser Tal während sehr langer Zeit Tal des Teufels genannt.

Kennst du die Sage vom heiligen Theodul, dem ersten Walliser Bischof? Er ließ die Kirche erbauen, die in Sitten neben der Kathedrale steht.

Sein Name bedeutet »Geschenk Gottes«. Er war, glaube ich, Römer und lebte im 8. oder 9. Jahrhundert. Einmal war er nach Rom befohlen worden, um die Glocke für seine Kirche, ein Geschenk des Papstes, zu holen.

Auf der Rückreise mußte er mit der Glocke auf dem Rücken die Berge über die Pässe wieder überschreiten. Er war schon sehr alt. Als er am Fuß eines Gletschers ankommt, sieht er auf einem Felsen jemand sitzen, wohlgestalt, einnehmend, doch mit gespaltenen Füßen. Gleich hat er den Teufel erkannt und denkt: »Wie könnte ich den einspannen, daß er mir die Glocke tragen hilft?«

Der Teufel hat seine Verlegenheit bemerkt. Er geht auf den Heiligen zu: »Armer Pilgrim«, sagt er ihm, »Ihr seid müde. Ich kann Euch helfen. Ich bin jung und stark, ich könnte die Glocke auf die Paßhöhe tragen. Unter der Bedingung, daß Ihr mich bezahlt.«

»Einverstanden«, gibt der Heilige zurück, »Ihr werdet bezahlt, müßt die Glocke aber bis nach Sitten tragen.«

»Gut«, willigt der Teufel ein, »als Gegenleistung will ich Euch ungewohnten Lohn abfordern: die erste Seele, der wir unterwegs begegnen.« Schon sind sie auf dem Weg, der Teufel mit der Glocke auf den Schultern. Knapp vor Sitten kommen sie auf die Brücke über die Rhone. Auf der anderen Seite ist jemand dabei, die Brücke zu überqueren... Schnell verlangt der Teufel seinen Lohn. Sankt Theodul hat keine Zeit zu zögern. Er entdeckt eine Katze, fängt sie ein, bindet ihr eine Pfanne an den Schwanz und jagt sie über die Brücke: »Da hast du die erste Seele, die vorbeikommt, ich gebe sie dir«, sagt er zu dem Teufel, der besiegt ist. Die Sage erzählt nicht, von wo der Heilige die Pfanne hernahm …

Sie ist nichts Besonderes, diese Sage, aber sie regte mich immer an zu träumen. Man behauptet, und das Christentum segnet das ab, die Tiere hätten keine Seele. Andere Offenbarungen, und nicht die geringsten, besagen, sie seien, wie wir, das Ergebnis einer Evolution. Platon glaubt an die Seelenwanderung. Es gibt zahlreiche Sagen, in denen die Toten mit ihren Haustieren auf die Erde zurückkommen.

Keine Seele, das ist rasch gesagt. Es brauchte ja auch das Konzil von Nizäa, nach drei Konzilen vorher, um den Frauen eine Seele zuzubilligen! Bis dahin hatten sie keine. Was sagt der heilige Paulus? Der Mann wurde für Gott geschaffen, die Frau für den Mann!

Ich will dir sagen, was ich glaube – von dem, was Gott geschaffen hat, geht nichts verloren; alles wandelt sich, entwickelt sich. Undenkbar, daß alles, was er mit so viel Liebe und Großmut erschuf, auf immer vergeht.

Was mich an vielen Erzählungen stets wieder erstaunt, ist der vertraute Ton, den die Leute früher im Umgang mit den Tieren hatten. Gewiß könnte man im Dorf viele derartige Anekdoten sammeln. Sage, Wirklichkeit? Warum auseinandernehmen, was in seinem Ursprung so eng miteinander verbunden ist? Sage und Mythos sind die einzige wahrhaft poetische Sprache.

Habe ich dir den Vorfall mit dem Stier erzählt? Ich glaube nicht. Einem guten Bekannten von mir ist das geschehen. Hör dir's an. Im Erdgeschoß eines Holzhauses von Lanna war in der großen Stube Tanz. Das waren heimliche Tänze, die zu bestimmten Jahreszeiten stattfanden. Für die jungen Männer war es die ersehnte Gelegenheit, nach einem Unterrock zu greifen. Einer macht sich also nach

Lanna auf. Wie er zur Brücke kommt, sieht er einen riesigen Stier, der nur ein einziges Auge mitten auf der Stirn trägt und ihm den Weg abschneidet. Er fängt an, mit den Zähnen zu klappern, fragt sich verwundert, was da los sei. Im Augenblick der Gefahr umkehren sei nie gut, hieß es, und dazu hatte er eine Heidenlust auf den Tanz.

Um also nicht zurückzuweichen, überquert er die Wiesen schräg und umgeht so das Tier. Kaum ist er aus dessen Reichweite heraus, nimmt er die Beine unter den Arm, rennt, ohne sich umzusehn, zu dem Haus hin.

Schon fühlt er sich erleichtert, doch da … große Bestürzung! Vor der Tür steht es wieder, das Tier, scharrt mit den Füßen. Bei den Kuhkämpfen beginnen die Tiere damit, daß sie ihre Kraft messen und ihre Wut steigern, indem sie *terra* machen, die Erde unter den Hufen auswerfen.

Der Junge kommt also nicht hinein. Leichenblaß ist er. Flüchtet unter die Fenster, braucht Hilfe. In seiner Herzensangst bringt er nur noch einen Schrei heraus, der zum Glück von den Tänzern gehört wird.

Man öffnet das Fenster, zerrt ihn mit den Armen über die Brüstung in die Stube, wo er in Ohnmacht fällt. Mit dem Messer mußte man ihm die Zähne auseinanderdrücken, ehe man ihm ein Glas Wacholder hineinschütten konnte. Erst als der Tag dämmerte und die Zeit für den Englischen Gruß gekommen war, hatte man ihn wiederbelebt. In jener Nacht wagte keiner, aus dem Haus zu gehn, und ich denke, statt zu tanzen, hat man die Nacht durch gebetet.

Auch hier keine Erklärung. Vielleicht, daß er sich schuldig fühlte, weil er gegen den Willen der Pfarrherren zum Tanz ging, und deshalb jene Furcht entwickelte, welche das Schreckgesicht heraufbeschwor. Dennoch, früher erlebten die Leute viel mehr außerordentliche, auch spaßhafte Dinge als heute, oder nicht?

Ja, es kommt vor, daß ich unter den Alten noch einen sagen höre, er sei einem Toten begegnet, der ihm von drüben erzählt habe, von seinem Leben im Jenseits. Aber selten.

Wenn früher jemand starb, kam es nur selten vor, daß nicht einer aus der Familie den Verstorbenen im Traum gesehen hatte. War er glücklich und gut gekleidet, hieß das, er sei über das Schwarze Wasser hinüber. Machte er einen unzufriedenen, zerlumpten Eindruck, ließ man Messen lesen und betete für seine Seelenruhe.

Als du vom Ball redetest, sagtest du, der Junge hätte sich schuldig gefühlt. Hatte man vor der Geistlichkeit solche Angst?

Vor ihrer Macht schon. Das geht ins 16. Jahrhundert zurück, als man in den Dörfern jene aufgriff, die gegenüber der Kirche eine gewisse Unabhängigkeit an den Tag gelegt hatten. Im Verlauf von fünfzig Jahren ließ man in Sitten hundertfünfzig Personen aus diesem Tal auf die Scheiterhaufen steigen, der Zauberei verdächtigt und als Hexen verbrannt. Vorher stieß man sie in den Hexenturm, der noch immer steht, folterte sie. Unter Qualen gaben sie zu, was man von ihnen wollte. Dann verbrannte man sie. Aus.

Die Opposition wurde mit Feuer überzogen.

Ich glaubte immer, diese Verhaftungen seien nur in unserem Tal vorgekommen, das man auch das Tal der Zaubermeister nannte, denn die Leute hier hatten immer schon einen geraden Rücken und verwanden es nie richtig, daß sie sich dem Bischof zu unterwerfen hatten. Doch letzten Winter hörte ich im Radio, allein im Val d'Illiez hätte man in sehr kurzer Zeit vierhundert der Hexerei Angeklagte verbrannt.

Was warf man der bischöflichen Herrschaft vor?

Die Bauern hier wagten zu behaupten, der Bischof hätte nicht die geringste weltliche Befugnis über das Land.

Du siehst, ich bin eine aus der Rasse jener Gegner geblieben. Hexerei oder nicht, je mehr man die Bauern ausquetschte – und die Kirche hat sich solcher Unterdrückung nie enthalten –, desto stärker entwickelte sich der Hang zur sogenannten Hexerei.

Nichts kann mich abhalten zu glauben, diese Männer und Frauen hätten mit allen Mitteln, die verworfenen eingeschlossen, versucht, Zuflucht zu finden, einen übernatürlichen Beistand, der ihr Geschick gelindert hätte.

Gott antwortete ihnen nur mittelbar über einen oft abgestumpften, grausamen Klerus. Und ging es um eine Frau, jene Abgesandte der Hölle, war es noch schlimmer!

So haben sie denn, in ihre letzte Bastion zurückgestoßen, den Teufel zu Hilfe gerufen.

Es wurden Pakte mit ihm geschlossen, kein Zweifel. Natürlich mußte man sich Zauberformeln, Behexungsmanieren einverleiben. Doch beim Aufkommen von Hexerei ging es um mehr als um die Bereitung von Zaubertränken oder das Veranstalten eines Sabbats. Gewiß, im gleichen Gebet vereinigte die Kirche die Herren und die Knechte. Die Untertanen dieses Regimes hatten für die Adligen und Mönche zu fronen. Ihr Elend kann man sich heute gar nicht vorstellen. In ganz Europa wurden sie zur Verzweiflung getrieben. Da suchten sie Beistand bei den Fürsten der Hölle. Und die Verfolgungen begannen. Wo immer sich eine Stimme der Freiheit erhob, ein eigenständiger Gedanke ausdrückte, sah man das als Werk des Bösen an.

Die Kirche, die bis in den menschlichen Gefühlsbereich das Sagen haben wollte, und ein Staat, der vor diesem Widerstand seine Macht verlor, setzten als Waffe die Vernichtung jener Herde des »Verderbens« ein. Die Hexenverbrennungen wurden zu grauenhaften Massakern.

Im Dialekt gibt es den Ausdruck *tserna*: verzaubern, verhexen. Als erstes verzauberte man seinen Garten, damit kein Gemüse gestohlen wurde. Der Bann ließ den Dieb erstarren. Man mußte um den Gartenhag einen unsichtbaren Kreis schlagen und dabei besondere Gebete sprechen. In meiner Jugend wurde das bei den Hausgärten so gemacht.

Tief in uns drin bewahren wir noch immer die Angst vor diesem Klerus.

Während Jahrhunderten war das Wallis den Fürstbischöfen untertan. Ein Schritt nach rechts, und man bekam einen Schwerthieb; ein Schritt nach links, ein Schlag mit dem Hirtenstab. Diese Unterdrückung hat den Charakter der Walliser geprägt. Hat ihn aufständisch gemacht. Hätte der Walliser sich nicht aufgelehnt, wäre er untergegangen.

Es gab Zeiten furchtbarer Revolte. Nie hätten wir von uns aus die Gerichtsbarkeit des Bischofs geduldet, der für sich das Recht der toten Hand in Anspruch nahm. Es nahm den Leuten die Möglichkeit, über ihre eigenen Güter zu verfügen, wenn sie keine Kinder hatten. Das Vermögen fiel an die Kirche, will heißen: an die Fürstbischöfe!

Keine in diesem Land gebürtige Familie hat jenes Recht anerkannt. Andere, die von draußen kamen und hier erst spät ansässig wurden, gaben nach.

Sind jene Beschlagnahmen ein Grund dafür, daß die Leute auf Distanz zu den Vertretern der Kirche gingen?

Sehr katholisch, aber schön antiklerikal.

Im Patois gibt es ein paar Sprichworte, die den Grad dieser Verachtung für den Klerus bezeugen: »Gib acht auf ein Maultier von hinten, auf einen Stier von vorn und auf einen

Pfarrer von allen Seiten.« Ein anderes, kürzer und heftiger: »Der Biß des Schwarzen ist grausam.«

Noch eines, jünger, weniger saftig, ich habe es in Saint-Martin gehört: »Wer vom Pfarrer ißt, verreckt daran.«

Du kannst dir ein Bild davon machen, wie die Furcht vor den Willkürentscheiden des Bischofs uns prägte. Die Inquisition war über ganz Europa hergefallen, verschonte auch uns hier in den hintersten Bergen nicht. Im Dorf gibt es ein ganz elendes Haus, das man das Haus des Bischofs nennt. Und eine alte Scheune, die, ich weiß nicht, über was für Wege, an meine Großmutter fiel. Man sagte, es wäre die Scheune, in die der Bischof sein Pferd stellte, wenn er hier aufkreuzte.

Hatte der Bischof das Haus gekauft, um seine Diener unterzubringen, wenn er auf Seelsorge war, oder ist es ihm durch die tote Hand zugefallen?

Ich sagte es dir schon, in Arolla gibt es ein Maiensäß des Bischofs, nicht weit vom Teufelsfelsen, jenem großen Brocken, den der Böse auf die Herde des Prälaten geworfen hatte. Der Teufel – oder waren es erzürnte Bauern?

Dem Schlimmsten entging die Herde, weil der Diener Gottes, Mitra auf dem Kopf, Stab in der Hand, das Johannes-Evangelium aufsagte.

Der bäuerliche Widerstand, der sich den Teufel zu Hilfe nimmt, ist bald erklärt: Da der Bischof sich in dem Tal Güter unter den Nagel gerissen hatte und, um diese fürchtend, die weltliche Gerichtsbarkeit beanspruchte … wird einem klar, daß die Bauern solche Einmischung schlecht ertrugen, obwohl alle eines Glaubens waren.

Du sagtest, deine Großmutter habe an den bösen Blick geglaubt?

Ja, an Bannschleuderer, an die Hexeriche glaubte man

stark. Begegnete man einem, von dem man annahm, er habe den bösen Blick, hieß es furchtlos weitergehen, keine Heftigkeit zeigen und dabei denken: »Du hast keine Gewalt über mich.«

Das könnte eine Art passive Komplizenschaft bedeuten zwischen jenem, der den Bann wirft, und dem, welcher ihn einfängt. Furcht macht sklavisch. Diesen Glauben gab es in allen Breitengraden, bei allen Zivilisationen.

Ich kannte einen Armenier, der mir erzählte, bei ihnen lege man den Kindern, insbesondere den Knaben, bei der Geburt eine Halskette um mit bunten Steinen, in denen Blau überwiege. Begegne das Kind einem Feind oder trachte jemand nach seinem jungen Leben, hefte sich der böse Blick zuerst an die blauen Steine. Die Tatsache, daß der Blick für einen Moment abgelenkt würde, nähme diesem seine Bösartigkeit, die Fähigkeit zu schaden wäre gebrochen. Nicht die Absicht, wohl aber der Ausstoß an schädlicher Energie.

Es handle sich hier um einen Altweibertrick, möchte man meinen, um dümmliche Praxis. Das Ganze ist subtiler, als man denkt. Hinter allen Vorgängen volkstümlicher Magie steht ein verlorenes Wissen, steht vergessene Wissenschaft.

Niemanden erstaunt, wie Wissenschaftler Atomenergie handhaben. Es muß hochentwickelte Zivilisationen gegeben haben, die um die Geheimnisse der Materie, um die Geheimnisse der Energie wußten. Es gab, als untrennbare Schwester des Hermetismus, die Alchemie. Man findet sie in China, Ägypten, Griechenland und im Westen.

Kennst du denn die beiden Bücher, den *Großen* und den *Kleinen Albert*? Zu einem guten Teil sind sie voll Maßnahmen, mit denen Hexerei abzuwenden sei. Man liest das und macht sich darüber lustig. Die meisten Leser wissen nicht, daß ihr Autor, der Dominikaner Bischof Albert, ein großer Professor der Sorbonne und anderer Universitäten des Mittelalters war. Die Massen strömten ihm zu. Der hatte seine Gelehrsamkeit aus arabischen Quellen, von den Rabbinern, bei Aristoteles geholt; ich glaube, er fand gleichzeitig Geschmack an der Metaphysik und an wissenschaftlicher Forschung. Man behauptet, er hätte Alchemie betrieben; jedenfalls war er Lehrer von Thomas von Aquin.

Ich habe einen Freund, Arzt und Spezialist in Homöopathie, der sagte mir, viele von ihnen läsen und studierten aus dem *Albert* über Mineralien, über die Eigenschaften der Pflanzen, wovon der enorm viel wisse. All das ist sehr erhellend, wir sind da weit entfernt vom Hexenturm. Um dem Teufelswerk ein Ende zu machen, will ich dir noch einmal sagen, daß sich in das Klima des Wundersamen und Wunderbaren, das hier um Menschen und Dinge war, auch manchmal die komische Note toller Streiche mischte. Es gab ein paar recht starke Farcen. Nachts läuteten die Kirchenglocken, das ganze Dorf ein Drunter und Drüber. Man hatte einen Geißbock ans Glockenseil gebunden, die Bauern glaubten, sie hätten den Teufel gesehen. Aneinandergebunden stiegen ein paar Mutige in den Turm und fanden das Tier.

Man hatte zwar ausgiebig zu lachen, deutete den Streich aber dennoch als etwas Blasphemisches.

Der Witzbold ist anscheinend bestraft worden. Als er husch-husch nach Hause wollte, um ja nicht entdeckt zu werden, soll er, an allen Ecken gepufft und gestoßen, von enthäuteten Kälbern, von streunenden Wölfen verfolgt worden sein.

Um ein Haar wäre er verrückt geworden.

Genug vom Teufel, lassen wir den gewähren. Im Augenblick hat er überall auf der Erde alle Hände voll zu tun, meinst du nicht?

Die Stunde der Kelten

Das Val d'Hérens muß voller geologischer Schätze sein?

Ja, man findet hier die verschiedensten Steine in großer Mannigfaltigkeit. Nicht gerade Edelsteine; geschliffen sind sie aber sehr schön.

Ich habe immerhin einen sehr großen Achat gefunden, herrlichen Onyx, schwarz und schwarz-weiß gesprenkelt. Ich fand rosa Quarz, weißen oder leicht crèmefarbenen. Will man durchsichtigen Bergkristall finden, muß man ins Dent-Blanche-Massiv gehen. Auch Lazulit kann man finden, einen sehr schönen blauen Stein, fast Saphir. Wird der geschliffen, bleibt er undurchsichtig.

Aus all diesen Steinen könnte man wunderbare Schmuckstücke machen. Bald hätte ich es vergessen: Es gibt noch jenen rhombischen Schwefelkies, Markasit, der dem Pyrit gleicht und den wir *marquietta* nennen.

Niemand dachte daran, das auszubeuten.

Ich überlegte es mir, brachte die Idee in Umlauf. Zu einer Zeit, da es überhaupt keine Arbeit gab, vor Errichtung des Dixence-Stausees dachte ich daran, die Jungen von Evolène Schmuckstücke fertigen zu lassen. Es gelang mir nicht, jemanden für die Idee zu interessieren. Auch konnte ich niemanden dazu bringen, mit unserem Lehm zu töpfern.

Machten die Bauern früher ihre Haushaltsgeräte selber? Geschirr, Becher, was weiß ich?

Was aus Holz war, schon; und alles war aus Holz.

Meine Großmutter besaß alte Platten aus lackiertem

rotem Ton, von einer Töpferei aus Martinach, die es heute nicht mehr gibt. Für die Öfen nahmen sie Speckstein, der war leicht zu schneiden. Als man keinen Handwerker mehr fand, versuchten meine Brüder, selber einen Ofen zu bauen. Sie gingen in einen alten Steinbruch, beim *ché dé Miezo*, dem Mittagshorn. Hatten Karbidlampen mitgenommen. Schnitten Steinplatten heraus, die leider eine nach der anderen zerbrachen. Sie mußten das Unternehmen aufgeben.

Aus den Bruchstücken, die sie nach Hause gebracht hatten, konnte man Asbestfasern ziehen, wie man sie schon zu Römerzeiten auseinandernahm. Die wob man zu einem unbrennbaren Gewebe, in dem man die Verstorbenen kremierte und die Knochen zurückbekam.

Ich versuchte, so etwas zu weben. Es gibt einen sehr festen Stoff. Ein halbes Jahrhundert wohnten Römer in diesem Tal. Drei seiner Bodenschätze haben sie ausgebeutet. Den Giltstein für ihre rudimentären Öfen. Asbest, aus dem sie die *marquietta* zogen, einen steinigen Stoff, der, ohne es zu sein, dem Gold glich. Und silberhaltiges Blei aus einer riesigen Wand jenseits der Borgne, unterhalb der Flanmayens.

Aus dem Blei machten sie Särge für die Reichen, deren sterbliche Überreste man nach Italien zurückbrachte. Aus dem Silber fertigten sie Statuen, Becher, Münzen, ich weiß nicht, was alles!

Nur bei äußerstem Mangel an Silber lohnt die Silbermine eine Ausbeutung. In den beiden Weltkriegen hatte man sie wieder aufgemacht.

Man meint, die Römer seien durch das Rhonetal hier heraufgekommen. Was immer noch kürzer war, als die Pässe zu übersteigen, außer für die Bewohner der benachbarten

Berge, die keine Zeit damit verloren, ihr Tal hinunterzusteigen, um in das gegenüberliegende zu kommen.

Es ist noch nicht sehr lange her, daß man das Vieh von Evolène auf die Märkte von Aosta trieb, über den hohen Collon-Paß, oberhalb von Arolla, der jetzt vergletschert ist. Ich kann mich erinnern, daß ich zwischen Evolène und Les Haudères noch jene große Mauer gesehen habe, die man den Römern zuschrieb. Es brauchte unwahrscheinlich viel Zeit, diese abzutragen. Sie war für die Ewigkeit gebaut worden, mit einem besonderen, sehr harten Mörtel, dessen Zusammensetzung nicht mehr bekannt ist.

Die Entstehung des Dorfes Evolène darf man um 1200 ansetzen, bis dahin reichen die Familienakten zurück. Vorher gab es die Dörfer Maney und Pralovin. Und noch früher war das Tal auch schon bewohnt, waren die Manzeuttes ein vielbenützter Übergang.

Ganz oben auf dem Collon-Paß hat man punische Münzen gefunden, was nicht unbedingt besagen will, Hannibals Truppen seien hier durchgekommen. In den Manzeuttes hat man einen Schatz mit römischen Münzen gefunden, Opfergaben an irgendwelche Schutzgötter zweifellos. Auch auf dem Theodulspaß fand man römisches Geld, ein Hufeisen. Spuren eines unter dem Tiefenmattgletscher verschwundenen Dorfes sind ebenfalls auszumachen.

Es ist gewiß: Diese Pässe wurden in beiden Richtungen überquert. Auf den Bergpfaden muß sogar reger Verkehr geherrscht haben, was uns, auf Cäsars Befehl, eine langdauernde römische Besatzung bescherte, ums Jahr fünfzig vor unserer Zeitrechnung. Unvorstellbar, wie es da von Leuten – Soldaten, Pilgern – gewimmelt haben muß! Heute herrscht an diesen Orten das große weiße Schweigen. Besieht man das richtig, ist es weniger unvorstellbar, als man glaubt:

Man weiß nun, daß Afrika der älteste bewohnte Erdteil war, und wie bewohnt! Man weiß auch, daß, zu Römerzeiten, Gallien mehr Einwohner hatte, als man bisher annahm, und daß diese ständig auf der Wanderschaft waren!

Das ist keine Hexerei: Wie die Menschen folgen die Zivilisationen einander; die eine stirbt, die andere kommt. Und der Höhepunkt ihrer Entfaltung war jeweils begleitet von der notwendigen Ausbreitung. Die Völker machten sich auf den Marsch … Wanderungen, Kolonisierungen … Warum hätten wir solchen Invasionen entgehen sollen?

Und vor der römischen Besatzung?

… Lebten wir zur Stunde der Kelten, wie der größere Teil Europas.

Deine Stimme zittert, wenn du das sagst.

Ja, denn dieser Gedanke verzaubert mich, weil irgend etwas sehr Altes in mir dabei einen vertrauten Widerhall findet.

Man meint, die gallo-keltischen Stämme hätten vierhundert Jahre vor Christus unser Land besetzt. Plinius redet von vier verschiedenen Stämmen, die von Asien gekommen waren und das Wallis bevölkerten. Als sichtbare Zeugnisse davon sind uns geblieben: die Wannensteine, die Menhire. Weniger deutlich sind die Überreste in unserem Glauben, Aberglauben, in der Art, gewissen Ereignissen und Tatsachen zu begegnen. Und die unsichtbaren Zeugnisse: die Welt unserer Archetypen, unserer Träume, und die Art, wie wir die Natur auffassen.

Das Aostatal war keltisch. Die Auvergne, ein Teil von Burgund, auch ein Stück vom Kanton Bern. Frankreich ist von Keltenscharen durchzogen worden, Nordspanien, Irland. Man müßte ein Leben vor sich haben, Zeit und genügend Kenntnisse, Zutritt zu den verschiedensten Bibliotheken, man müßte Sprachen können, um die Ausbreitung des Keltentums mit allem, was es uns hinterlassen hat, zu erforschen.

Leider weiß ich nicht gerade viel darüber. Mit meinen dürftigen Grundlagen mußte ich Schlüsse ziehen, mußte meine Intuition arbeiten lassen. Sie ist, wo Wissen fehlt, dennoch ein Instrument für Entdeckungen.

Was bleibt von der römischen Besetzung wirklich?

Ein Teil unseres Dialektes, des Patois, das eine Mischung ist aus Keltisch und Lateinisch. Sagen wir, ein Viertel ist keltisch: die meisten Orts- und Flurnamen, die elementaren Dinge des Lebens. Worte, die Bewegung, Veränderung, Alltagsgeschäfte bezeichnen, sind lateinisch, näher dem Latein als jenes, das in Rom gesprochen wurde. Später haben sich Deutschschweizer Wörter eingefügt.

Ich weiß das, weil ich mit Gauchard zusammengearbeitet habe, einem sehr bekannten Philologen, der sich für die Patois der Westschweiz interessierte. Er bewies mir, daß es in dem unseren nicht nur Elemente, vielmehr Spuren des Keltischen gibt. Wörter: *beloche* – die Schlehe; *kroué* – schlecht; *loja* – Schiefer; *bouk* – Stall. Unseres ist das archaischste aller Westschweizer Patois.

Ist es das gleiche wie jenes im Anniviers daneben?

Ungefähr. Im Anniviers haben die Wörter nicht mehr denselben Klang wie bei uns, aber man versteht einander.

Die Römer lehrten uns auch die Bearbeitung von Metallen, den Bau von Straßen, Häusern und Aquädukten. Sie haben den Rebbau eingeführt, die Landwirtschaft und den Handel. Der heilige Moritz und der heilige Theodul, die im ganzen Wallis verehrt werden, sind Römer. Gegen Ende der römischen Kolonisierung haben Glaubensboten die katholische Religion gebracht.

Und was die sichtbaren Zeugnisse des Keltentums angeht?

Das Vorhandensein von Druiden ist augenfällig; die Wannensteine beweisen es. Man hat solche in ganz Europa und sogar in Afrika gefunden. Hier gibt es Dolmen, Menhire. Neulich noch hat man mir von einem Dolmen und einem Menhir erzählt, die ich nicht kannte; ich habe sie auf Fotos gesehen. Sie stehen etwa eine Marschstunde rechts vom zweiten Tsaté-See. Der Menhir, scheint es, ist sehr schön, roter Stein. Darunter sieht man den Dolmen, ein richtiger Steintisch, auf Füßen. Die Akustik soll an diesem Ort außerordentlich gut sein.

Einen Wannenstein gibt es beim Mayen Blanc, oberhalb von Villa. Man nennt ihn, gewiß fälschlicherweise: Stein der Geopferten. Er liegt wunderbar, hoch über dem Tal, in der Achse der Veisivi. Ein anderer findet sich zwischen Lanna und La Villette, wenn man von Evolène in den Wald hinaufsteigt.

Es gibt für diese Steine die verschiedensten Deutungen. Für die einen handelt es sich dabei um Opferaltäre, auf denen Tiere, Menschen gar, geopfert worden seien. Man kann Abflußrinnen sehen, die eine Flüssigkeit hätten aufnehmen können … Blut?

Ich habe diese Erklärungen nie für wahr gehalten. In die Steine eingeritzt sind Zeichen, die wie Pfeile aussehen, kreuzähnliche und Kreise. Einige Zeit vor Christus schon war das Kreuz ein religiöses Symbol. Es ist die Grundlage aller Richtungssymbole: irdisch, himmlisch oder der Mensch im Angesicht seiner selbst.

Wie die Leiter ist der Pfeil ein Symbol des Austauschs zwischen Himmel und Erde. Auch kann er der befruchtende Sonnenstrahl sein.

Jemand sagte mir, diese Steine müßten Orientierungstafeln für die Himmelsbetrachtung sein. Die Zeichen entsprächen Sternen. In manchen Nächten des Jahres hätte man Öl und Wachs in die Wännchen gegossen und das mit einer Fackel angezündet, um die Sternenwelt zu feiern, um eine magische Beziehung mit dieser aufzunehmen. Von all den Deutungen ist keine gesichert.

Die Bretonen behaupten, die Menhire bezeichneten bestimmte Daten des Jahres, die mit der Sonnenwende von Sommer und Winter zusammenfielen. Das Geheimnis dieser steinernen Male ist noch weit davon entfernt, erhellt zu werden. Es könnte sich um eine Art tellurischer Verdichter handeln, auch könnten sie eine Richtung weisen oder im landwirtschaftlichen Kalendarium eine Rolle spielen. Von den Dolmen sagt man, sie seien Gräber oder Altäre.

Um das 4. Jahrhundert herum verschwand das Druidentum.

Ich bin sicher, es wären an abgelegenen Orten, in den Wäldern unserer Täler, zahllose Entdeckungen zu machen. Ich muß dir unbedingt den Wannenstein oberhalb unseres Dorfes zeigen. Er ist zwar umgestürzt, liegt aber genau bei der Straße, ist unversehrt.

Das Land hier ist mit solchen Kulturgegenständen regelrecht übersät. Man müßte sie archivieren können, ausdeuten. Ich denke wieder an meine Reise in die Bretagne zurück: Die Frauen mit den hohen Wangenknochen, Augen leicht gegen die Schläfen verzogen; das helle Gesicht, die blauen Augen mit schwarzen Wimpern, die gleiche ruhige Halsstarrigkeit. Man hätte nicht sagen können, welche die Walliserin, welches die Bretonin war!

Und im weiteren ist da alles, was aus der Tiefe des Archetypus aufsteigt. Der Glaube an eine Seelenwanderung, nahe bei Platos Vorstellungen. Oder das, was mir der alte

Bauer von den drei Schicksalen erzählte, die er zurückweisen würde, erinnerst du dich? Und die Tatsache, daß die Leute hier einen Hang zum Übernatürlichen haben. Daß sie mystisch veranlagt sind, ohne es zu wissen.

Die Kelten glaubten, das Geld, das man sich lieh, könne man in einem anderen Leben zurückgeben. In der Bretagne ist das noch immer so. Bei uns habe ich nichts dergleichen gehört, bis auf eine Geschichte. Sie ist nicht überaus überzeugend. Sie erzählt von einem Mann, der einer bösen Tat schuldig war und die Bestrafung in diesem Leben auf sich genommen haben soll, um sie nicht im nächsten zu erhalten.

Ich bin meiner Deutung nicht sicher. Sie quillt nicht gerade von Sinn über, und doch ist in ihr etwas beschlossen, was mich träumen läßt. Hier die Geschichte, damit du selber urteilst.

Zwei Freunde hatten zusammen einen Speicher gebaut. Als der eine ans Sterben kam, legte er dem Freund seine Kinder ans Herz. Dieser bemächtigte sich des Speichers, behielt ihn für sich. Der hatte an sich nicht übertrieben viel Wert, doch in einem armen Land ist ein Gebäude mehr nicht zu verachten.

Dennoch wurde der Habgierige von Gewissensbissen geplagt. Fühlte sich vom Verstorbenen verfolgt, sah ihn überall, spürte, daß ihm eine gehörige Bestrafung drohte.

Wie er eines Tages mit dem Pfarrer von Evolène zusammen zu Fuß von Sitten heraufsteigt, erzählt er diesem von dem Raub und den Gewissensbissen. Als sie nach Lanna kommen, sagt, auf dem engen Pfad, den man das Brett nennt, der Mann zum Pfarrer: »Ich glaube, da steht mein Freund!«

»Hör zu«, sagt der Pfarrer, »früher oder später einmal wirst du ihm begegnen müssen, da du ihm Schlechtes zugefügt hast. Nimm den Weg übers Brett, ich will für dich beten.«

Der Mann, der aus Lanna kam, nimmt den Pfad längs der Borgne und findet sich seinem toten Freund Angesicht zu Angesicht gegenüber. Man weiß nicht, was geschah. Bestimmt wurde er verprügelt. Der Pfarrer hörte Schläge.

Sonntags darauf sah er den Dieb wieder: »Wie verlief die Begegnung? Wer hat die Schläge eingesteckt, die ich gehört habe? Habt ihr euch geprügelt?«

»Ja, ich habe mich geschlagen, aber die Schläge hat der eingesteckt, der einen Leib hat, nicht jener, der keinen mehr hat.«

Von da an nahm er die Waisenkinder zu sich und gab ihnen den Speicher zurück; du siehst ihn hier durchs Fenster neben dem Haus.

Die Geschichte beweist nichts. In ihrer Seltenheit ist sie dennoch interessant: Nicht oft erlebt man, daß bestrafte Leute ihre Strafe anerkennen, Schläge von einem Geist schon gar nicht. In der Regel haben sie sich nach dem Tod der Züchtigung zu ergeben.

Wie ging es nach der Römerzeit weiter?

Ich weiß, daß nach den Römern die Burgunder kamen, von germanischer Rasse, dann die Franken, dann die Grafen von Savoyen, die immer wieder mit dem Bischof im Streit lagen. Auf jeden Fall sind wir vom Ende des 8. Jahrhunderts bis 1600/1650 den Fürstbischöfen des Wallis zu Lehen gefallen. Wir standen unter ihrer geistlichen und weltlichen Gewalt. Ich habe es schon gesagt: Von dieser geistlichen Herrschaft sind uns nicht gerade prächtige Erinnerungen geblieben.

Der Bergler hat einen harten Kopf.

Wir mußten schon einen Kopf haben, hart wie Granit, um

all diesen aufeinanderfolgenden Eingriffen zu widerstehen. Wenn man so fromm von einer Schutzkapelle spricht, vergißt man, daß es sich um eine Wache handelte, man wollte den bischöflichen Soldaten den Einfall ins Land verwehren.

Das Wallis gehörte zum Zweiten Königreich Burgund. Es gab viele Konflikte zwischen dem Bistum und dem Haus von Savoyen. Später wurde das Land dem Heiligen Römischen Reich Deutscher Nation angegliedert, dann kam die Besetzung unter Napoleon. Schließlich ist das Land, nach ein paar Jahren der Beruhigung, selbständige Republik geworden. Das war genau, was uns bekommt.

Für diese kurze Zeitspanne hatten wir unsere eigene Gesetzgebung. Das Erstaunliche daran: Die Frauen hatten ein Stimmrecht. Sie konnten ihre Meinung äußern, was man die »Erklärung« nannte. Geschah ihnen ein Unrecht, fühlten sie sich beeinträchtigt, konnten sie ihre Klagen anbringen, *les cliams* nannte man das. Jawohl, überall Stimmrecht für sie, in Dingen, die unmittelbar mit der Alpwirtschaft zu tun hatten, aber auch in allen anderen sozialen Bereichen: Sie wurden den Männern gleichgestellt. Nach diesem goldenen Zeitalter hat sich das recht brutal geändert. Mit seiner Angliederung an die Eidgenossenschaft hat das Wallis deren Gesetze übernommen. Die stellten die Frauen wieder unter Vormundschaft.

Was bei den Bewohnern dieser Bergtäler besticht: jener natürliche Adel, eine Haltung, besonders bei den Frauen.

Du bist nicht die erste, die das sagt.

Ich hatte, es ist lange her, die Bekanntschaft eines in jeder Hinsicht außerordentlichen Mannes gemacht, aus sehr guter Walliser Familie. Er hieß Hervé Favre, war der Bruder von Altbundesrichter Favre. Von einer überragenden Intelligenz.

Nie habe ich jemanden Französisch reden hören wie ihn. Er konnte Antonin Artaud das Wasser reichen. Ich sage jetzt Artaud, denn wenn ich von Favre rede, finde ich Gemeinsamkeiten mit Artaud. Im Radio hatte ich Interviews mit Artaud gehört: Sie waren wunderbar, genial. Von Favre sprach man, wie von Artaud, mit einer Art Herablassung, wie von Kranken. Beide hatten der Welt gegenüber eine Haltung, entwickelten eine Sensibilität, die so weit über das Gängige hinausreichte.

Wenn er von den Dörflern sprach, sagte Favre mir oft: die königlichen Bauern! Wahr ist, daß es sie hier gibt, diese natürliche Würde, eine Art Adel, der keineswegs auf Vermögen oder Klasse beruht.

In ihren Trachten bewahrten sich die Frauen eine außerordentliche Freiheit im Benehmen, eine Zartheit der Bewegung, ohne Anstrengung.

Jede Familie hat ihr Wappen. Unseres ist ein Herz, oder drei Herzen, von einem Pfeil durchkreuzt. Im Laufe der Jahrhunderte änderten sich viele Namen, viele alte Inschriften gingen verloren, Urkunden wurden geändert, weil man immer das Bedürfnis hatte, sie auszuschmücken. Dazu kamen die Geographen von unten und veränderten die Ortsnamen. Unser Fluß, die Borgne, im Dialekt heißt er *Borna*, die March, die Grenze.

Aus der Familie Knoden wurde Quinodoz. Métrailler blieb unverändert. Es hat die gleiche Etymologie wie Mistral: Meister. Mit dem kleinen Unterschied, daß die Métraillers die Meister des Werkes, der gut ausgeführten Arbeit sind, eine Zusatzbedeutung.

Alle hatten hier ihre Familienzeichen, die man auf Geräte und Werkzeuge brannte. Mein Großvater ließ sich eines mit seinen Initialen schmieden: J. M. Weil mein Bruder auch

Jean hieß, hat er es übernommen. Daneben das Wappenschild, das für alle gültig war, für die ganze Sippe, wenn du so willst. Wie sich die Schotten an ihrem Tartan wiedererkannten, war das Familienwappen für uns gültig, auch wenn die Familie viele versprengte Zweige hatte. Unsere Archive sind in Kirche und Gemeinde seit 1200 versammelt.

Und vorher?

Es gab ein Dorf, das wurde von einem Erdrutsch verschüttet. Den Beweis bekam ich, als wir vor vierzig Jahren neben dem Haus nach einem versiegten Brunnen gruben. In einer bestimmten Tiefe stießen wir auf Mauerreste. Stall? Haus? Ich weiß nicht, wie es hieß, dieses Dorf.

Wenn man unterhalb von Arbey steht, im Wald, und auf unsere Seite hinaufschaut, kann man die Spuren des Rutsches noch sehen. Er wurde von der *rufina* verursacht. Das sind jene Wasser der Schneeschmelze, die von einer Landzunge zurückgehalten werden und eine immer tiefere Tasche bilden. Dieses mit Ton vermischte Wasser ist sehr schlammig, wie Lava. Es hat das alte Dorf begraben, daß nichts blieb.

Man baute ein neues Dorf wieder auf, in Manay, ein wenig vom alten entfernt, denn man fürchtete einen erneuten Ausbruch der *rufina*. Dieses neue Dorf entstand beim Martemo-Bach; in einem Dorf braucht es eine Wasserstelle.

Der Wildbach hatte seine Tücken, änderte urplötzlich seinen Lauf. Es gab Verschüttungen, das Dorf wurde überschwemmt. In Chesal sieht man noch Überreste.

Endlich kam es dorthin, wo es heute steht. Der Name ist nicht sehr alt. Er stammt von dem Brunnen, um den herum man es angelegt hat, *Evoué Leina*, sanftes Wasser, leicht zu fassen. Die Evolène kommt neben dem Hotel Dent Blanche aus dem Boden.

Die Weiler, die an den Felsen kleben, sind die noch älter?

Ein Schweizer Geschichtsforscher hat erklärt, die Gipfel seien vor den Ebenen bevölkert gewesen. Dolmen, Menhire, Wannensteine bezeugen das.

Villa, das weiß man, war ehemals Besitz der Herren von Raron. Doch der Name läßt darauf schließen, daß die Felsen schon früher, zu Zeiten der Römer und gewiß zu keltischen Zeiten, bewohnt waren. Im römischen Gallien, unter den Merowingern, war das lateinische Villa ein Gutsbesitz mit Landwirtschaft.

Die Grafen von Raron hatten daraus ihre Sommerresidenz gemacht. Mit Waffen und Hausrat, Frauen und Dienerschaft stiegen sie herauf; führten hier ihre prächtigen Pferde auf die Weide, ihre Kühe brachten sie auf die Alp. Gewiß zogen sie im Herbst friedfertiger wieder ins Tal, die von Raron nämlich galten nicht gerade als sehr sanfte Herrschaften. Ein Kriegsvolk, dem Heiligen Deutschen Reich zu Lehen.

Nie aber habe ich gehört, daß man sich vor ihnen gefürchtet hätte. In den mittelalterlichen Chroniken herrscht ein recht vertraulicher Ton. Dennoch, das Geheimnis um die Gegend bleibt. Wie zum Beispiel wurde dieses Dorf selbständig?

Warum zogen denn diese Kriegsherren derart hin und her?

Um Raron herum, in der Ebene, ist die Hitze unerträglich. Wir haben im Wallis ein ganz eigenartiges Klima. Im Sommer ist es erstickend in der Ebene und herrlich auf den Höhen.

Ja, wir haben ein sonderbares Klima. Noch heute sind die Wettervorhersagen für unsere Breitengrade sehr oft falsch!

Es gibt einen Wind, der heißt *Oura do Miezo*, soll man das als Mittags- oder Südwind übersetzen? Jedenfalls kommt er von Süden. Er bläst im Frühjahr und im Sommer, bringt den Schnee sehr rasch zum Schmelzen.

Man nimmt an, er komme aus der Wüste. Von welcher? Er streife durch Italien, um über den Gletschern zum Stillstand zu kommen. Er bringt einen rötlichen Staub mit, der sich auf dem Eis absetzt. Man hat mich darauf aufmerksam gemacht, eben jetzt lägen lange rote Streifen auf den Gipfeln.

Kannst du dich an den Ausbruch des Krakatau in Indonesien erinnern, vor etwa dreißig Jahren?

Scheinbar sind noch während fünf Jahren Staubmassen dieser Lava um die Erde gewandert, von den Winden vertragen. Man sagt, sie hätten die Sonne verhüllt und das Wetter verschlechtert.

Ja, es mag sein, daß *Ouradoimès* ist, schau: Es ist mitten am Tag und mitten im Sommer, und doch müßte man Licht anzünden, so düster ist es.

Vielleicht kommt das auch vom Dixence-Stausee! Vorher war das Wetter trockener, es türmten sich weniger Wolken um die Berge, es gab weniger Niederschläge.

Als mit der Staumauer der See sich auffüllte, dieses riesige Wasserbecken, gab es im Frühjahr ergiebige Regenfälle, Überschwemmungen fast. Früher war Regen selten. Es ist jetzt ziemlich feucht, während es ehedem sehr trocken war. Darum hatte man für die Wiesen und Felder die Wasserleiten.

Es gäbe keine Jahreszeiten mehr, hört man die Alten sagen, das Klima der Gegend sei gestört. Seit Jahren höre ich das immer wieder; ich weiß es nicht. Im Winter hatten wir früher riesige Schneemassen, das stimmt, man versank bis an die Brust im Schnee. Der Sommer brannte. Heute muß man mitten im August beinahe heizen. Ein Frühling war früher ein Frühling. Es gibt keinen Herbst mehr, man springt vom Sommer rundwegs in den Winter.

Glaubst du nicht, daß uns das Gedächtnis da einen Streich spielt?

Das habe ich mich auch schon gefragt.

Wäre es möglich, daß wir das nach Wunsch aufplustern? Bleiben die Erinnerungen aus der Kindheit stärker? Hat sich das Klima geändert? An all dem ist etwas Wahres. Ja, wir beschönigen unsere Vergangenheit, ja, das Klima hat sich geändert; das Rad dreht sich!

Könnte nicht die Abschaffung der Wasserleiten einen Einfluß auf das Klima gehabt haben?

Sicher, die Wasserleiten wirkten ausgleichend. Zum Teil verdunstete das Wasser, und die ringsum entstehende Feuchtigkeit machte die Erde auch fruchtbarer. Heute ziehen sie kilometerweit Röhren; noch so ein Zwang, das Ergebnis ist nicht so gut.

Die Wassergräben hat man aufgegeben, weil ihr Unterhalt zu aufwendig wurde an Kosten und Zeit. Die Bauern lebten nicht mehr voll von der Erde, sie widmeten sich anderen Arbeiten, die mehr Verdienst versprachen. Um die Wasserleiten zu überwachen, blieben nur noch die Frauen, die aber nicht alles machen konnten, und die Alten.

Ehe man die Dixence errichtete, hat man uns auch hierfür einen guten Grund aufgeschwatzt. Er erwies sich als trügerisch: Das Wasser, das wir von den Gletschern holten, wäre in dem künstlichen See besser aufgehoben, denn der hätte seinerseits eine so große Verdunstungsoberfläche, daß uns dies alles als Feuchtigkeit, in Form von Regen, zurückkäme. Nun aber reichen die Gewitter, die über dem Stausee ausbrechen, nicht bis hierher. Der Fortschritt hat uns nicht nur Gutes gebracht!

Für die Maiensäße war die Wasserleite früher unabdingbar. Wie kommt man heute da oben zu Wasser? Über die Kanalisationen; warum einfach, wenn es auch kompliziert geht?

In Arbey hatten wir so eine Leite vor dem Haus. Das Wasser führte bläulichen Mergel. Schlammwölklein schwebten noch in dem Holzeimer oder Kessel, den man füllte. Man ließ das Wasser bis zum nächsten Morgen ruhn. Das Blaue ging zu Boden. Für die Küche brauchte man das dekantierte Wasser. Es war sehr weich und gab den köstlichsten Kaffee, den man trinken konnte.

Wenn die Wasserleite versiegte, nahm der Vater ein großes Blechstück, stellte es auf vier Pflöcke und machte darunter ein Feuer. Er ging dann zu einer Felsnische, dort fand man noch im Sommer Schnee, und holte große Schaufeln voll. Den Schnee ließ er auf dem Blech schmelzen, sammelte das Wasser in einem kleinen Abfluß, am Rand der Metallplatte, füllte damit Branten und Fässer. Er wollte nicht, daß man es ungekocht trinke. »Verjährter Schnee, das ist nicht gut«, sagte er. Doch wenn man das Wasser aus der Leite nahm, »Wasser, das über die Steine gesprungen ist«, war es »sauber und ausgezeichnet«.

Um sommers diesen Schnee einzuholen, benutzte man mächtige Schaufeln aus Holz, die man an den Winterabenden angefertigt hatte. Die stachen eine Schneeschicht sauber ab.

Ehe man das Vieh auf die Alpen trieb, gab es den Tag der Leiten. Man mußte sie wieder instand setzen, mußte am Gletscher das Wasser holen, ein Haufen Arbeit.

Waren die Wasserleiten untereinander verbunden, mußte man einerseits den Zustrom regeln, andererseits die Mengen so abschlagen, daß das Wasser sich nicht zu lange auf dieselbe Stelle ergoß. Zum Abschlagen benutzte man ein einfaches Stück Holz, einen Stein, ein Rasenstück oder eine Platte aus Metall, die einer Schaufel glich und vom Schmied hergestellt war.

Das Wässern war keine geringe Arbeit. Da brauchte es ständige Überwachung. Doch wenn die Erde richtig gewässert war, nicht zuwenig und nicht zuviel, dann wuchs das Gras hoch und dicht. Schönes Gras.

Wenn es reich und voller Saft ist, hat es weniger Krankheiten, Insekten, ist genau richtig für das Vieh.

Es gibt ein natürliches Gleichgewicht, das die Menschen vergessen haben. Sie sind so dumm. Statt die Lehren der Natur zu befolgen, zerschlagen sie diese nach Belieben, nur für den größtmöglichen unmittelbaren Nutzen.

Ich rede Unsinn, wird man sagen. Auch die Natur kann zerstören. Überschwemmungen, Rutsche, Muren, Stürme. Stimmt wohl. Und ist doch falsch. Diese Unwetter sind eine Form kosmischen Gleichgewichtes, dessen Rechnung wir bezahlen. Man müßte sich mehr darauf ausrichten; nicht Häuser aufstellen an gefährdeten Stellen, nicht jene monströsen Staumauern, die eines Tages einreißen und alles ersäufen können. Nicht blind mit der Atomkraft spielen …

War es denn wirklich nötig, in unserer kleinen Sphäre im Namen des Fortschritts jene vermittelnde Harmonie, die zum Leben unentbehrlich ist, derart aufzubrechen?

Wir erleben das Ende einer Zivilisation, was nicht ungewöhnlicher ist als das Absterben eines menschlichen Wesens; bis auf den Unterschied, daß jener Tod sich nicht mehr auf der Ebene einer Gegend abspielt, eines Landes, eines Erdteils, sondern auf universeller.

Atombomben, Angriffswaffen, Verteidigungsstrategien, Aufrüstung, aufgeblasene Militärkredite!

Kann die Welt die Überheblichkeit, den Schwachsinn der Menschen überstehn? Die uns regieren, sind Zauberlehrlinge!

Kennst du den lateinischen Spruch, Jupiter verblende jene, die er ins Unglück stürzen wolle! Das ist, was wir jetzt erleben. Mit dem sogenannten Scharfsinn der Wissenschaftler, mit dem politischen und wirtschaftlichen Hochputschen bei den Regierenden. Nie bestand, von Kultur bis zu Agrikultur, so wenig Harmonie. Auf der einen Seite jene, die sich die Taschen, den Kopf vollstopfen – und dann die andern, die wie Sklaven verrecken. Die Araber verkaufen uns das Öl, das wir vergeuden und verschleudern. Zum Ausgleich werden wir ihnen die Bombe geben.

Die natürlichen Energiequellen versiegen, das Meer ist kaputt. Und niemand unternimmt etwas Rettendes. Man stopft die Löcher. Man fährt mit unverminderter Geschwindigkeit weiter, den Weg, der in die Zerstörung führt. Und da soll an diesem angeschlagenen weltweiten Gleichgewicht unser persönliches nicht zuschanden gehen, unmöglich.

Du wirst auf einem Schiff vom Sturm gerüttelt: Wenn du nicht eine außergewöhnliche Widerstandskraft hast oder besonders geübt bist, wirst du krank dabei. Auf dem Planeten ist es das gleiche. Und da sucht man noch nach Gründen für das rasche Anwachsen der sogenannten psychischen Krankheiten, der Gewalt, der Kriminalität. Ich weiß, man kann unmöglich einfach zurückkrebsen, nun gut.

Das Ende ist das Ende.

Der sogenannte christliche Westen geht, statt der Errichtung einer neuen Welt, der Möglichkeit entgegen, eine Welt zu zerstören.

Die Totenprozession

Hängen die anderen Leute so wie du an dem Tal?

O ja, gewiß.

Um das erste Jahrhundertdrittel herum, zur Zeit der großen Krise, gab es eine starke Abwanderung. Leute, die nichts mehr hatten, machten sich mit ihren Familien auf, anderswo ein weniger hartes Leben zu suchen. Wenn sie auf kurzen Besuch zurückkamen, packte sie der Zauber des Tales wieder, sie konnten sich nicht davon lösen.

Man fühlt hier eine stärkende Energie, bekommt eine Art unbekannte Nahrung, die Kraft gibt, ohne daß man sie einzunehmen braucht. Kräfte des Glücks, gegen alle Widrigkeiten; eine stille Macht, die von keinen äußeren Umständen beeinflußt ist, auch nicht von mehr oder weniger Geld. Man fühlt sich gut hier!

Schau zum Balkon hinaus: Du bist wie in einem Kesselgewölbe; eine geradezu unwahrscheinlich vollkommene Landschaft! Die Menschen sprechen an auf diese Vollendung, empfinden die Natur, die Schönheit einer blühenden Wiese, eines Kornfeldes.

Ich erinnere mich an eine wunderbare Überlegung, die mir meine Großmutter mitgab: »Die Kinder werden aus dem Himmel zurückkommen und zwei Dinge wollen: die Mutter umarmen und ein Kornfeld ansehn, auf dem der Wind wogt!«

Im Dialekt ist das schneller gesagt: *O ver lo bla a lo mura* … das Korn, wenn es von der Brise gestreichelt wird, daß es Falten wirft. Das ist von einer eindrücklichen Schönheit, die sich bis zur Verzauberung steigert: Man kann den Blick nicht abwenden. Die gleiche Anziehung, die man an einem Wasser empfindet, wenn man dem Kräuseln der Wellen zuschaut. Nur ist die Bewegung auf dem Korn noch sachter.

Landschaft ist ein Seelenzustand.

Wenn der Wind über ein Haferfeld läuft, dessen Grün einen Stich ins Graue hat, die Farbe vom Olivenbaum, und wenn dann die Halme ganz weich werden, sanft, dann ist das unwirklich schön. Man kann, verzaubert, stundenlang davorstehen.

Die Überlegung meiner Großmutter zeigt, wie nahe an der Natur die Seele des Bauern ist, wieviel Meditationskraft in ihr steckt. Das muß aus der Tiefe des Anfangs kommen, als die Erde noch etwas Geheiligtes war. Manchmal will es mir scheinen, ich trage das ganze Land in mir, die Berge bewohnten mich und die Bäche strömten durch meine Adern.

Du sprachst von der Erde, hast nichts über die Sterne gesagt, die in dieser Höhe so hell leuchten.

Die arme Großmutter kannte sie gut.

Sie starb zu einer Zeit – ich muß etwa fünfundzwanzig gewesen sein –, als ich bis zum Hals in Arbeit steckte. Wiewohl ich aufmerksam zuhörte, wenn sie vom Himmel sprach, ist mir nichts davon geblieben. Mein Kopf war zu voll von irdischen Problemen. Was ich um so mehr bedauere, als den Kelten die Symbolik des Sternenhimmels keineswegs unbekannt war.

An einen Satz erinnere ich mich genau; sie brauchte ihn, wenn sie die Tageszeit nach den Gestirnen bestimmte, ohne sich je zu irren: »Ich sah die Zeichen sich bewegen.« Die Sterne waren Zeichen. Als stellten sie etwas anderes dar, nicht einfach eine Feuerkugel, als gäbe es zwischen der Frau und den Sternen eine Komplizenschaft, mehr noch, eine Abhängigkeit; als leiteten die Sterne die Menschen durch ihr Leben.

Sie lehrte mich, von der Sonne die Stunden abzulesen. Uhren gab es nicht zu jener Zeit. Wenn die Sonne den *Scex du Miéso*, was man *Ché de Miezo* ausspricht, den Mittagsstock, berührte und dort eine Wand anleuchtete, die über die anderen herausragte, war es, zu allen Jahreszeiten, Mittag; dieses Zeichen änderte sich nie.

Es gab andere, veränderliche: Die Sonne zu dieser Jahreszeit an jenem Ort gab eine genaue Stunde an. Der Lauf der Sonne änderte sich, und es wechselten die Merkzeichen. In der Nacht befragte man die Sterne. Wenn man ihrem Lauf zu folgen wußte, fand man sich leicht zurecht.

Tsitsaret, der Große Bär, allein blieb unbewegt.

Kennst du das persische Sprichwort: »Wenn du eine Blume pflückst, fällt ein Stern herunter«?

Das entspricht dem Gesetz des großen Beziehungsgeflechts. Ich glaube ganz stark, sehr tief daran. Was oben ist, ist wie das, was unten ist, und umgekehrt.

Immer wurde ich angehalten, nicht mehr Blumen zu pflücken als unbedingt nötig – und das hat nichts mit deinem persischen Sprichwort zu tun, und doch. Man sollte die heilsamen Pflanzen nicht plündern.

Beim Teepflücken nicht mehr einsammeln, als man brauchen konnte, da man sonst unnütz Leben gefährdete. Es war dies eine Art, Beziehungen zu errichten zwischen dem, was lebt. Man achtete, schonte die Natur. Heute, wo man alles einfach zerstört, wäre es gut, sich daran zu erinnern. Denn was jetzt geschieht, ist eine Form des kollektiven Selbstmords.

Früher hat man uns gelehrt, Dinge, die anderen Hilfe

bringen können, nicht zu zerstören; an jene zu denken, die nach uns ernten müssen. Ich finde das sehr schön. Es ist ein Anfang von universeller Liebe.

In dem Tal gab es siebzehn verschiedene Alpen. Jede hatte ihren genau bestimmten Aufstieg, den Mensch und Tiere nahmen. So achtete man auf die Pfade, und die Wiesen, die man mähte, bekamen nicht zuviel ab. Weil keiner viel hatte, wußte jeder das Gut des andern zu respektieren, er kannte dessen Wert.

Gibt es noch viel Wild in der Gegend?

Ende des letzten Jahrhunderts gab es keine Steinböcke mehr. Man hat welche aus Italien wieder ausgesetzt. Der Bär ist seit etwa hundert Jahren ausgestorben. Die Hirsche aber sind neu, die gab es früher nicht. Auch Rotwild. Die Gemsen vermehren sich stark. Um zu verhindern, daß sie sich zu sehr vermehren, schießt man sie im Herbst. Die Vorschriften für die Gemsjagd sind sehr streng.

Es gab viele Wölfe damals, den Luchs, den man Hirschwolf nannte. Der Vater meines Vaters hat, scheint es, einmal mit seinen Vettern eine Nacht im Stall verbracht, während die Wölfe an der Tür scharrten.

Ich denke, ein bißchen Jägerlatein ist bei diesen Geschichten auch dabei, insbesondere wenn es sich dabei um starke Männer handelt, die mit Knütteln bewaffnet waren.

Dann gibt es Füchse, Dachse, Wiesel, Steinmarder. Die Wiesel sind im Sommer von einem aprikosenhaften Gelb, im Winter ganz weiß. Wie gewisse Vögel, das Schneehuhn zum Beispiel, das ganz weiß wird, wechseln sie die Farbe. Das gleiche gilt für den Schneehasen, der wechselt von grau zu weiß. Die Tarnfähigkeit der Tiere, zum Überleben, ist erstaunlich!

Dann natürlich der Kuckuck, die Eule, das graue und das

weiße Rebhuhn, der Uhu, Raubvögel: der Habicht, der Hühner fängt, Sperber, Milan, dann und wann ein Falke.

Es gab den Königsadler. Den hat man ausgerottet. In Ferpècle haben sie eben ein neues Paar ausgesetzt. Herrlich anzuschauen, wenn der sich übers Tal schwingt, welch eine Leichtigkeit, Sicherheit auch in seinem Flug!

Ferner die Murmeltiere, jene kleinen fröhlich verspielten Tiere, die in Kolonien zusammenleben. Ich denke an einen alten Brauch, das Murmeltier-Graben.

Einer meiner Cousins ist dabei umgekommen. Es war eine Wilddieberei, doch jetzt kann man es erzählen. Onkel Quinodoz ist vor zwanzig Jahren, sein Sohn, mein Vetter, vor mehr als sechzig Jahren gestorben.

Im Herbst verziehen sich die Murmeltiere in ihren Bau. Sie sind dann besonders dick, stark im Fleisch. Das Fleisch wurde gegessen. Vor allem aber ließ man ihr Fett aus. Es war bei den Berglern hoch im Schwang, gegen Rheumatismus und Erkältungen. Man rieb es ein, und das wirkte Wunder! Mein Cousin, der gerade zwanzig war, hatte irgendwo bei Arolla solche Murmeltierhöhlen ausgemacht. Er grub einen Tunnel, arbeitete sich auf dem Bauch voran. Die ganze Wand ist über ihm eingestürzt.

Ich glaube, sein Vater hat ihn aus dem Loch befreit. Ich war dabei, als er nach Hause kam und meinem Vater die furchtbare Neuigkeit brachte. Ich sehe es noch vor mir: Er riß die Haustür auf, stand da, verharrte, beide Hände gegen den Türrahmen, sagte kein Wort, das Gesicht vom Schmerz verwüstet.

Ich höre noch, wie Vater fragte: »Aber was ist denn, Bruder?« Sonst redete er ihn mit dem Vornamen an, Joseph.

Und der konnte nicht reden. Kaum daß er den Mund auftat; kein Laut kam heraus.

Zitternd betrat er die Stube, sprach: »Mein Sohn ist tot, mein Sohn ist tot.«

Es war schrecklich.

Werden noch Murmeltiere gegraben?

Ich habe seit langem nichts mehr davon gehört, aber früher grub man viel. Hat vielleicht der Tod meines Vetters die Bewohner aufgerüttelt? Heute werden sie Ende Sommer geschossen. Es gibt auch noch Leute, die welche essen. Es ist nicht gerade ein gesuchtes Wildbret. Dafür aber ein herziges kleines Tier! Fast schade, es zu töten!

Oft habe ich ihnen zugeschaut, von nahem, wie sie dasaßen, eine Nuß zwischen den Pfoten oder einen Tannenzapfen. Beim kleinsten Geräusch huschten sie weg. Wenn man leise ist, kann man sich bis auf ein paar Meter an sie heranpirschen. Sie haben ein sehr ausgeprägtes geselliges Leben. Während der Rest der Schar mit den Kleinen Nahrung sucht und herumspielt, ist oben auf einem Felsen ein älteres Tier auf der Lauer. Ist Gefahr im Anzug, pfeift es. Als letzte sucht die Wache den Bau auf. Man möchte meinen, zu Jagdzeiten wären sie vorgewarnt. Da unterlassen sie das Pfeifen.

Das Hochgebirge ist ein Stück vom Garten Eden.

Hast du im Sommer all die Schmetterlinge gesehen? Wenn du einen Bach entlangspazierst, wirst du eine Unzahl davon aufscheuchen. Mit den herrlichsten Farben.

Der Vulkan, schwarzbraun mit rotem Band. Er verpuppt sich auf den Brennesseln. Der weiße Apollofalter oder der sehr helle gelbe. Das Tagpfauenauge mit seinen wirklich augenförmigen Tupfen. Und all die kleinen Mistkäfer, in blassen Farben, blau, rosa, gelb, crèmefarbig, die als luftige Wölklein über die Wege schaukeln!

Das Schlüpfen eines Schmetterlings in der Dämmerung,

welch ein Entzücken! An Sonne und Wasser ist kein Mangel, der Fels hält die Wärme lange zurück. Da entpuppen sie sich gerne.

Auch den Blumenreichtum kann man sich kaum vorstellen.

Wer das nicht wenigstens einmal im Leben gesehen hat, dem kann man es nicht beschreiben. Der muß meinen, wir fabulierten.

Die Felder reichen hoch hinauf wie ein riesiger Blumenteppich; ich muß dieses Klischee gebrauchen, es gibt nichts anderes. Die Matten gehen bis zu den Geröllhalden. Ein Teppich also, der, von Evolène nach Cottet, sechshundert Meter in der Höhe mäße; wieviel mag es in der Breite sein!

Wenn auf tausend Metern Höhe der Bergfrühling vergeht, kommen die Sommerblumen zum Vorschein. Auf zweitausend Metern findet man noch Frühlingsblumen: die laue und die heiße Jahreszeit, alles auf einmal ausgebreitet! Das ist das Verrückte daran, dieses Gefälle.

Ich weiß nicht, wie viele Pflanzen verzeichnet sind, jedenfalls Hunderte. Viele von ihnen sind geschützt, man darf sie also nicht pflücken.

Die seltene Silberdistel. Der Frauenschuh. Der herrliche Purpurenzian, der vom Purpur ins Braun wechselt, wie eine Rose duftet. Die feinblättrigen, hellroten Stiefmütterchen ähneln den Maiglöcklein. Sie haben einen ganz feinen Duft.

Die rassigen Weidenröschen im August. Der Türkenbund, die Paradieslilie. Der Seidelbast, alle Arten von Nelken, die Veilchen, wilden Stiefmütterchen, jede Menge Enzian: der gelbe mit seinen goldenen Blüten, der stengellose Enzian mit dem geschwungenen, bauchigen Kelch, der hellblau gefranste, der violette Schwalbenwurzenzian.

Die gelborange Arnika, die rötliche Alpengrasnelke, das Alpenveilchen, das Heidekraut, die rostblättrige Alpenrose, der weiße Eichwurz mit den purpurdurchzogenen Blütenkelchen, die Alpenwaldrebe, der Hauswurz, im Frühjahr das Adonisröschen, die Bergakelei, die gelbe Trollblume, das Männertreu, Knabenkraut aller Art, Schwarzkümmel, Goldwurz, Graslilie, Leinkraut und viele Sorten Thymian, Feldthymian, Quendel, einfach alles. Heckenröschen in Mengen.

Der Duft steigt auf; die Luft, die man einatmet, riecht nach Honig. Ich glaube, daß die Blumen all ihre duftenden Essenzen nur in jener Höhe von sich geben, die ihrem vollen Erblühen genau entspricht. Dies ist keineswegs eine wissenschaftliche Theorie; aber ich bin mir sicher. So sehr habe ich die Blumen, ihre Umgebung beobachtet. Wir sind hier wirklich verwöhnt.

Um Purpurenzian zu sehen, mußt du einmal nach Arolla gehen, dort gibt es viel. Nimm ein festes Messer, stich dir ein paar Wurzeln. Die legst du in einen guten Wein ein. Dann hast du ein Stärkungsmittel, gut fürs Blut. Bei hohem Blutdruck aber muß man aufpassen damit.

Weißt du noch, wie Marguerite Yourcenar einen Blumenstrauß nennt? Einen Strauß Angst.

Recht hat sie: All diese entzückenden kleinen Köpfe, weg! Leidet die Blume? Heutzutage pflücke ich selten eine, und immer mit Bedauern. Früher einmal hatte ich gerne Sträuße um mich. Sie leisteten mir Gesellschaft.

Ich habe ein Buch von einem Hindi gelesen, das sagt, die Blume leide, wenn man sie pflücke. Seither halte ich Topfblumen. Ich schaue zu, wie sie wachsen. Sie leben.

Sahst du in Ferpècle die blaue Akelei, mit ihrem unnachahmlichen Blau? Ein langer Stiel, die Blumenkrone unten breit, nach oben sich verjüngend. Findet man sie noch? So viele Leute haben sie gedankenlos ausgerissen. Ich war lange nicht mehr in Ferpècle. Vielleicht komme ich nie mehr hin, ehe ich sterbe. Ich hatte ihn gern, diesen Fleck, der so ganz anders ist als der Rest des Tales. Der See mit seinem trüben, aber lebendigen Wasser – mal blasses Jadegrün, dann wieder opal. Als hätte der liebe Gott seine Palette ausprobiert, ehe er sich ans Werk machte.

Hast du die Eigenart des Felsens bemerkt, der vom Wasser der Borgne geglättet wird, die feinen Sand mit sich führt? Das ist kein Sand mehr, sondern Talk. Hier nennen wir das *litta*. Von grünweißer Farbe. Das langsame Strömen des mit *litta* vermischten Wassers wirkt auf den Stein wie der Rauch auf den Diamanten.

Doch mußt du nicht bis nach Bricola gehn: Dort wird die Luft zu dünn, du könntest aus dem Schnauf kommen. Bleibe in Ferpècle, und du wirst dir vorkommen, als wärest du bei der Erschaffung der Welt dabei. Sieh dir die vollkommen runden Löcher gut an, die man in der *litta* findet, wenn der See austrocknet. Löcher von Baumstrünken, die man die letzten Jahre aus dem Lehm gezerrt hat. Der Gletscherforscher, von dem ich dir sprach, half mit. Die Sage sagte es voraus: In Arolla gibt es unter dem See einen Arvenwald. Man hat das nie ernst genommen, glaubte, nur bei Arolla, am Ufer, gäbe es Arven.

Man spürt das Glück, wenn du von Ferpècle, wenn du von Blumen redest. Ich wiederhole meine Frage: Hast du nicht doch ein paar glückliche Erinnerungen?

Glücklich? Zum Beispiel die Maiensäße. Das war eine großartige Zeit. Mit sieben war's vorbei. Ich konnte im Winter nicht mehr hinauf, weil die Schule bis in den April dauerte.

Mit Wehmut sah ich die Hälfte der Hausbewohner wegziehen. Die Mütter blieben mit den schulpflichtigen Kindern im Winter unten. Die anderen alle gingen hinauf: Großväter, Großmütter, Väter, Kleinkinder.

Im Frühjahr war das anders. Von Schule sprach keiner mehr! Um Mitte Mai leerte sich das Dorf. Für anderthalb, zwei Monate stieg es auf die Alp. Was ich da oben alles entdeckte, hat mich fürs Leben geprägt. Als ich fünfzehn war, ging's ein für allemal zu Ende. Ich bin nie mehr zurückgekehrt. Der Alpaufzug im Mai war ein rechtes Schauspiel. Die Bauern brachen alle miteinander auf, denn man mußte das Vieh aus den Ställen zusammenbringen, ehe man es auf die Alp treiben konnte. Da fanden dann die berühmten Kuhkämpfe statt, in denen die Königin erkoren wurde. Richtige Kämpfe, nicht dieses Touristentheater. Die Tiere mußten zueinanderkommen und eine einzige Herde bilden, sie mußten untereinander ausmachen, wer sie anführen sollte.

Auf einem zünftig beladenen Maultier oder zu Fuß stieg man auf. In kleinen Familien oder solchen, die nur wenig Landwirtschaft besaßen, gab es kein Maultier. Die hatten lieber eine Kuh, wegen der Milch.

Nach dem Alpaufzug war niemand mehr im Dorf. Irgendwie war es wie Ferien für die Bauern.

Vorher hatte man Kartoffeln gepflanzt, das Suppengemüse. Endlich einmal konnte man ausruhen. Zum Heuet stieg man wieder ab.

Dort oben übernahmen wir uns nicht. Wir machten morgens und abends den Käse. Jene Käslein, die ein oder anderthalb Kilo wiegen konnten. Zum Abtropfen stellte man sie auf ein Brett, das in der Scheune hing. Zwei oder dreimal am Tag ging man sie wenden, trocknete das Brett. Dann wurden sie gesalzen. Man ließ sie bis zum Abend ruhen, oder bis zum anderen Morgen. Dann konnte man sie frisch essen, wenn man wollte. Sie waren köstlich.

Man kochte auf offenem Feuer, in der Trächa.

Sämtliche Töpfe hingen an Kesselhaken. Die Häfen, die man nicht aufhängte, stellte man auf den Dreifuß.

Wir hatten eine sehr einfache Kost. Kartoffeln, Salate aus den kleinen Gärtlein begleiteten den Käse. Den Mais brachten wir mit herauf. Am Sonntag gab es Polenta mit einem Stück Fleisch, wie im Dorf. Welch friedliche Zeiten, reich an Entdeckungen, neuen Eindrücken. Heute geht das Leben zu schnell, als daß man es in kleinen Schlucken kosten könnte.

Damals konnte man noch spüren, daß man mit den Jahreszeiten lebte. Die Stunden wurden länger, und das Beieinandersitzen am Abend bekam einen ganz besonderen Zauber. Eine Tradition, die sich verloren hat.

Das begann um acht, wenn der Abend hereinbrach. Vorher hatte man das Vieh besorgt, gemolken, gekäst, das Haus in Ordnung gebracht und das Geschirr gewaschen. Nichts stand mehr herum.

Um acht also machte man sich auf den Weg. Gerade weit ging es nicht, die Weiler waren klein. Nicht mehr als fünf, sechs Häuser. Eines von ihnen mit einer großen, geräumigen Stube, karg eingerichtet. Dort kamen zu der Zusammenkunft alle unter. Ein mächtiger Giltsteinofen heizte das Zimmer schön.

Mitten an der Decke hing ein bewegliches Holzstück, mit Kerben drin, das *filire*, an welches man das *lusi* hängte, *le crésu*, eine Ölfunzel. In den vier Ecken hingen die *loquets*, kleine Gefäße mit einem Docht, der schräg durch ein Loch ragte.

Unter das *lusi* setzten sich die Spinnerinnen. Jede von ihnen mit Spinnrad und Rocken. Sie begannen, eine weiße Wolle zu spinnen. Das Licht war nicht sehr gut, aber sie hatten wissende Finger.

In den Ecken saßen Männer und schnitzten mit dem Messer ihre Bolzen und Zapfen. Damit zimmerten sie die hölzernen Mistschaufeln zusammen. Oder sie schnitten Spangen aus Arvenholz, die *triägiä* oder *cattelas*, womit man die Seile an den Tüchern befestigte, darin man das Heu trug und mit denen man den Maultieren schwere Lasten sicher auflud.

Ein paar Großväter zerzupften die Wolle, ehe sie diese kämmten. Erst mußte sie gezettelt werden: Man hielt die dicken Strähnen in den Fingern und rupfte sie auseinander. Ein anderer Alter und eine alte Frau kämmten dann die ausgefächerte Wolle und gaben sie an die Spinnerin weiter. Auch Rechen wurden hier geflickt, die Zähne ausgewechselt. Wichtig war, daß man eine Arbeit hatte, zu der einen nichts zwang und die keinen Lärm machte, denn in der einen Ecke saß ein Großvater und begann eine Geschichte zu erzählen.

Um eine Öllampe herum schwatzten leise die Großmütter. Die Stimmung dieser Abendsitze bleibt mir unvergeßlich.

Ein gescheiter und liebenswürdiger Erzähler, den ich gekannt habe, war der alte Moritz aus Lanna. Der war bald achtzig Jahre, wenn nicht schon älter. Und eine überbordende Phantasie. Er war gereist und erzählte uns seine erlebten oder erdichteten Expeditionen, seine Begegnungen mit seltsamen Leuten. Was er sagte, war voll Humor, Fröhlichkeit und Poesie. Wir hingen an seinen Lippen. An die Einzelheiten seiner Geschichten kann ich mich nicht mehr erinnern; ich war noch zu klein. Doch sein Schlußpunkt, immer der gleiche, ist mir im Sinn geblieben: »Als zu guter Letzt alle Hindernisse überwunden waren, hat dieses schöne Paar geheiratet. Ach ja, sie haben mich zur Hochzeit eingeladen, denn ich war eh da und habe Kartoffeln geschält.«

Statt solcher Abendsitze haben die heute Fernsehen, Radio, selten einmal eine spannende Fortsetzung, mehr oder weniger gepfefferte politische Diskussionen und Filme, die Gewalt verherrlichen. Überall diese unerträgliche Gewalt.

Kannst dir vorstellen, wie ich mich nach jenen Abendsitzen sehne. Gegen elf Uhr löste man die Sitzung auf, seufzend, konnte man doch nie genug davon bekommen. Alle zusammen sagten ein Gebet für die Toten, gingen nach Hause. Mütter und ältere Schwestern trugen die Spinnräder heim, auf dem Rücken, die Alten ihre Wollkratzen und Wolle.

Man konnte lange aufbleiben, war man doch nicht gezwungen, anderntags mit dem Morgengrauen aufzustehn, besonders wir Kinder blieben faul im Bett liegen bis neun.

Abend für Abend das gleiche, fast immer im selben Haus. Der Erzähler erfand eine neue Geschichte, hatte er doch selber am meisten Freude daran. Die Kinder scharten sich, eins nach dem andern, um ihn. Bald hörte man auf zu plaudern, der Zauber fing wieder an zu wirken.

In jedem Maiensäß gab es diese Abendsitze. Im Dorf hatten sie einen anderen Charakter; da war es dann eher eine Versammlung von Jungen, die Karten spielten. Das hatte beileibe nicht die gleiche Stimmung. Bis zwei Uhr morgens konnte man den Jaßteppich klopfen. Ich war selten dabei, ich durfte es nicht.

Bei den Abendsitzen auf der Alp erzählte bis zum Schluß immer irgendeiner eine Geistergeschichte, von den Armen Seelen. Ich sagte dir schon, wir lebten auf vertrautem Fuß mit den Toten. Eine wahre Geschichte kommt mir in den Sinn, die meinem Vater passiert ist.

Jemand war auf die Erde zurückgekommen und hatte ihm eine Besorgung aufgetragen.

Er war neun, ein Kind wie die anderen, die da Kühe hüteten.

Es geschah auf einer kleinen Wiese, die wir in Arbey besaßen. Dort lag zuhinterst ein Baumstamm, den man entastet hatte, um eine Bank daraus zu machen. Vater hütete an jenem Tag mit seiner um zwei Jahre älteren Schwester. Auf einmal sehen sie einen Mann auf der Erde hocken, in einer verwaschenen blauen Bluse, dreckig, mit Flicken gewürfelt. Er trug Holzschuhe und sah ziemlich mitgenommen aus.

Er wendet sich an meinen Vater: »Hab keine Angst! Du mußt mir einen Dienst tun, mußt für mich etwas besorgen. Aber erschrick nicht, weil ich tot bin. Ich durfte dich sprechen, weil wir beide den gleichen Vornamen und denselben Familiennamen haben. Wie du heiße ich Jean Métrailler, das schafft zwischen uns eine Verbindung. Wenn du wieder hinunter nach Evolène gehst, suche meine Frau auf, sag ihr, ich hätte das Stück Papier, das sie braucht, hinter dem und dem Heiligenbild versteckt. Sie soll den Rücken abnehmen, und sie wird das Papier finden.«

Ich kann mich weder erinnern, um was für ein Schriftstück es ging, um eine Verkaufsakte oder ein Testament, noch um welches Bild. Mein Vater geht schleunigst hin und erzählt seiner Mutter das Unerhörte.

»Ich habe einen Mann gesehen, und der sagte, er sei der alte Raucher …«

»Das ist ganz ausgeschlossen, er ist tot.«

»Er sagte, das macht nichts. Ich habe ihn dennoch gesehen. Ich muß seiner Frau etwas auftragen, das habe ich versprochen.«

Seine Mutter wollte es nicht glauben. »Ausgeschlossen, du hast geträumt.« Mein Vater beharrte, daß es nicht so sei.

Beide gingen sie dann doch zu der Witwe hin. Er erzählte sein Erlebnis. »Dir träumte. Er ist tot. Wie kann er mir da über dich eine Besorgung auftragen.«

»Nein, ich habe nicht geträumt, und um Euch zu beweisen, daß es stimme, hat er mir aufgetragen, Euch zu sagen, wie er angezogen sei: blaue Bluse, dreckig, geflickt, Holzschuhe.«

Da fing die Witwe zu heulen an: »Es ist wahr, ich muß zugeben, daß es wahr ist. Ich habe meinen Mann in seinen ältesten Kleidern beerdigt. Niemand konnte es wissen, denn er war in das lange Büßergewand gewickelt.«

Auf die Hinweise meines Vaters hin fand sie das Papier und konnte ihre Geschäfte in Ordnung bringen.

Das ist schon eigenartig. Unerklärliche Dinge, die aber öfter vorkommen, als man glaubt, den Beweis dafür habe ich immer wieder erhalten.

Die Grenze zwischen dieser und der anderen Welt ist nicht so undurchlässig. Unsere Angst hindert uns daran, zu sehen, wie Türen aufbleiben, aufgehen.

Oft sind Kinder Zeugen von Vorgängen dieser Art. Sie sind weniger im Rationalen verankert als Erwachsene, sind für die andere Seite des Lebens noch sehr aufgeschlossen. Wenn man im Winter nach Evolène zurückkehrte, heizten manche Leute das Haus sehr gut, ehe sie es verließen. So tat es auch der Alte, von dem ich erzählt habe. Er glaubte an die Seelenwanderung.

Er wohnte im Stock über uns. Am Tag, bevor er wegging, sagte er: »Morgen gehe ich. Heute abend will ich ein rechtes Feuer machen, sicher werden ein paar Arme Seelen ums Haus irren. Sie sollen eintreten und sich aufwärmen.«

Auch einige Nahrungsmittel ließ er im Schrank zurück. Das gehörte zu den Gesetzen einer Gastfreundschaft, für welche die Grenzen zwischen Sichtbar und Unsichtbar aufgehoben waren.

Mein Bruder, der 1938 starb, lachte über diese Erklärungen. Da wandte sich der Alte zu mir: »Marie, ach, meine arme Marie. Es ist wahrhaft schade, diese Jungen heute, all diese Jungen, dein Bruder, wie die andern, sie glauben an nichts mehr!«

Es war ein Akt vollendeter Barmherzigkeit, die Armen Seelen zu erwärmen, die aus dem Fegefeuer kamen. So, glaubte man, konnte man ihnen den Weg zur Erlösung ebnen.

Als Kinder waren wir davon überzeugt. Konnten uns sehr gut vorstellen, daß die Armen Seelen uns um Hilfe angingen oder uns ihre anböten. Eine Sage machte uns Eindruck, den Kleinen wie übrigens auch den Großen. Auf beinahe gleiche Art habe ich sie von beiden Großmüttern erzählt bekommen. Sie war ein großer Klassiker! Es ist die Sage von der Totenprozession.

Jede meiner beiden Großmütter hatte ein kleines Maiensäß, die eine in Arbey, auf den Flanmayens die andere. Hinter jedem von diesen ging ein Weg durch, ein ebener Weg, und von beiden nahm man an, sie seien Durchgangsorte jener Prozession, die in Quatembernächten umzieht. Ich glaube, Vorfahren der Familie hatten auch in La Giety ein Haus, hinter dem die Toten durchkamen.

Quatember, das sind die von der Kirche vorgeschriebenen drei Gebets- und Fastentage, ein Mittwoch, Freitag und Samstag in jedem Vierteljahr.

Zu diesem Zeitpunkt stehen Erde und Jenseits in enger Verbindung. Dann dürfen die Armen Seelen unsere Welt durchstreifen, zurückkommen und die Barmherzigkeit der Menschen in Anspruch nehmen. Ich rede von damals, als man noch viel aufmerksamer für all diese Dinge war und in Symbiose mit ihnen lebte.

Die Armen Seelen also stiegen vier Mal im Jahr aus dem Fegefeuer auf, und ihre Prozession ging genau hinter unserem Haus durch, über jene Lichtung mit dem entzückenden kleinen Weg, den ich tagsüber oft nahm, auf etwa zweitausend Metern. Dieser war von Heidelbeeren gesäumt und von Erdbeeren, die wir fürs Konfitüremachen sammelten.

Das ganze Quatember-Zeremoniell gibt es nicht mehr. Früher war es außerordentlich wichtig. Während dreier Tage mußte man fasten. Ich glaube, die winterlichen Quatembertage gingen am 22. Dezember zu Ende, und die Armen Seelen hatten, wenn ich mich recht erinnere, am Weihnachtsabend noch einmal das Recht umzugehen.

Kurz, in diesen Tagen großer Frömmigkeit wurde viel gebetet, um den Schutz Gottes und für die Erlösung der Armen Seelen. Morgens in den Dörfern Totenmessen, andere Gottesdienste am Abend. Auf der Alp waren, ohne Kirche, die Gebete noch eindringlicher und zahlreicher. Die Toten waren in der Nähe. Das glaubten Vater und Mutter fest!

Findest du das nicht wunderbar! Noch heute ließe ich mich davon einnehmen, wenn mir jemand solche Dinge erzählte. Ein unglaubliches Glück, daß man solche Augenblicke leben durfte, die einem das Gefühl geben, hinter dem Leben stünde noch ein anderes Leben und die Toten kümmerten sich um das Schicksal der Lebenden. Es genüge, sie zu rufen, und sie kämen dir zu Hilfe. Vielleicht kommen sie wirklich, warum nicht?

Sie stiegen also aus dem Fegefeuer, eine stumme, weiße

Prozession. Die Verstorbenen gingen in ihren Büßergewändern über die Lichtung.

Ich will hier eine Anmerkung machen: Früher mußten alle Pfarrkinder zu den religiösen Feiern dieses Gewand anziehen, um zur Kirche zu gehen. In diesem Kleid wurden auch die Toten begraben. Für die Männer war es ein Hemd aus grobem weißen Leinen mit einer Kapuze, zwei Augenlöcher drin, die man über das Gesicht stülpte. Die Frauen stiegen in das gleiche Hemd, doch anstelle der Kapuze verdeckte ihnen ein weißer Schleier das Gesicht.

Die Totenprozession also hinter dem Haus. Begegnete man ihr, mußte man darauf achten, sie nicht zu schneiden; man durfte ihren Weg nicht kreuzen. Man mußte, ohne irgendwelche Angst, warten, bis sie vorbei war.

Hatte eine Arme Seele eine Botschaft zu bringen, klopfte sie mit ein paar Schlägen an die Hausecke. Da wußte man, etwas wollte gemeldet sein, was …? Ein Hinschied, eine Krankheit?

Die Prozession geht da oben nicht mehr vorbei. Nicht daß ich wüßte, jedenfalls. Eine Sage ist daraus entstanden.

Eines Abends, an einem Quatember-Mittwoch, waren sie auf einem Maiensäß alle zum Abendsitz versammelt. Die Prozession kam vorbei. In der Stube beteten alle.

Man hört es an die Tür klopfen. Die Tür geht auf. Eine Frau tritt ein, Spinnrad und Rocken in Händen. Sie ist als Büßerin gekleidet. Man läßt sie unter dem *filire* Platz nehmen. Sie setzt sich, fängt an zu spinnen, ohne ein Wort.

Niemand kannte sie. Sie wurde diskret belauert. Unter dem weißen Gewand trug sie die Tracht des Tales.

Wie der Abendsitz zu Ende ist, geht sie stumm davon, grüßt mit dem Kopf. Anderntags sieht man sie nicht mehr.

Doch am Tag darauf, Freitag, klopft es wieder: die Spinnerin. Man wagt sie zu fragen, woher sie komme, wer sie sei. Ohne zu antworten, spinnt sie. Wie beim ersten Mal geht sie mit einem Kopfnicken fort.

Samstag, letzter Quatembertag.

Die Bäuerinnen hatten beratschlagt, wie man, ohne zu reden, mit der Unbekannten Verbindung aufnehmen könne. Sie hatten beschlossen, jede von ihnen solle ihr ein Stück Wolle abnehmen und dieses spinnen.

Gesagt, getan. Kaum hatte die Büßerin sich gesetzt, nahm man ihr einen Knäuel Wolle ab, spann den. Als die Arbeit beendet war, stand sie auf und dankte den Anwesenden mit lauter Stimme.

Sie erzählte, sie sei in die andere Welt aufgebrochen, ohne ihre Arbeit getan zu haben. Sei dazu verdammt worden, diese zu vollenden, ohne das Recht, Hilfe zu verlangen. Dank der Frauen, die ihr so die Hand gereicht hätten, sei die Strafe nun aufgehoben.

Die Arme Seele war erlöst. Verschwand für immer, nicht ohne das Versprechen, im Jenseits für all die Abendsitzer Fürbitte einzulegen.

Wenn du dich zum Fenster hinauslehnst, kannst du unsere Maiensäße sehen: La Giety, Les Farquess, Les Flanmayens. Arbey wird vom Wald verdeckt. Kannst du dir die Totenprozession über jene Lichtungen vorstellen, auf denen die Bauern tagsüber das Heu mähen? Es ist großartig!

Meine Eltern hatten anscheinend ein kleines Gut in Giety. Das haben sie alles verkauft, kamen nach Flanmayens herunter, wo mir noch die Hälfte eines Hauses gehört. Um Besitzerin zu werden, müßte ich die andere Hälfte dazukaufen.

Ohne Luxus, aber in Anstand zu leben, braucht ein

Bauer eine Wohnung, einen Stall, einen Stadel, einen Speicher, manchmal zwei. Du siehst, wohin das führt. Erstens einmal frißt es unnütz Boden, dessen man so sehr bedarf, um den Roggen, die Kartoffeln und das Gemüse zu pflanzen. Man kann nicht einfach in die Matten hineinbauen, da sonst Heu verlorengeht. So hat man sich eingerichtet, in der Familie zu bauen. Zwei Brüder teilten sich ein Haus und die dazugehörigen Nutzbauten. Mit einem Schlag löste man das Problem des fehlenden Bodens und jenes des fehlenden Geldes; letzteres fehlte nicht nur bei uns. Ein Waadtländer oder Freiburger Bauer wird dir sagen: »Wir kämen gerade so rund, aber da ist der Unterhalt der Gebäude!« Ein Gesetz, das für den Bauernstand im allgemeinen gilt. Die Verwicklungen begannen, wenn die Eigentümer starben. Man teilte die Gütlein, das Haus, den Speicher, den Stall, den Stadel in so viele Teile, wie Erben waren.

Nehmen wir den Stadel als Beispiel: Darin speicherte man das Korn. Waren vier Erben, bekam jeder einen Viertel. Dieser Anteil, der immer mehr ein Anteilchen wurde, hieß im Patois *lo quetso*, die *schrota*. Von Teilung zu Teilung wurde er winziger. Waren Instandsetzungen nötig, kam es zu den großen Streitereien, bis die Interessen aller Besitzer unter einem Hut waren! Reibereien ohne Ende. Es kam vor, daß der Stadel verfiel, weil keine Einigung zu erzielen war.

Darum stehen viele von ihnen unbenutzt, verfallen in der Landschaft. Niemand will sie mehr brauchen. Das ist schade, aber verständlich.

Vor dem Mittelalter lagen die Bauerngüter verstreut und einsam. Jedes von ihnen hatte sein eigenes Backhaus, Ställe und Scheunen. Doch gegen Ende des Mittelalters, bis ins 17. Jahrhundert hinein, zwangen streunende Bettel-Plünderer die Bauern, in Weilern zusammenzurücken. Seither leben wir auf so engem Raum und hatten uns anders zu organisieren.

Tsarfyon

Noch eine Geschichte kommt mir eben in den Sinn. Auch sie betrifft meine Familie. Ich will sie dir erzählen, ehe sie wieder aus dem Gedächtnis ist. Man hat ein paar falsche Sachen darüber geschrieben, so möchte ich die Wahrheit ins Lot bringen. Es geht um Klatschgeschichten im Zusammenhang mit meinem Onkel.

Ich hatte ihn gern. Alle Kinder mochten seine versponnenen Erzählungen. Es war eine Lust, ihm zuzuhören, märchenhaft. Noch habe ich eine seiner Gesten vor Augen, mit denen er seine Geschichten ausmalte: Er tauchte eine eingebildete Waschkelle in einen Kochkessel voll geschmolzenem Gold.

Quinodoz war ein Bruder meines Vaters. Der eine hieß Métrailler, Quinodoz der andere, sie hatten nicht den gleichen Vater. Der arme Onkel ist vor ein paar Jahren gestorben. Ich weiß, wieviel er gelitten hat unter den tragikomischen Begebnissen, die man auf seinen Buckel lud.

Er hatte eine Frau aus Lanna geheiratet, deren Bruder ein Totsch war; er konnte nicht reden, oder so schlecht, daß man ihn kaum verstand. Er kam manchmal zu uns herunter.

Er summte gerne vor sich hin, hatte eine ungewöhnliche Art, seine Kleider zu zerreißen. Die Risse flickte er dann wieder mit Schnüren, die er zusammenknüpfte. Zugegeben, der Onkel war manchmal schroff mit ihm, laut redete er übrigens immer. Aber er war eine Seele von einem Menschen, schaute gut zu dem angeschlagenen Schwager, der überall hinlief und um Essen bettelte. Wenn der Onkel nach Hause kam, traf er den Unglücklichen oft mit Magenbeschwerden an, was dem Onkel und dessen Kindern auf die Nerven ging, man versteht das. Doch will ich wiederholen: Nie war er hart mit ihm, böse, ungnädig, er konnte gar nichts Schlechtes tun. Eines Frühlings war mein Onkel, der Vieh hatte, mit seinen Tieren auf die Alp gegangen. Hatte seinen Schwager mitgenommen. Ich weiß nicht wie, aber eines Abends verschwand eine Färse. Das kommt, wenn man so früh geht, öfters einmal vor. Das Vieh ist noch nicht an die Freiluft gewöhnt. Nach langen Monaten, die es im Stall war, wird es durch seine Freiheit erst einmal verwirrt.

Das Tier lief also weg, über die Alp. Onkel Quinodoz hinterher mit seinem Schwager. Auf dem Weg trafen sie einen Vetter, ein großer, starker Mann und ein wenig abergläubisch. Der machte ihnen angst, denn er deutete den Ausbruch als etwas, was mit dem Teufel in Verbindung stehe. Zu dritt suchten sie das Tier. Nach langem Hin und Her fanden sie endlich Spuren, die zeigten, daß das Tier sich bis zur Lärchenalpe verstiegen hatte. Dort stand es in der Sennhütte. Sie traten ein, das Tier war in ganz normalem Zustand. Sie legten ihm einen Strick um und stiegen ohne weiteres zur Alpe ab. Dies ist die einfache Wahrheit.

Das Gerücht, und hierzu hat Onkel Quinodoz vielleicht Hand geboten, das Gerücht besagt, sie hätten sich dem Tier nicht nähern, allein der Schwachsinnige mit seiner reinen Seele hätte es einfangen können, es wäre Teufelswerk im Spiel gewesen. Kurz, die Geschichte wurde über jedes Maß aufgebauscht. Man kann sie gar in mehreren Büchern über unser Tal nachlesen.

Der Onkel glaubte an viele sonderbare Dinge, das stimmt

und war sein Recht. Er war ein gerader Mann. Er sollte eine Mühle erben, die meinem Großvater gehört hatte. Er hat sie nie bekommen, denn das Gebäude gelangte ins Erbgeteil. Immer wenn er an der drehenden Mühle vorbeikam, sagte er: »Großvater hat sein Wort nicht gehalten. Wenn ich hier vorbeigehe, höre ich ihn im Mühlenhimmel weinen.«

Ich weiß nicht, ob der Onkel sich wirklich verletzt fühlte. Unsere Familie hatte Gut in Arolla. Wenn er da an bestimmten Häusern vorbeikam, wollte er den Lärm von Widdern gehört haben, die drinnen aufeinanderprallten, einen höllischen Tanz aufführten.

Zweifellos hatte er ein gewisses Empfinden für das Wundersame. Aber dieses erschien ihm immer negativ, was das Gegenteil des Wunderbaren ist. Auch glaubte er, die Toten redeten zu ihm, stünden ihm bei. Das war ihm zur Haltung geworden. Er hatte in seiner Jugend viel zu leiden, und wahr ist auch, daß er von seinem Großvater enterbt wurde. Verständlich der Groll, den er hegte, und daß er verbittert war.

Er war Bergführer, hatte mit einer Maultierkarawane Transporte von Sitten nach Arolla gemacht, war in der Jugend weit herumgekommen, zumindest im Tal. Immer wieder war ihm Außerordentliches zugestoßen.

Öfter streifte er durch einen Wald zwischen Evolène und Arolla, Zau Borlaye. Der ist abgebrannt. Es sind nur Stümpfe zurückgeblieben. Der Onkel sah darin Tote, die ihm Zeichen gaben.

Der arme Onkel! Er hatte etwas Einzigartiges, Bezauberndes. Die Stimme ein bißchen gebrochen, mal hoch und klar, dann tief. Ich höre sie jedesmal, wenn ich seinen Enkel reden höre, der im Patientenhaus wohnt. Das Haus der Patienten ist eines der drei ältesten im Dorf, stammt aus den Jahren 1526/27. Auch das, in dem meine Schwester wohnt, ist sehr alt, wahrscheinlich ein ehemaliges Klostergebäude.

Zwei Schritte daneben das Haus der Patienten. Ich erinnere mich noch sehr gut, daß zwei alte Frauen drin wohnten, die wirklich darbten. Sie spannen und woben ein wenig und hatten Bienen. Auch die Bienen waren im Haus einquartiert, damit diese in der Wärme seien.

Geht man an der Vorderseite vorbei, sieht man noch die Brettchen an der Wand, auf denen sich die Bienen niederließen, ehe sie durch ein ganz kleines Loch ins Haus schlüpften.

Aus dem Wachs machten die Frauen sogenannte Kellerratten, das sind kleine gedrehte Kerzen. Sie spannen Hanf, zogen daraus recht lange Schnüre und schnitten diese für die »Ratten« auf die gewünschte Länge. Sie tauchten sie in das geschmolzene Wachs, um daraus jene zierlichen Kerzen zu machen, die man zu Fackeln drehte.

Am Vorabend eines Feiertages schnitten die Bauern ein Stück davon ab, für gewisse religiöse Zeremonien. Auch vor den Heiligenbildern, die ihre Kammern schmückten, zündete man sie an.

Die beiden Frauen verkauften Honig. Eine der beiden hieß Marie Patience, ein sehr schöner Name. Aus den beiden wurden die ergeben Duldenden, die Ausharrenden. Mit seiner ganzen Tristesse paßte der Übername zu ihnen, ihr Leben verlangte viel Ergebung. Da sie arm waren, hatten sie auch nur wenig Arbeit. Und verdienten noch weniger. Nun, sie konnten es bis zum Ende strecken. Keine der beiden war verheiratet. Sie lebten zusammen, einfach so, wie viele Frauen zu meiner Zeit. Ein Leben, so bescheiden, weg von allen Fenstern; einfach, zu einfach.

Und es gibt noch ein sehr altes Haus, da, wo man jetzt Schuhe verkauft. Auch dieses hat seine Legende. Es lebte ein Mann dort, gottlos, geil und streitsüchtig. Und alles gelang ihm. Er hätte mit den Mächten der Hölle einen Pakt geschlossen, brummte man, die hätten ihm eine gewisse Anzahl Jahre ohne alle Schwierigkeiten zugestanden. Dann aber würde er geholt werden, denn irgendeinmal mußte die Rechnung bezahlt werden.

Eines Tages sah man sieben Reiter mit ihren Pferden anrücken, dazu ein achtes Pferd, das sehr seltsam aussah. Es hatte nämlich keinen Kopf. Es drängte sich unter den bogenförmigen Hauseingang. Scharrte auf dem Steinboden und sprach: »Nun will ich dich holen.« Das Roß ohne Kopf konnte reden! Widerwillig, bleich vor Angst kam der Mann heraus. Stieg rittlings auf das Pferd, das in diesem Augenblick seinen Kopf wiederhatte. Zusammen verschwanden die acht Reiter und wurden nicht mehr gesehen.

In Villa gibt es bestimmt noch ältere Häuser als in Evolène, gehörte der Villa-Berg doch seit dem Mittelalter den Herren von Raron. Zum Beispiel jenes große, verfallene Haus gegenüber der Kapelle, eines der ältesten in der ganzen Gegend. Es ist so sehr zerfallen, daß man, wollte man es herrichten, auch jenen Teil ausräumen müßte, der aus Stein ist. Da der aus gekalktem Steinwerk besteht, müßte man alles einreißen. Schade, es ist ein so schönes Gebäude, du solltest es von innen sehen.

Früher machten die Bauern den Kalk selber. Das habe ich noch sehr genau im Kopf: Als mein Vater das Haus baute, in dem ich jetzt lebe, hatte Onkel Quinodoz den Kalkofen daneben errichtet. Es war, als wolle man einen kleinen Turm bauen. Erst grub man einen Brunnen, richtete ein Loch her, eine Art Tunnel, in dem man ein Feuer anzünden und unterhalten konnte. Da kam Stroh hinein, dann Holz, und darauf die Kalksteine, Kalkziegel. Der Ofen brannte wochenlang.

Wir hatten Glück: Kalkstein gab es gleich neben unserem Bauplatz, an dem Ort genannt die *Mejyeoere* oder die *Murge*. Das kann man nicht übersetzen, doch bedeutet es eine Art Zuflucht für Schlangen, Schlangennest. Das ganze Dorf staunte, daß mein Vater gerade diesen, wenn man so will, übel beleumdeten Platz ausgewählt hatte. Der Ofen, welch ein Fest für uns Kinder … »Aufgepaßt, Achtung, ihr werdet hineinfallen … und verbrennen … und schmelzen!« Da war man denn hin- und hergerissen zwischen Furcht und Anziehung. Nach dem eigentlichen Brennen wartete man mit Ungeduld auf das Anfeuchten, das Löschen des Kalks, der im Wasser weiterbrannte. Wunder über Wunder!

Man grub auf eine Tiefe von einem Meter vier Quadratmeter Erde aus und machte einen kleinen Teich. Dann zog man einen Ablauf zwischen Ofen und Wasserreservoir. Man ließ den Kalk in das Wasser laufen, in der Flüssigkeit gerann er, wunderbar! Das rauchte ein paar Tage lang. Ringsum erhitzte sich sogar die Erde. Und der Geruch des Kalks, ein bißchen brenzlig, scharf, der in die Nase stach, und die blauen Flämmchen, die roten, alle Farben: eine Opalflamme, ein Riesenopal, wie schön das war!

Wie ist eines Tages ein Mensch darauf gestoßen, Kalk zu brennen und damit Häuser zu errichten?

In jedem Menschen ist jener Funke Einsicht, der ihm erlaubt, in dem Maß wie nötig, zu entdecken, was er braucht. Heute redet man von Ausbeutung der Grundstoffe, vom Mangel, der uns erwartet. Das stimmt wohl. Die Verschleuderung aber verabscheue ich allem voran! Auf die Gefahr hin, dem zu widersprechen, was ich am letzten

Abend sagte, denke ich, der Mensch sei imstande, etwas zu erfinden, das ausgleicht, was fehlen wird. So daß vielleicht das Leben weitergeht, vielleicht!

Sind das falsche Überlegungen? Diese Angst vor der Zukunft finde ich lächerlich. Man soll einsichtig, schonend, sparend, ehrfürchtig mit der Welt umgehen! Das sollte eine Verpflichtung sein für jeden von uns, und ist es bei weitem nicht, klar! Doch warum im voraus in Panik geraten wegen Dingen, die vielleicht nie eintreffen?

Und die Atomkraftwerke, und Seveso, Marie, die Radioaktivität und die Umweltverschmutzung?

Die Zukunft sieht düster aus, ich weiß. Doch, schau mal, wenn wir ans Ende einer Epoche kommen, warum sich dann quälen? Ich denke, daß sich alles irgendwie hält und das, was durch die Dummheit der Menschen, durch ihren Egoismus in die Welt kommt, schon immer und auf lange vorhergesehen, vorgesehen war.

Kann man als Frau etwas verhindern? Konnten die Frauen je einen Krieg aufhalten, in dem ihre Söhne fielen, ihre Männer? Wir können uns bloß den Auswirkungen der von Männern gemachten Politik überlassen. Und heute sogar brechen Frauen – die sich vereinigen sollten – in den eigenen Reihen Auseinandersetzungen vom Zaun, im Namen ihrer eigenen Forderungen!

Das heißt nicht, man solle die Hoffnung aufgeben. Die kann für eine bestimmte Zeit ein Gefühl von Sicherheit vermitteln. Vertrauen ins Leben haben, auch wenn dieses recht kurz ist; nicht unterlassen, denen beizustehen, die am Verzweifeln sind, das ist es. Du kannst dir vorstellen, welche Anpassungsfähigkeit Leuten meiner Generation seit fünfzig Jahren abverlangt wird. Von der Ölfunzel zum Neonlicht, von der offenen Feuerstelle zur elektrischen Küche.

Du hast auf der Trächa gekocht?

Natürlich! Die ist bei uns im Jahre 1953 verschwunden. Ich wollte die Küche nicht antasten, die mein Vater mit soviel Sorgfalt und Liebe eingerichtet hatte. Als er das Haus baute, lebten wir noch ganz in der Tradition.

Das halbe Haus ist aus Stein, die andere Hälfte Holz. In dem Teil aus Stein stand die riesige Trächa, eine Feuerstelle, zwei Meter fünfzig auf einen Meter, darauf der Kamin, der Mantel, der allen Rauch abzog. Durch ein Loch ging der zum Dach hinaus.

Einen am andern hängte man alle die Töpfe an Kesselhaken in die Trächa. Für die Pfannen stellte man Dreifüße auf. Diese ganze Küchenbatterie habe ich bis 1953 benutzt, das ist noch nicht lange her! Später dann bekam ich einen elektrischen Herd, was mein Leben, aber auch den Geschmack der Speisen verändert hat, in Gottes Namen!

Da stand mir die Trächa im Wege; ich ließ sie herausnehmen. So hatte ich eine große Küche, hatte vor, darin auch zu essen, wenn ich allein war. Sie war schön geheizt. War mein Neffe, der 1966 gestorben ist, bei mir, nahmen wir die Mahlzeiten dort ein. Seit seinem Tod stelle ich mir den Teller in die Stube. Ich setze mich an den Giltsteinofen, so komme ich mir weniger verlassen vor. Seit ich heranwuchs und lange, bis weit in die dreißiger Jahre, hatten wir die Küche aufgegeben, aßen in der Stube, wo wir alle zusammen lebten. In der Küche war es unmöglich geworden! Vater hatte Kühe und machte seine Käslein. Der ganze Tisch war mit Tablaren verstellt und der ganze Raum mit Kesseln, Tonnen, Kannen. In der großen Stube fühle ich mich, auch wenn der eindrückliche Familientisch verschwunden ist, von einer Art Weiterleben umgeben, fühle mich beschützt, und ich spüre das sehr stark.

Das große Bett der Eltern ließ ich stehen. Es wird nicht gebraucht, doch mir gefällt dieses alte Möbel. Mein Vater hatte das Bett geschreinert, als er sich verheiratete: lang und breit, ein Schubladenbett. Abends zog man die Schublade heraus, ein paar Kinder schliefen darin. Die anderen im Nebenzimmer. Ich wollte das Bett herausnehmen, um mehr Platz zu haben. Doch ich mußte es wieder hinstellen, es leistet mir Gesellschaft.

Ja, die ganze Familie schlief in dem einen Zimmer, manchmal noch in angrenzenden Kammern. Da richtete man sich ein, wie es ging. Es gab wenig Platz, die Häuser sind nicht gerade riesig.

Selbstverständlich hatten wir kein Bad, auch kein fließendes Wasser. Das mußte man am Brunnen holen. In der Küche war eine Ecke hergerichtet, in der sich, hinter einem Vorhang, einer nach dem andern auszog und wusch. Ich habe mir eine Gewohnheit zugelegt, die ich, zu meinem Wohlbefinden, behalten habe: Ich stand immer gegen vier Uhr morgens auf, wusch mich und legte mich wieder hin. Sich nach einer solchen Waschung in ein warmes Bett zu legen ist wunderbar erholsam.

Später ließ ich mir ein kleines Badezimmer einrichten.

… voller kleiner Töpfe und Salben.

Ja, ein wenig eitel war ich schon immer, obwohl mich das niemand gelehrt hat!

Ich muß meine Fläschchen haben mit Toilettenwasser, meine Lotions fürs Gesicht und eine Creme für die Hände. Ich brauche das nicht oft, vergesse es sogar, aber es muß um mich sein. Ich habe verschiedene Seifen, aromatische Badeöle, eine Unmenge Handtücher. Manchmal finde ich das reichlich komisch und unangemessen für mein Alter, mache mich über mich selber lustig.

Ich war schon als Kind kokett, auch als Jugendliche, sehr zum Leidwesen meiner Mutter. Mir gefielen die Sprüche, Anspielungen, Aufmunterungen. Das Leben hat mich dann mit einem Haufen Pflichten geschlagen, denen ich nicht aus dem Weg gehen konnte. Ein Kind aufziehen, welche Verantwortung in jedem Augenblick! Doch wieviel Freude auch, wenn man sieht, daß es sich entwickelt, Charakter bekommt, Standfestigkeit. Die Modellmütter und Modellkinder gingen mir schon immer auf die Nerven. Ich war froh, wenn die Kinder, die ich aufzog, sich zu wehren und zu behaupten wußten.

Als Bergbauern hattet ihr alle ein Stück Reben im Tal unten, oder?

Ja, jeder hatte seine Reben. In Ledersäcken, den *bosses*, die den Maultieren beidseits über die Flanken hingen, brachte man die Trauben herauf. Die *bosses* glichen großen Schläuchen. Das Leder war gut geschabt, gut gegerbt, kein Haar durfte darauf bleiben.

Ehe die Kelter aufkam, kelterte man die Trauben mit einem Birkenstock, an dem man ein paar kurze Aststümpfe gelassen hatte, die in die Masse drückten. Das geschah in den Ledersäcken selbst. Dann kam der Saft in Fässer, wo er vergor.

Es gab die ganz kleinen Keller, in denen der Wein lagerte. Man ließ ihn meist in Holzfässern reifen. Zum Trinken holte man ihn in Zinnkannen herauf und schenkte ihn in Holzbechern aus, an Festtagen nur. Es war vor allem Weißwein.

Seit ein paar Jahrzehnten verpflichtet das Gesetz die Rebbesitzer, vier, fünf Mal pro Frühjahr die Reben zu spritzen, zu schwefeln, zu behandeln. Das wurde uns viel zu kostspielig. Mein Vater hat seinen Wein aufgegeben. Man muß auch eingestehn, daß der behandelte Wein nicht mehr so gut ist wie der von damals. Das Bedauern ist also weniger groß!

Der Wein wuchs nur bis auf 1200 Meter. Was man auf dieser Höhe zieht, ist beinahe Essig, außer um Visperterminen herum, wo sie einen ganz besonderen Wein machen, den Heidenwein, der einem die Kehle ganz gehörig verbrennt. Was den sogenannten Gletscherwein angeht, so wird der nur in der Höhe eingekellert. Diese Lagerung gibt ihm zum Schluß einen einzigartigen Geschmack, köstlich und eine leichte Rosé-Farbe.

Was trank man, ehe der Kaffee aufkam?

Kaffee kannte ich schon immer; er kam seit Ende des letzten Jahrhunderts grün hier herauf. Man röstete ihn zu Hause. Auch hatten wir immer Mais, Teigwaren und jene Zuckerstöcke, die zur gleichen Zeit hier auftauchten. Vorher, und in meiner Kindheit noch, trank man verschiedene Arten leicht vergorener Suppen oder so etwas wie Kefir, ebenfalls vergorene Milch. Dieses Getränk bewahrte man in der Brante auf, einem hohen Holzkübel. Es galt als Elixier, das jung erhalten sollte, etwa wie der Kumys vom Balkan, der aus Stutenmilch gemacht wird. Man trank ihn, wenn man bei der Feldarbeit Durst bekam. Auch diese Gewohnheit, ausgezeichnet für die Gesundheit, ist verlorengegangen, eine mehr!

Man löschte den Durst auch mit Wasser vom Wildbach oder aus der Leite, das man mit Wein verschnitt. Ein gutes Wasser, nie habe ich besseres getrunken.

Auf dem Feld, im Sommer, bestand die Nahrung aus Trockenfleisch, Trockenschinken, Käse. Kam man an einen Ort, an dem es Holz gab, machte man ein schönes Feuerchen, röstete den Käse daran. Daraus ist die Raclette entstanden.

Als ich jung war, hätte man nie gewagt, einem Fremden eine Raclette anzubieten – das war ein ganz gewöhnliches Hirtenmahl. Heute ist daraus eine raffinierte Mahlzeit geworden, so ändern sich die Dinge. Auch Kartoffeln aßen wir; wir hatten sie im Herbst aus unseren Feldern auf Flanmayens oder Arbey gegraben. Man briet sie in der Asche; auch wenn Erde drum herum krustete, wir kosteten das mit einem seltenen Glücksgefühl.

Die Raclette, die wir kannten, war nicht, was man jetzt daraus macht, wenn man Käse herunterschabt, der an der Hitze eines Feuers oder elektrischen Apparates geschmolzen ist. Man spießte ein Stück Käse auf eine dreispitzige Astgabel und ließ ihn an der Glut rösten. Dazu aß man Roggenbrot; das gibt es nicht mehr, man möchte meinen, die Bäcker hätten das Rezept verloren. Jenes Brot machte man auf sechs Monate hinaus! Und auch nach dieser Zeit schmeckte es noch. Behalte heute einen Kipfel auch nur eine Woche auf, und du siehst, was daraus geworden ist!

Bei uns aßen die Bauern auch viel Käse, ja, der war die Grundlage unserer Nahrung. Im Durchschnitt hatte jede Familie zwei, drei Kühe und Ziegen. Den Alpkäse sparte man für die Beerdigung, doch hatte man Käslein das ganze Jahr über, weiche frische Laibe. Das ist vorbei, sie haben keinen Geschmack mehr. Ich sehe immer meinen Vater vor mir, wie er Zieger macht. Vater hing sehr am Alten. Er ließ die Milch mit echtem Lab gerinnen, ließ sie ruhen. Wenn sie angezogen hatte, schnitt er die Masse, immer übers Kreuz, mit dem *franjyo,* einem kurzen Stock mit Stacheln. Die verdickte, geronnene Masse setzte sich auf den Boden; darüber schwappte eine gelbliche Flüssigkeit, die Käsmilch. Diese desinfiziert Därme und den ganzen Organismus sehr wirkungsvoll, ist auch ein harntreibendes Mittel. Heute wird sie nicht mehr getrunken, sondern weggeschüttet. Man macht hie und da noch Zieger daraus; das braucht Liter und Liter Käsmilch.

Im Dorf machte mein Vater zwei Käslein am Tag, ebenso auf der Alp. Jedes wog etwas über ein Kilo. Ein Kilo Käse sind wenigstens zehn Liter Milch. Wir hatten nur zwei Kühe; wenn man sie richtig pflegte, gaben sie mehr als genug.

Ich erzählte dir schon, wie das Trocknen, Reiben und Salzen der Käse vor sich ging, die Lagerung auf dem *brelo*, jenem Gestell, das mitten im Keller hing. Dort bewahrte man den Käse auf, eingeordnet in der Reihenfolge der Entstehung. Man ließ ihn reifen, das heißt, er mußte an der Oberfläche ein bißchen weiß werden und zu trocknen beginnen.

Im Frühjahr ging Vater in den Keller und sah sich seine Käselaibchen noch einmal an. Erst wusch er sie mit einem guten weißen Wein, rieb sie dann mit Olivenöl ein. Damit mußte man sorgsam umgehen, sollten sie nicht ranzig werden. Das Öl, sofort aufgesogen, bewahrte den Käse vor Milben. Die Rinde wurde leuchtend gelb, und der Käse hatte einen Geschmack … mehr sage ich nicht! Auch Zieger aßen wir, jenen Käse aus weichem Teig, den man bekommt, wenn man die Käsmilch siedet. Großmutter, eine sehr anstellige Köchin, wenn auch nicht gerade reich, röstete den Zieger in der Bratpfanne, in ein wenig Öl oder Butter. Hatte der angezogen, bestrich sie ihn mit Senf. Ich habe das so auch meiner Familie zubereitet. Man aß es mit Kartoffeln, von der Hand ins Maul. Für die Kartoffeln benutzten wir Gabeln. Zieger war unser Alltag, fünfmal die Woche am Abend.

Es gibt hervorragend schmeckende Walliser Gerichte,

das *tsarfyon* zum Beispiel, so genannt nach dem gestrickten oder gehäkelten Netz, in dem man das bereitete. Es ist ein Kohlgericht mit verschiedenen Fleischsorten. Da wir nur wenige Kartoffeln auf Vorrat hatten, strichen wir über den Kohl einen Teig aus Mehl und Wasser, der beim Kochen fest wurde und gleichzeitig den Geschmack der Fleischbrühe annahm. Ein Festessen, ich will dir das Rezept geben: Pro Person braucht man zweihundert Gramm Speck und hundert Gramm geräuchertes Schweinsrippchen ohne Knochen. Dazu zwei ungeräucherte Würste, einen Wirsingkohl. Man kann einen Fleischbrühwürfel dazugeben.

In einem großen Topf deckt man das Fleisch mit Wasser zu und läßt es eine gute halbe Stunde kochen. Dann gibt man Salz und Pfeffer in das Wasser, fügt den Wirsing hinzu, etwa anderthalb Kilo, zweimal geviertelt, eine Zwiebel, einen sauren Apfel, klein geviertelt. Das Ganze mit ein wenig Thymian und Basilikum bestreuen. Anderthalb Stunden weiterkochen lassen. Drei, vier Kohlblätter hat man zur Seite gelegt, überwallt, um sie weich zu machen, ohne daß sie zerreißen. Sie können gut das Häkelnetz ersetzen.

Ist das Gericht fertiggekocht, stellt man auf niedrige Flamme, so daß die Flüssigkeit nur noch köchelt. Man legt die Kohlblätter becherartig darauf und gießt den Pfannkuchenteig darüber. Dieser besteht aus einem Ei pro Person, Mehl, Milch oder Wasser, einer Messerspitze Kümmel. Man läßt auf kleinem Feuer weiterköcheln, etwa eine halbe Stunde, so daß sich der Teig verfestigt.

Zum Auftragen legt man das Fleisch auf eine Platte, Gemüse und Brühe in eine andere Schüssel, den Teig in eine dritte, er ersetzt Brot oder Kartoffeln. Natürlich kann man auch noch ein paar Kartoffeln in ein wenig mit Wasser gestreckter Bouillon kochen, die man aus dem großen Topf genommen hat.

Ein Schmaus aus der ganz großen Küche!

Wir machten auch Eintopfgerichte, Siedfleisch und Schweinsgesottenes. Früher hängte man Lamm- oder Kitzkeulen wie Schinken zum Trocknen. Das war außerordentlich gut. Man mußte sie aber lange kochen. Seit mindestens vierzig Jahren habe ich keine mehr gesehen. Klar, daß sich Trockenfleisch nur zum Sieden eignet.

Zu meinen Zeiten gab es als Konservierungsart nur das Trocknen. Aus Sparsamkeitsgründen waren wir gezwungen, alles von den Tieren Verwertbare zu essen. Auch Schafskoteletts wurden getrocknet, man aß sie dann wie die Iren ihr Irish Stew.

Hundert Dinge machten wir, die man im sakrosankten Namen des Fortschrittes nicht mehr kennt! Man hat keinen Platz mehr für ein Schwein, auch die Zeit fehlt. Allerdings halten es hier die Familien noch immer so, daß sie ein Tier einkaufen, oder die Hälfte davon, von dem sie wissen, woher es kommt und wie es gefüttert wurde. Statt getrocknet wird jetzt tiefgekühlt.

Aber aufgepaßt: Wenn du nicht weißt, woher das Schwein stammt, wenn du ein Stück Schinken irgendwo kaufst, hänge es nicht in den Speicher; es kann schlecht werden. Weil es nicht das wünschbare Futter bekam, weil es zu rasch gemästet wurde, womit? Weil das Fleisch behandelt wurde, gefärbt, künstlich aufgeblasen mit synthetischen Produkten. Mehrere Male habe ich es auf die hergebrachte Art versucht: alles ist immer verfault. Da habe ich mich an einen Züchter gewandt, zu dem ich Vertrauen habe, denn er zieht seine Tiere in Halbfreiheit.

Das also essen wir heutzutage. Und wundern uns über

das Auftreten soundso vieler unerkannter Krankheiten, seltsamer Viren etc.! Lebenszyklen werden nicht mehr eingehalten, der Mensch zerstört sich selber. Was soll man von solchen Lebensmittelhändlern halten? Es sind Verbrecher, es gibt kein anderes Wort dafür. Hier lebte ein Weinbauer, der Doktor Wuilloud. Er hatte ein Gut in Diolly oberhalb von Sitten. Man nannte ihn den Herrn von Diolly. Der schrieb, ich weiß nicht mehr wo, im Wallis sei die Gastronomie mit dem letzten Schwein von Vex gestorben. Das waren sehr kleine Tiere einer ganz seltenen Rasse. Sieästen in den Obstgärten, wurden nicht sehr fett, aber was für ein zartes Fleisch! Ihr Speck war rosig und durchscheinend. Wo findet man solchen Speck noch? In der Regel ist das heute ein weißer, verknorpelter Gummi.

Ihr habt das Fleisch im Speicher aufbewahrt?

Ich schaute zu den Schweinen, mein Onkel schlachtete sie.

Der Schlachttag war ein Ereignis im Jahresablauf. Am Vorabend mußten die Geräte und Werkzeuge vorbereitet werden: die *maies*, jene Wannen, in denen man das Fleisch zum Trocknen legte; die *toula*, der Holztrog aus einem Stück, in dem man die Schinken salzte.

An besagtem Tag stand man früh auf. Die großen Kessel kamen auf den großen Herd, man bereitete irre Mengen heißes Wasser, um das tote Schwein abzubrühen.

Man hatte es gestochen, ohne es zu quälen, keine Angst! Nach dem Brühen wurde es geschabt, dann kam es auf ein Weidengeflecht, wurde darauf zerteilt. Erst die Schinken, dann die seitlichen Hälften, der Seitenspeck, der prima ist, zum Schluß die Füße. Eine Woche lang wurde das Fleisch in der *toula* in der gewürzten Flüssigkeit eingelegt. Darauf hängte man die Stücke in den Speicher.

Die Viertel konnte man sofort essen oder warten, bis sie getrocknet waren. Wir kannten nur dieses Fleisch. Der Schweinskopf wurde zerschnitten und zu Preßkopf versülzt.

Während ein paar Tagen aßen wir zuerst die Innereien, das heißt Leber und Herz; die Kutteln rührten wir nicht an. Aus dem Blut machten wir Blutwürste und »Blutkuchen«, eine sehr gute, schnell bereitete Platte. Man läßt eine gewisse Menge Blut gerinnen, kocht das in einer Pfanne. Gekocht schneidet man es in Stücke und mischt es unter Kartoffeln.

Die Kälblein wurden einen Monat nach ihrer Geburt geschlachtet; sie waren bis dahin fein gemästet worden. Man zerteilte sie. Die Haut schickte man nach Sitten zu einem Gerber. Man machte Schuhe für die ganze Familie daraus. Ein Schuster kam von Haus zu Haus. Der machte auch niedliche Stiefeletten zum Tanzen … ich war sehr eitel, die schönen, feinen Schühchen hatten es mir angetan!

Sehr lange hat man nur einmal im Jahr geschlachtet, später zweimal: ein Schwein im Herbst, eines um die Fasnacht herum, nicht wegen der Festivitäten, es war einfach die Jahreszeit, in der das Fleisch schön trocknen konnte, ehe die Hitze kam und mit ihr Maden und Würmer.

Und die Fasnacht?

Die hatte einmal große Bedeutung, heute fast keine mehr.

Stell dir vor, von Fasnachtsdienstag bis Ostern konnte man kein Stückchen Fleisch, keine Scheibe Speck mehr anrühren. Eine ziemlich harte Buße für Leute, die keinen Fisch kannten und sich während der ganzen Fastenzeit mit Gemüse, Teigwaren, bei Gelegenheit mit Reis begnügen mußten.

An sich ist Fasten eine ausgezeichnete Sache, es belebt alle Organe wieder. Nur hat die Kirche nie im Traum berücksichtigt, daß diese Art Fasten sinnvoll vor allem für jene Länder war, aus denen diese Vorschriften kamen: warme Länder …

Ehe man also in diese Zeit der Selbstbeschränkung hineinging, gab es das große ausgleichende Fest, eine Art Bacchanal.

Drei Tage lang tobten sich die Bauern aus. Die jungen Burschen verkleideten sich, gingen von Haus zu Haus, und unter der Maske getrauten sie sich, den Mädchen aufzulauern. Die Nacht hielt sie nicht auf. Hier ein Tänzchen und dort eines, die große Ausgelassenheit vor den Schmalhans-Wochen!

Die jungen Leute tranken, es kam zu Auseinandersetzungen, dann und wann zu Schlägereien. Ein heftiges Temperament, das aus fernen Zeiten kommt, entlud sich schnell, war auch rasch besänftigt. Dann nahm das Leben wieder seinen gewohnten Lauf.

Zu unseren Festen hatten wir keine Ländlermusik, auch kein Orchester bei den Tänzen, die vom Klerus sehr mißbilligt wurden.

Die fasnächtlichen Tänze waren ertrotzte, heimliche Tanzgelegenheiten in den Häusern. Die Pfarrer wußten darum und hielten mit ihrer Meinung nicht hinter dem Berg. Einen richtigen Ball hat es im übrigen nie gegeben. Auf der Alp tanzte man in kleinen Gruppen, zu den Klängen einer Mundharmonika. Auch dies waren kleine Freiheiten, die man sich im verborgenen herausnahm. Tanzen galt nicht als sittsam.

Ihr brauchtet hier nicht die Fastenzeit abzuwarten, um auf Schmalkost zu kommen!

Aber nein! In meiner Kindheit hatten wir als Gemüse nur Karotten, Rüben, Kohl und Lauch. Aus weißen Rüben wußten wir ein wunderbares Essen herzurichten, das wir Irrenleid nannten, *crèvefou*. Ich würde nachts aufstehen, um davon zu essen. Auch dieses Rezept gebe ich dir, es sollte nicht verlorengehen.

Sehr einfach: Erst Kartoffeln und Rüben in ziemlich dünne Scheiben schneiden. In eine feuerfeste Schüssel legst du eine Schicht Kartoffeln, dann eine mit Rüben. Gibst geriebenen Käse hinzu. Das wiederholst du bis an den Rand der Schüssel. Dann gießt du ein wenig Fleischbrühe hinzu, aus Knochen und Fleischresten. Langsam im Ofen backen lassen.

Wir hatten viel Polenta, auf italienisch, aber dem einheimischen Geschmack angepaßt. Man schnitt sie in dicke Kuchenstücke, aß sie zusammen mit Käse. Man konnte sie auch in Schnitten in der Pfanne rösten. Polentasuppe und Gemüse, das brachte einen auf die Beine.

Ehe man all diese Produkte bekam, war die Ernährung sehr einseitig. Großmutter aber konnte Nudeln machen, vielleicht weil ihr Mann im Aostatal aufgewachsen war. An Festtagen machte sie das.

Inzwischen sind Nudeln im Wallis zum klassischen Gericht geworden. Das folgende Rezept ist sehr einfach, aber gut, wenn man es so zubereitet:

Man schneidet Kartoffeln in kleine Würfel und gibt sie ins siedende Wasser, um sie weichzukochen. Daneben kocht man die gleiche Menge sehr feine Nudeln. In einer Pfanne brät man dann nebeneinander Kartoffeln und Nudeln im Öl. Gut bräunen. Vermischen und kleine Käsewürfel darüberstreuen. Walliser, die aus der Fremde zur Landesausstellung 1964 gekommen waren, schrien in dem

Restaurant, das unsere Spezialitäten feilbot, mit Leib und Seele nach diesem Gericht. Ich versichere dir, ich habe gesehen, mit welch einer religiösen Inbrunst sie ihre Nudeln aßen. Sie hatten dabei das ganze Land im Gaumen!

Dann gab es noch die *kroukchanch*, an der Sonne gedörrte Früchte, die man im Winter aß: Äpfel, Birnen, halbe Aprikosen. Die hatten einen Geschmack, den ich nie wiedergefunden habe. Waren prall voll Sonne, unbehandelt und reif. Ist das jetzt eher eine verklärte Sicht? Seltener aßen wir Kompott, mit Honig beträufelt, dem ein wenig Wasser untergemischt war. Nachspeisen waren nicht üblich. Wir hatten wenig Zucker, und jede Frucht kam aus dem Tal herauf.

Als ich vorher vom Trocknen des Fleisches und vom Tiefgefrieren redete, dachte ich daran, wie viele Leute jenes natürliche Eisreservoir hier gar nicht kennen. Im Sommer kam es uns zustatten. So etwas nennt man eine Wuhne, ein Eisloch, in unserem Patois *pertuis fréiks*, das kalte Loch. Es befindet sich nicht weit vom Weg, der nach Arbey hinaufsteigt. Man muß ein bißchen davon abgehen. Dann stößt man auf ein Loch in der Erde, etwa drei Meter tief, das ist auch im Sommer mit Eis gefüllt. Man sagt, ein unterirdischer Gletscher rücke da vor und zurück; sagt auch, es handle sich um kondensierten Wasserdampf, und was man alles sagt! Ob da, auf einer gewissen Höhe, ein ewiger Gletscher unter der Erde ist? Es wimmelt dort von solchen ebenerdigen Löchern, Höhlen, Grotten, mitten im Wald, gleich unter Arbey.

Ehe 1927/28 der elektrische Strom kam, schickten die Hotels der Umgebung im Frühjahr Träger aus, um Eis zu holen. Mit Sägemehl bedeckt, lagerten sie dieses in Eiskellern. Gingen die Vorräte zur Neige, brachte ein Träger mit seinem Maultier Tag für Tag eine Ladung Eis. Das hat man bis 1930/35 so gehalten. Dann kamen die Eisschränke auf.

Onkel Quinodoz, den ich mochte, du weißt, hatte ein Häuschen gegenüber dem Hotel Ermitage. Er richtete seine Keller als Eiskeller ein, unter einem Vorbau war noch einer.

Er hatte tiefe Löcher gegraben, die er zum Ende des Winters mit Eis füllte. Mindestens zwei Meter dick überdeckte er das Eis mit Sägemehl, das ist eine vollkommene Isolation. So tranken wir mitten im Sommer Eisgekühltes!

Genau daneben hatte er seine Bäckerei, denn er machte selber Brot. Das Korn holte er in Sitten; er ließ es mahlen. Manchmal gingen wir zu ihm Brot backen, Vater, Mutter, der Bruder und ich. Er hatte alles, was es braucht, um in den großen Trögen einen Teig zu kneten. Wie viele Brote machten wir da auf einmal? Wenigstens hundertfünfzig! Vater mischte Weizen in das Mehl, damit Geschmack und Qualität besser würden.

Wir brachten dieses Brot nach Hause, reihten es im *pènjyo* auf Bretter, die noch mit Holzzapfen kreuzförmig ineinandergedübelt waren. So konnte man das Brot zu beiden Seiten einreihen, konnte es schichten, ohne daß die Laibe einander berührten. Dort trockneten sie. Wie herrlich, das harte Brot, das man von Hand oder mit dem Beil brach! Das abgebrochene Stück war noch groß genug, um es in feine Schnittchen aufzuschneiden. Und so kostete man das: ein Schnittchen Brot, ein Span Käse. Ein schmackhaftes, frugales Mahl.

Hört man dir zu, wie du von alten Zeiten redest, bedauert man es, sie nicht gekannt zu haben.

Es war eine harte, schwere Zeit, und zugleich voller Wunder, wenn man sie zu deuten wußte, wenn man den nährenden Saft unter der bitteren Wurzel fand, wenn man seinen Lebenshunger, seine Daseinsneugier darauf zu richten wußte. Eine Zeit der Armut, trotzdem voll wahrem Reichtum.

Für mich, das stimmt, waren es die Tage der Jugend, der Lehrjahre, da man alles viel leichter aufnimmt. Dennoch, glaube ich, war es eine echtere Zeit als die heutige. Nicht etwa das Alter ist es, was mich die Vergangenheit verschönern läßt.

Eine kindliche Freude

Aus der Zeit meiner Jugend ist mir die Neugier geblieben, die Entdeckerfreude. Wann immer ich herauskomme aus dem Haus auf meinen wackligen Beinen, kann ich mich königlich amüsieren, wo andere sich langweilen. Wenn man alles, was um uns ist, mit Interesse anschaut, das heißt reich sein, heißt, mit der nötigen Gelöstheit an allem und nichts sich erfreuen. Geld, soziale Stellung, Ehren sind lächerlich dagegen.

Ich habe mich immer darum gekümmert, was um mich herum lief. Gern habe ich den Alten zugehört. Je älter sie waren, desto mehr hatten sie mir zu sagen, die gestochen scharfen Gesichter, die Augen, die sehr weit in die Ferne blickten. Durch sie war ich mit vergangenen Jahrhunderten verbunden, ich wurde hundert, zweihundert Jahre, hatte selber kein Alter mehr. Ich zwängte mich an ihre Beine, spielte kleine Maus, setzte mich ihnen zu Füßen. So hörte ich Meinungen, die nicht immer für meine Ohren bestimmt waren. Aber sie gingen hinein, hinein! Man stellt sich vor, Kinder könnten den Unterhaltungen der Erwachsenen nicht folgen. Nicht immer, aber sie nehmen alles auf. Es bleibt ihnen im Kopf, arbeitet, und eines Tages, klick!, wissen sie, was sie gehört haben, zusammenzubringen mit dem, was gerade geschieht.

Die alten Leute sind ein Gefäß der Weisheit und des Wissens. Auch können sie die Dinge richtig gewichten, das ist ihre Lebenserfahrung. Für ein Kind ist es unerhört wichtig, mit Alten in Berührung zu kommen.

Heute ist es nicht mehr dasselbe; die Alten wie die Jungen, alle verlieren dabei. Der Ariadnefaden zwischen den Generationen ist gerissen. Und er war doch das einzige Mittel, aus dem Labyrinth des Lebens herauszukommen. Folge: Die Jungen stoßen nebenaus. Die Alten werden unnütz, von der Familie verstoßen und von der Gesellschaft.

Wenn ich an meine Großmutter denke, wie munter die im Alter war, wie lebhaft. Und wieviel Arbeit sie fröhlich schmiß! Ihre Sorge und Aufmerksamkeit für die Kinder. Und zweimal im Jahr, am Tag der großen Wäsche, hätte sie ihren Platz niemandem abgetreten; niemand hätte ihn ihr streitig gemacht!

Zweimal Waschen im Jahr, das brauchte ja Wäsche!

Unwahrscheinlich. Ich sehe noch den Schrank meines Vaters, die Wäsche, die seine Mutter ihm gewoben hatte. Etwa fünfzig weiße Hemden, dazu die fünfzig für den Werktag. Jeden Sonntag zog er ein neues an, das sich von dem werktäglichen abzeichnete: ein gesticktes Hemd, meist vorne gefältelt und mit Litzen. Wie viele Anzüge er hatte, ich weiß es nicht mehr. Im Unterdach sind noch welche; ich habe mich nie getraut, sie wegzugeben, fortzuwerfen. Seit fünfundzwanzig Jahren ist er tot; einige seiner Kleider wurden seit 1900 nicht mehr getragen.

Darunter ist ein Mantel, der eine Geschichte hat. Anfang Jahrhunderts waren die Hutchkinsons, Engländer, bei einer Besteigung von den Veisivi abgestürzt. Mit anderen Führern ging mein Vater, der auch Bergführer war, die zerfetzten Leichen holen. Auf den Schultern hat er einen von ihnen zu Tal getragen. Seinen blutverschmierten Überzieher habe ich immer noch; es ist dumm, aber ich kann mich von ihm nicht trennen.

Auch die Mutter hatte eine ganze Sammlung von Hemden und Miedern, um so mehr, da die Frauen alle Tage eine weiße Bluse anhatten! Um zu dieser Riesenaussteuer zu kommen, spannen die Frauen ihren Flachs, spannen und spannen. Heute kannst du gehen, wohin du willst, diese handgesponnenen, von Hand genähten großen Männerhemden findest du nirgends mehr. Höchstens zu Folkloreanlässen werden sie noch zu der braunen Tracht getragen. Ja, da hatten die Frauen ihren Flachs zu spinnen für die feine Wäsche, den Hanf für Leibwäsche und Leintücher, all die Tücher und Stoffe, die man in der Landwirtschaft brauchte.

Die Bettücher! Stöße und Berge. Und Handtücher, für sechs Monate ausreichend! Kleine Wäsche immerhin hielten wir mal zwischendurch. Die Kinder hatten eine kleinere Aussteuer, und sie verschmutzten sie schneller.

Die Türme und Berge in den riesigen Waschtöpfen muß man gesehen haben.

Zuerst sortierte man die Wäsche aus, gab, was von der gleichen Art war, in einen Bottich. Dann begann man die Wäsche abzulaugen. In einem großen Kupferkessel heizte man Wasser.

Während das Wasser am Sieden war, bedeckte man die Wäsche sorgsam mit einem Laken, in das die Asche hineinkam. Gute Asche zu haben war eine Geschichte für sich. Konnte man Birkenholz veraschen, bekam man eine bessere Wäsche. Ich höre noch, wie meine Mutter mit zitternder Stimme sagt: »Und daß du mir kein Papier in den Ofen tust, das versaut mir die ganze Wäsche!« War die Asche erkaltet, wurde sie gesiebt, ehe man sie in den *floric* legte, man mußte darauf achten, daß nichts davon ins Wasser fiel. Dann schlug man das Laken sorgfältig um.

Alles war bereit, das eigentliche Ablaugen konnte beginnen. Mit einer riesigen Waschkelle, ihr Stiel maß wenigstens zwei Meter, schöpfte man das Wasser aus dem Topf, erst lauwarm, dann immer heißer, und goß es über den *floric*.

War die Wäsche gut durchweicht, sammelte man das Wasser in dem Bottich auf und goß es zurück in den Heizkessel, wärmte es wieder auf und begann die Zeremonie von neuem. Das konnte die ganze Nacht durch so gehen. Am andern Tag ging man zum Brunnen und rieb die Wäsche aus. Da wurde sie weiß, wunderbar weiß. Und roch so gut. Es ging an den nächsten Stoß schmutziger Wäsche, bis zur Erschöpfung, wenn ich so sagen darf, unserer Kräfte und unserer Wäsche.

Auf die gleiche Art bleichten wir Leinen- und Hanfstränge. Erst bündelte man den Faden zu Strängen einer bestimmten Länge. Man nannte das *le cheinteine*, was schwierig zu erklären ist; ich will es versuchen.

Also man nahm sovielmal hundert Fäden der gewollten Länge, wie es Löcher im Kamm des Webstuhls hatte. Wir hatten Kämme, in die gingen achthundert Fäden, in andere tausendzweihundert, je nach Dicke des Garns. Diese Berechnungen mußten alle vorher angestellt werden. Dann legten wir unsere gutgebündelten Stränge an drei, vier verschiedene Orte ab, damit sie nicht durcheinandergerieten, warfen sie in den Waschzuber, laugten sie mit Asche durch den *floric*.

Ich weiß nicht, wie oft ich das gemacht habe, im Herbst und im ersten Frühling. Auf dem Heuboden ließ man die Stränge trocknen. Benutzt wurden sie erst im Jahr darauf.

Ich erinnere mich: Wenn ich die Hände in die Lauge tauchte, war diese fast braun geworden, Flachs und Hanf ließen ein bräunliches Wasser zurück. Die Hände wurden glitschig und schrumpelten, als hätte man Seife, viel Seife gebraucht! Das war die Pottasche. Übrigens, wenn die Mädchen blond werden wollten, wuschen sie ihr Haar mit dieser Lauge.

In den beiden Kriegen habe ich nie große Wäsche gemacht; wir waren wenige zu Hause, und ich hatte nicht mehr genug Wäsche. Ich bleichte keine Garnstränge mehr, die Zeit fehlte. Doch da wir keine Seife hatten, habe ich öfter in einem Topf Asche gekocht, diese abgegossen und die Lauge zum Waschen gebraucht. Das ging bestens.

Nein, diese schweren Arbeiten konnte ich nicht mehr allein tun. Man mußte zu mehreren sein. So wandte sich mein Leben allmählich vom Hergebrachten ab, außer was das Färben der Stoffe anging. Ich habe viel mit Pflanzenfarben gearbeitet, aber wie sah die Küche nachher aus! Aus Zeitmangel, auch wieder, mußte ich es aufgeben. Diese Farben waren aber bei weitem schöner und billiger, als was herauskam, wenn man die Stränge in eine Färberei schickte.

Das natürliche Färben der Wolle ist eine Beschäftigung, die sich über das ganze Jahr hinzieht. Man muß die Pflanzen einsammeln, wenn sie in voller Blüte stehn, die Beeren, wenn sie reif sind. So geht das Pflücken über zwölf Monate. Du siehst das Bild: pflücken, färben, pflücken, da kannst du nichts anderes mehr machen, denn, mein Gott, das nimmt dich in Beschlag.

Gewoben wurde im März und April. Das ganze Dorf hallte vom sanften Surren der Schiffchen wider. Im Mai war's zu Ende. Man nahm die Tuchrollen mit auf die Alp. Auf dem Gras breitete man sie aus, begoß sie mit Jauchekellen drei, vier Mal am Tag. Das Wasser auf der Alp, das direkt vom Gletscher kommt, bleicht stärker. Die Sonne trocknete die Stofftücher.

In Armentières, Nordfrankreich, wo man in Fabriken

viel Stoff herstellt, wird dieser immer noch auf den Wiesen gebleicht, es gibt nichts Besseres.

Waren die Ballen gebleicht, gingen die Mütter daran, die Hauswäsche zu schneidern. Sie schnitten und nähten von Hand. Ein paar kleine, handgetriebene Nähmaschinen gab es zwar, und man konnte sie mit hinaufnehmen; doch waren die Fenster zu eng, das Licht der Öllampen zu schwach, als daß man eine schöne Arbeit hätte fertigen können.

Ich sagte dir schon, wir blieben zweieinhalb Monate auf der Alp, was den Handarbeiten einigen Raum ließ. Es kostete eine Heidenzeit, aber Zeit, die hatten wir ja.

Du sprachst von den weißen Miedern der Frauen. Zur Tracht tragen sie die immer noch. Wenn man sie so in ihrer Landschaft sieht, kommt es uns Fremden vor, als stände die Zeit still.

Man hat mir erklärt, wir trügen, bis auf Kleinigkeiten, dieselbe Tracht seit dem 15. Jahrhundert. Die handgewobene Schürze und das Halstuch waren weiß mit roten Streifen. Ich habe noch mehrere davon, eine meiner Urgroßmütter hat sie gewoben. Im vorigen Jahrhundert ist das rotgeblümte Tuch aufgekommen, das alle Bäuerinnen um den Hals geknotet haben.

Es hieß einmal, unsere Tracht sei um 1850 vollkommen überarbeitet worden. Doch nur etwas von dem Zubehör wurde geändert. Sie hat immer noch die gleiche Form, die gleiche Farbe. Immer wurden die Nähte mit blauen Tressen verdeckt. Für die Hochzeiten und anderen großen Tage gab es eine purpurfarbene Tracht; man kann sie noch bei Umzügen sehen.

Wie kam man auf die Idee mit dem plissierten Rock?

Man muß beachten, daß alle Trachtenkleider weit geschnitten und aus schwerem Stoff sind. Da hat man gewiß diese Fülle um die Taille gerafft, so daß sie in schweren Falten fiel. Für die Feldarbeiten bekam der Rock eine gewisse Länge. Die Falten sind wohl später dazugekommen, sie sind schon etwas ausgefallen. Man machte einen Hohlsaum, durch den ein gefälteltes Bändchen ging. Einen Saum unten, vom Samtband verdeckt, schon war die Sache gelaufen.

Einer Frau, die eitler als die andern war, müssen eines Tages die Falten zu auftragend vorgekommen sein. Da machte sie die Fältchen daraus, welche das Kleid weniger plump erscheinen lassen, das ist die Erklärung. Heute ist der Rock am Mieder festgemacht.

Als ich 1958 zur Weltausstellung nach Brüssel ging, sah ich Indianerkostüme aus Mexiko, die den unseren glichen: dieselben schweren Stoffe, dieselben Falten. Mit dem einzigen Unterschied, daß bei uns die Falten oben nicht umgeschlagen werden. Sie werden fein gedreht, damit sie nicht ausfransen, und kommen unter das Mieder.

Die Indianerinnen trugen das Mieder unter dem Rock. Auch ihre Blusen ähnelten den unsern, nur daß unser Vorderteil gekreuzt ist. Und der hintere Ausschnitt, der bis zum Nacken reicht, ist gefältelt. Unsere Blusen haben keine Knöpfe. Bei jeder Bewegung gehen sie ein bißchen auf, ohne daß es gerade freizügig wirkte. Ich war überrascht, solche Ähnlichkeiten in den sehr einfachen, sehr eleganten traditionellen Gewändern zu finden.

Unser Hut hingegen ist verändert worden. Früher einmal glich er der Montera des Toreros oder einem umgedrehten Suppenteller. Er war aus Filz, mit einem Band geschmückt. Man trug ihn alle Tage. Meine Großmutter väterlicherseits trug ihn mit einer Spitzenhaube darunter. Die andere Großmutter setzte sich schon den heutigen Hut mit den schön ausgeweiteten Krempen auf. Ja, der hat eine ziemlich ungewöhnliche Form, ist verziert mit Querfalten aus Stoff und mit schalenförmig gewundenen Bandknoten geschmückt. Wenn es vielleicht auch nicht so aussieht, er ist sehr bequem zu tragen. Arbeitet man draußen, ist er nicht zu warm, denn er ist ja aus Stroh, doppelt oder einfach, und mit Stoff bedeckt. Er schützt vor Sonne und Regen. Ich begreife nicht, warum die jungen Mädchen ihn aufgegeben haben. Die lassen sich von der Sonne brennen und braten!

Unsere schwarzen Wollröcke sind sehr weit: zwei Meter vierzig auf zwei Meter achtzig Umfang. Auch wenn man sie stark um die Taille rafft, stehen sie ab. So ist uns nicht heiß darin. Schwarz schützt vor Hitze. Wenn ich verglühen wollte, habe ich die Ärmel meiner Bluse etwas zurückgeschlagen. Bekam dann völlig verbrannte Unterarme. Der Oberarm blieb schön weiß, die Haut behielt den seidenen Glanz. Noch in meinem Alter habe ich eine frische Haut, weil ich mich nicht dümmlich in die Sonne legte.

Ehedem trugen wir weiße Strümpfe und bestickten das weiße Band, das die Schürze hielt. Seidenbänder und Seidenschürzen sind später gekommen, Flitterkram, nichts anderes.

Wir pflegten den kleinen, straffgezopften Haarknoten, der den Hut auf dem Kopf schön gerade hielt.

Zwei Arten Schuhe hatten wir: die ausgeschnittenen, leichten, fast Tanzschuhe, und die mit den herausstehenden Nägeln, um beim Heuen die Hänge hinaufzuklettern. Die Wollstrümpfe reichten bis ans Knie. Sie schützten vor Bremsen und Wespenstichen und beim Heuen vor Schlangenbiß. Schlangen gab es viele.

Alles an unserer Tracht hat seinen Sinn; was sie nicht daran hindert, schön zu sein, im Gegenteil.

Du kennst den leichten Wind, der sich im Sommer, nach einem heißen Tag, jeweils vor Sonnenuntergang erhebt. Und frühmorgens ist es frisch. Diese Kleidung ist für Temperaturunterschiede ideal. Man zieht nicht in Rechnung, daß man, wenn man die Tracht aufgibt, einen Teil des eigenen Komforts aufgibt für einen falschen, der aus den Städten kommt. Nicht von ungefähr trägt man in den Ländern mit großen Temperaturschwankungen am Tage wollene Kleider.

Ich habe die Tracht nie aufgegeben. Ein oder das andere Mal hatte ich versucht, modische Kleidung zu tragen. Ich kam mir blöd vor und eingeengt, fühlte mich nicht wohl. Die paar Reisen, die ich ins Ausland unternommen habe, machte ich in der Tracht. Erst staunen die Leute, und dann freuen sie sich, wenn sie entdecken, daß es noch Leute gibt, die ihren Traditionen treu bleiben. Zum Beispiel die Brüder Vuignez. Persönlichkeiten in unserem Tal. Sie besitzen zahlreiche bequeme Maiensäße, in die sie Bienenstöcke gesteckt haben; sie führen ihre Bienenkörbe von La Giety nach La Villette. Wenn ihre Bienen viel Honig geben, ist es, weil sie gut nach ihnen schauen. Ihr Honig ist der beste, der reinste im ganzen Tal. Vollkommen unbehandelt.

Auch sind sie ausgezeichnete Maurer. Ohne je eine Lehre gemacht zu haben, können sie es manchen Berufsleuten zeigen. Giltsteinöfen flicken sie wie niemand. Restaurieren sie, so muß man sagen.

Sie sind auch verkannte Dichter. Überall hinterlassen sie originelle Inschriften, sogar am Eingang des Bienenhäuschens. Ein Gast aus Paris, der sich von ihnen ein Haus hatte bauen lassen, lud sie eines Tages ein, ihn mit zwei jungen

Mädchen in Paris zu besuchen. Die Fräuleins hatte er gebeten, die Hochzeitstracht zu tragen.

Die Vuignez wußten nicht so recht, wie sich kleiden zu diesem Anlaß. Sie hatten die geniale Idee, sich eine Führertracht zu kaufen, dunkelgraues Tuch, und eine Dachsfellmütze. Sie hatten ein wunderbares Gewebe ausgewählt. In Paris war das ein toller Erfolg. Sie wurden ins Theater ausgeführt, vielleicht gar in die Oper. Und überall ein irrer Erfolg. Man fand sie prächtig, elegant. Bestimmt hatten sie viel Ausstrahlung, denn sie trugen ein Gewand, das ihrer wirklichen Persönlichkeit entsprach. In einem anderen Aufzug wären sie verkleidet gewesen.

Martin redete ein sehr ausgefeiltes Französisch, sein Bruder machte nicht viele Worte. Martins Erklärungen, im Dialekt, bereiteten manchem Schriftsteller einen schönen Abend. Ich kann mich erinnern, wie ich nach meiner Operation von Lausanne zurückkam, ich war vierundsechzig. Man hatte mich gut gepflegt, ich war rosig und ausgeruht. Als Martin mich sah, sagte er mir: »Meine liebe Marion, für dich ist die Sonne untergegangen; aber es gibt so schönen Mondschein!« So fein, galant und humorvoll gab er zu verstehen, mein Leben als Frau sei vorüber; ich wußte es ihm zu danken.

Hast du vor Brüssel andere Reisen unternommen?

Warte mal, ja, 1958 war das, glaube ich. Da war ich mit einem meiner Neffen unterwegs, Roger, er ist gestorben. Wir gingen nach Südfrankreich. Sind ein paar Tage in Nizza geblieben, dann nach Italien weiter. Es war meine erste Reise.

Ich war beinahe sechzig, als ich nach Paris kam, in der Tracht. Freunde erwarteten mich auf dem Bahnhof. Ich hatte Angst, ich fände mich, vom Bahnhof weg, in der riesigen Stadt nicht zurecht. Jetzt ist es einfacher, sagt man mir. Es gibt Wegweiser vom Ausgang zu den Taxis. Du stehst in der Schlange, steigst in dein Auto, und dann ist es nichts mehr. Beim ersten Mal hingegen, für jemand, der, außer nach Lausanne, Bern und einmal Basel, nie aus seinem Dorf herausgekommen ist, kannst du dir das vorstellen?

Was für einen Eindruck machte dir Paris?

Ich war viel weniger beeindruckt, als ich angenommen hatte. Ich fand eine Stadt, die unseren Schweizer Städten glich, nur größer und schöner, mit älteren Denkmälern. Und weniger geleckt war das, weniger herausgeputzt. Man führte mich an Orte, die mich irr machten vor Freude: der Louvre insbesondere. Ich entdeckte die assyrischen Altertümer, die ägyptischen: Das hält, ist hingestellt für die Ewigkeit. Griechenland kam mir, wiewohl zweifellos schön, gezierter vor. Bei den Assyrern, Ägyptern war ich zu Hause. Das ist Fels. Welche Freude, all das zu besuchen. Eine kindliche Freude, verzehnfacht durch Reife.

Ich wartete auf den Eindruck, den mir die Mona Lisa machen mußte. So viel war darüber geredet worden, so viel hatte ich gelesen. Du wirst es mir nicht glauben, ich hatte überhaupt kein Gefühl, nichts.

Gleich daneben ein Bild von Velázquez: junge Spanier in ihren Trachten, es mußte »Las Meninas« heißen oder so. Das stand aber, und wie, kann ich dir schwören! Wieviel Kraft in diesem augenscheinlich leichten Bildinhalt! Was ist mir noch geblieben von dem, was ich gesehen habe? Delacroix, den ich für akademischen Schmarren hielt. Auch da habe ich mich hingesetzt: die Kraft, die Beharrlichkeit in diesen Bildern!

Alles, was man mir über die großen Paradestücke des Louvres erzählt hatte, war enttäuschend. Diese Dinge rührten mich nicht. Ich zog es vor, stillere, heimlichere Werke zu entdecken, weniger gelobte, und die brachten mir geheimnisvolle Botschaften. Ich ließ mich von meinem Gefühl leiten, mich vor ein Bild hinzustellen, mich von einem anderen, das man für wichtiger ausgab, wegzuziehen. Toulouse-Lautrec hat mich stark berührt.

Am Ausgang erstarrte ich vor … du wirst lachen: vor Reproduktionen. Reproduktionen der Höhlen von Lascaux! Ich konnte nicht an mich halten, mußte mir eine kaufen.

Was überhaupt nicht lächerlich ist. Als Tochter der Felsen bliebst du dir selber treu durch die Assyrer, Ägypter, Lascaux!

Zweifellos trage ich in mir ein Bedürfnis nach Standfestigkeit, nach den Bergen, die Neigung zu einer leidenschaftlichen, ja heftigen Bekräftigung. Vielleicht muß ich aus innerer Notwendigkeit Blick und Fuß auf etwas richten, was Widerstand bietet, nicht nachläßt, was wirklich trägt. Ich bin dem nie nachgegangen, aber es stimmt. Eine Übereinstimmung mehr.

Wann hast du zum ersten Mal das Meer gesehn?

Nun, ich sagte schon, als ich mit meinem Neffen nach Nizza kam. Kurz darauf in Cannes. Das glich einem großen See, nicht gerade sehr viel mächtiger als der Genfer See. Ein stilles, ruhiges Meer an jenem Tag.

Ich mußte die Nordsee sehn, um zu einem Eindruck von Kraft zu gelangen. Trotzdem war ich nicht überwältigt. Ich hatte mir das alles vorher so ausgemalt, so viele Beschreibungen gelesen.

Beim zweiten und letzten Mal, als ich ans Mittelmeer kam, sah ich mehr. War nahe daran, ein paar Meter, wie von hier zu dem Stadel da. In Beaulieu-sur-Mer wohnte ich in einem Haus am Meer. Genau darüber die von Vauban erbaute Festung und die von Jean Cocteau ausgemalte Kapelle.

Traurig zu sagen, aber ich empfand eine Art Abscheu.

Ein paar Stufen nur, und man war im Wassser. Gleich daneben kam die Kanalisation herein, und da zeigt man mir noch, wimmelnd auf dem Sand, furchtbare Tierchen, die einem großen Bleistift voll von Warzen gleichen … Seegurken, gräßlich, ekelhaft. Eine Zeit davor hatte ich gelesen, die Japaner legten sie als Konserve ein und verkauften sie unter dem Namen Kalmar.

Ich war bei einem Doktorfreund, seiner Frau und den Kindern. Als ich sah, wie diese in der Latrinengrube badeten, es gibt keinen anderen Ausdruck, sagte ich ihrem Vater: »Sie bringen sie um. Da packen sie die Kinder ein Leben lang in Hygiene-Watte und lassen sie dann in diesem verseuchten Wasser schwimmen.«

Um alles Geld der Welt hätte ich nicht eine Zehe da hineingesteckt, auch weigerte ich mich, Fisch zu essen. Vielleicht hatte ich recht, denn heute ist, was die Wasserverschmutzung angeht, die Alarmstufe in jener Gegend längst überschritten. Man brauchte kein Prophet zu sein, das zu ahnen.

Das wär's denn, die vier kleinen Ausbrüche aus meinem Leben als Bauernfrau, mit einem kurzen Besuch im Seidenmuseum von Lyon, einem anderen in Nordfrankreich, um eine Spinnerei zu besichtigen. Ich bedauere es nicht, keine großen Reisen unternommen zu haben, in jene fernen Länder, die mich dennoch gereizt hätten.

Ich lernte, in die inneren Räume des Geistes hinabzusteigen; das ist ebenso ungewöhnlich und wunderbar, und du bist von niemandem abhängig, brauchst kein Geld. Ein Ereignis im Dorf selbst hat uns allen auch ein bißchen Fremde gebracht. Als 1927 hier der Film *Petronella* gedreht wurde.

Persönlich war ich bei dem Film nicht dabei, ich arbeitete zu hart, viele Bauern indessen haben als Statisten mitgespielt. Trotzdem verfolgte ich die letzten Drehtage, als man bei Arolla die Schlacht zwischen napoleonischen Truppen und Wallisern filmte. Man hatte die Bauern mit Statisten zusammengebracht, die aus Deutschland kamen für Massenszenen.

Pierre Larousse aus Frankreich, einer aus der Familie … der Wörterbücher, war in Evolène in den Ferien, ein Bergsteiger.

Als er Walliser und Deutsche als Bauern verkleidet erblickte und sah, wie die auf die Soldaten des Empire losdroschen, ich weiß nicht, was ihn packte, es ging mit ihm durch: Er schwang seinen Pickel, sprang auf das Schlachtfeld und rief, er hätte Lust, diesen Deutschen die Köpfe einzuschlagen.

Auch an die Hauptdarstellerin Marie Delschaft kann ich mich erinnern. Die Intensität ihres Lebensgefühls wie ihres Ausdrucks war einfach erstaunlich. Sie war um die Dreißig und sehr schön. Einige Male besuchte sie mich zu Hause. Im Dorf fand man es recht lustig, bei einem Film mitzuwirken, außerdem gab es den Leuten Gelegenheit, etwas zu verdienen.

Aber mehr als die Schauspielerin und als Dieterle, den ich auch kennenlernte, beeindruckten mich die Kameras. Überall standen welche. Und die großen weißen Aluminiumbleche für die Ausleuchtung reflektierten die Sonnenstrahlen.

1960 hat man noch einen Film gemacht: *An heiligen Wassern.*

Der ganze Troß kam aus München. Was Lokalkolorit anging, waren wir dann bedient. Die Kostüme waren läppisch, zerlumpt und zerrissen, sie sollten wohl nach echten Bauern aussehen.

Dann gab es noch *Jean-Luc persécuté*, nach dem Buch von Ramuz. Sie haben in Villa und La Sage gedreht. Den Film habe ich nie gesehen, dafür den letzten, der hier gemacht wurde, *Der Deserteur*. Lockt keine Katze hinter dem Ofen hervor; alles, selbst das Land, ist bis zur Unkenntlichkeit verzerrt; wenn mein Gedächtnis mich nicht im Stich läßt, enthält der Film monumentale Irrtümer in bezug auf unsere Gebräuche. Die Schauspieler redeten französisch.

Natürlich ist unser Dialekt zu lokal für ein Werk, das einem französischsprechenden Publikum gezeigt werden soll, das weiß ich auch, aber für uns war es schlicht unerträglich, widersprach allem Gewohnten, so daß wir uns gar nicht wiedererkannten. Das gefiel uns überhaupt nicht.

In eurem Dialekt kommen viel Poesie und viel Realismus zusammen.

Ja, der Realismus stammt aus dem Lateinischen. Es gibt einen Haufen Flüche, im Dialekt. Könnte ich mich daran noch erinnern, wagte ich nicht, sie dir aufzuzählen, ein ganzer Rosenkranz!

Dazu die grobe und unflätige Sprache. Jemand fängt zu schmähen an, und man sagt: »Mach dich davon, der hat das Große Buch aufgetan!«

An sich aber ist das Patois sehr elegant. Seit etwa zwanzig Jahren hatten die Jungen es vernachlässigt, sich seiner geschämt, doch ich sehe, wie es heute wieder ins Recht gesetzt wird, ja, daß man stolz darauf ist.

Unser Vokabular für den Alltag ist viel reicher als das Französische, gleichzeitig genauer. Darüber staunen die Fremden. Wenn sie mit einem Bauern sprechen, und der sucht nach Worten, denken sie, es geschähe aus Ungeschick,

Mangel an Wörtern. Was ein gewaltiger Irrtum ist: Der sucht, weil es im Französischen kein gleichwertiges Wort gibt für die Idee, die er ausdrücken möchte. Wir schmücken unsere Rede mit ausgestorbenen Ausdrücken, was den Eindruck eines gestelzten Französisch aufkommen läßt, als hätten wir einen Komplex. Nochmals Irrtum. Wir, vor allem die Alten, versuchen, diese Sprache so genau wie möglich zu sprechen. Es kommt daher, daß man uns in der lange zurückliegenden Schulzeit anhielt, den genau treffenden Ausdruck wirklich zu suchen. Den hat man, ohne falschen Ehrgeiz, ganz natürlich gebraucht, denn wir mußten Dialekt und Hochsprache richtig gebrauchen. Es gibt keine Literatur hier, nur die mündliche Überlieferung. Das Patois wird nicht geschrieben.

Seit etwa dreißig Jahren, als Gauchard seine Untersuchungen über die Westschweizer Dialekte anstellte, ist es phonetisiert. Man hat die gebräuchlichen Zeichen verwandt und umschreibt damit Klänge, also Zeichen, die der französischen Lautlehre abgehn.

Für den Buchstaben a gibt es sieben Klänge, elf für das o. Die Aussprache von k liegt zwischen k und t. Wie im Englischen wird das h aspiriert. Ein c spricht sich als ch aus. S und z gleichen dem englischen th, und so weiter. Unsere Genauigkeit, die Art, wie die Sätze gebündelt werden, ist nicht französisch. Will das Französische eine Idee genauer umschreiben, breitet es diese aus. Unsere Wortkargheit umreißt den Gedanken klarer, weil wir ihn stärker konzentrieren.

Ich will dir ein Beispiel geben: Ein Sprichwort heißt: *a modo, a pount'*. Das bedeutet: Die genaue Umsetzung ist immer das am besten Geformte. *A modo* ist die genaue Umsetzung, bei einer Idee, bei einer Arbeit; etwas kann nicht besser gesagt, nicht besser gemacht werden.

Noch ein Sprichwort: *Tsiké gotta kré la mota*. Jeder Tropfen Milch vermehrt das Gewicht vom Käse. Es gibt unzählige Sprichwörter.

Auch eine Dialektdichtung?

Nein. Früher einmal trug eine Frau lange Geschichten in epischer Form vor, Eigengewächse von Poesie, die sie mit Schwung rezitierte. Das war ganz schön, ungewöhnlich. Ich war siebzehn, als sie starb. Zu jung, um zu bewahren, was sie sagte, oder ihm jene Beachtung zu schenken, die ich ihm heute gäbe.

Ehe die Schulpflicht kam, muß es doch eine mündliche Überlieferung gegeben haben; ich bin auf keine Spuren gestoßen. Zweifellos war es schon zu spät, alles untergegangen. Mit der Zeit haben sich französische Gedichte, Chansons, Gebete eingenistet. Wie und durch wen? Gewiß haben die Soldaten des Empire Spuren hinterlassen, dann die Hausierer und jene, die ins Tal zogen. Zu meiner Zeit gab man sich diese Neuheiten wie Geschenke weiter. Ich vermute, mit dem Französischen, das in der Schule verbindlich wurde, hat die letzte Stunde der mündlichen Überlieferung geschlagen.

Eben erklärte ich dir die Schwierigkeiten, Sprichwörter zu übersetzen. Mit den Sagen stieß ich mich am gleichen Problem. Darum wollte ich sie nie jemandem überlassen, auch nicht Leuten, die schreiben konnten. Der Geist des Dialektausdrucks wäre verändert worden. Man mußte über beide Sprachen verfügen, ja diese von innen gelebt haben. Eigentlich wollte ich diese Arbeit selber machen, jetzt ist es zu spät.

Die Eleganz des Ausdrucks geht mit der Eleganz des Gedankens zusammen, mit jener Vornehmheit, die hier vor allem den Frauen angeboren ist.

Ich sagte es schon, man konnte uns die königlichen Bauern nennen. Man beobachtet hier, wie in allen Bergdörfern, eine Art des Aufrechtgehens, der Haltung und des Sprechens, eine Art, Leute zu empfangen, die von einer natürlichen Würde geprägt ist, einem selbstverständlichen Wissen um die rechte Lebensart. Bei mir sah ich Leute aller Schichten ein und aus gehn, Minister, Philosophen, Schriftsteller, Theologen, Leute, die man für wichtig hielt. Das hat mir keinen großen Eindruck gemacht. Wichtig, was heißt das? Ich hätte das Gefühl gehabt, sie zu erniedrigen, hätte ich sie nicht, ohne falschen Stolz, von gleich zu gleich behandelt.

Sehr stark und sehr tief ist in mir das Gefühl verankert, wir wären, über die Unterschiede sozialer und kultureller Milieus hinaus, alle gleich. Man müßte wirklich darüber nachdenken, was Überlegenheit in welchem Bereich und auf welcher Ebene bedeutet. Alle werden wir geboren, und wir sterben alle. Gleichheit im Erscheinen und Gleichheit im Abtreten, nur gerade ein kurzer Erdenritt dazwischen. Das braucht keinem in den Kopf zu steigen.

Wenn du bemerkst, unsere Frauen hätten viel Rasse und Anmut, triffst du das. Ohne in übertriebenem Feminismus zu machen, würde ich sagen, es sei dies eine Konstante an der Frau schlechthin. Sie ist feiner als der Mann. Gestern hörte ich eine Bäuerin, die nur die Primarschule besucht hat wie ich, sich mit einer Fremden unterhalten. Kein leichtes Leben, ein schwieriger Mann, fünf Kinder, eines krank.

Die andere kam aus Frankreich, sie sprach von ihren familiären Sorgen. Vier Kinder, manche ohne Schwierigkeiten, die anderen quälten sie. Zum Verzweifeln.

Die Antwort der Einheimischen auf diese Klagen ist mir noch im Ohr:

»Verzweifeln Sie nicht, gnädige Frau, es wird sich alles

richten. Ich habe fünf. Drei machten sich gut, zwei überhaupt nicht. Ich war am Ende, wußte nicht mehr, wie es weitergehen sollte. Und dann, in einem gewissen Alter, wurden sie auf einmal wie die andern. Es waren Spätentwickler, das mußte man verstehen.«

Siehst du, die Pariserin, die, das weiß ich, sehr kultiviert war, hat der Bäuerin ihre Probleme erzählt, weil sie merkte, daß sie verstanden wurde: »Man mußte verstehen, daß es Spätentwickler waren.« Ich sah, wie sich das Gesicht der Französin aufhellte. Was sie nicht wußte: Woher die Bauersfrau ihr Wissen schöpfte. Sehr einfach, zweifellos hatte sie gesehen, wie ihr Gemüse trieb, hatte die Natur beobachtet!

Was den Dialekt angeht, habe ich eine recht außergewöhnliche Erfahrung gemacht. Ich half der Tochter eines Professors von der Universität Mailand, die eine Arbeit über romanische Sprachen schrieb. Sie kam mit einem ganzen Lexikon lateinischer und italienischer Wörter an, die sie von mir ins Patois übersetzt haben wollte. Das war spannend. Zu meiner großen Überraschung entdeckte ich, daß das Wort »vendetta« in unserem Dialekt keine Entsprechung hat. Gibt es nicht. Das scheint mir bedeutsam, und ich will dir sagen warum.

Wenn wir auch nicht allzu unglücklich lebten, unser Tal war früher nicht gerade ein Tal der Träume. Man mußte ohne Unterlaß arbeiten; so konnte man in guten Jahren leben, in schlechten gerade überleben.

Was aus uns glückliche Menschen machte, als das Tal noch geschlossen war, oder besser: Was unseren Beziehungen eine gewisse Ausgewogenheit, Harmonie gab, war, daß wir nichts wußten von Konkurrenz und Eifersucht; das Gefühl, weniger zu sein als der andere, existierte nicht.

Spät habe ich gemerkt, was Eifersucht sein kann, auch Ehrgeiz und Konkurrenzdenken. Es machte mich sehr unglücklich. Geldwert begann den Begriff gegenseitigen Beistands zu ersetzen!

Persönlich habe ich Eifersucht nie gekannt, und ich denke, allen meiner Generation erging es so. Sie wußten nicht, was diese Verwüstung des Geistes ist, die alles verheert.

Das läßt mich an einen Satz denken, den die Bauern sagen und den ich nie auf französisch gehört habe: Liebe wird mit Liebe bezahlt. Was nicht eine Leidenschaft beschwört, nicht die Liebe zwischen Mann und Frau, sondern etwas viel Weiteres, Breiteres. Ein ungeheurer Satz: Liebe wird nur mit Liebe abgegolten!

Unser Patois verlieren hieße mehr verlieren als ein Ausdrucksmittel, als ein Stück Hergebrachtes; es hieße eine Ethik verlieren, das ist schwerwiegend.

In den Dorfchroniken, in der Literatur, die sich um Bäuerisches dreht, werden uns aber oft Leute vorgeführt, die einander belauern, die …

Nicht zu meiner Zeit, ich glaube nicht, jedenfalls selten.

Ich hatte eine französische Freundin, die ich hie und da in dem Chalet besuchte, das sie in Villa mietete. Sie konnte nicht verstehen, daß wir, wenn wir Einheimischen dort aufeinandertrafen, uns benahmen, als wären wir einander fremd. Es erstaunte sie, daß wir uns nur guten Tag sagten und, nach solchen Begegnungen, keine stärkeren Beziehungen pflegten. Ich erklärte ihr, wenn man in einer kleinen Gemeinschaft lebe, müsse man größte Ehrfurcht vor den anderen haben, was ein gewisses Distanzhalten voraussetzt. Schon durch die Anlage des Dorfes, der Häuser, hocken wir aufeinander. Man kann nicht aufeinander leben.

Diskretion braucht es, will man freie Beziehungen aufrechterhalten.

Ich sagte dieser Freundin auch, wenn eine jener Personen, die sich bei ihr trafen, einmal in eine Notlage geriete, wäre, und das verspreche ich dir, das ganze Dorf bereit, ihr zu helfen. Man würde versuchen, ihr unter die Arme zu greifen. Was nicht heißt, man dränge in ihren Intimbereich ein; was nicht bedeutet, man erwarte von ihr Geständnisse. Besser ist, daneben zu stehen und im gegebenen Moment den guten Dienst zu leisten.

Die Macht des Alters

Sogar in der eigenen Familie hielt man auf respektvolle Distanz. An Taufen, Hochzeiten und Beerdigungen trafen sich die engsten Verwandten. Und auch ein paar Mal bei religiösen Festen. Kein öffentlicher Freudentaumel, Volksfröhlichkeit gibt es nicht bei uns. Daß ein Vater vielleicht seine ganze Kinderschar einmal einlud, weiter ging das nie. Wir lebten in einem geschlossenen Gefäß. Jeder mußte seinen genau abgegrenzten Bezirk haben, seinen Lebensraum. Und der ist so schon eingeschränkt; Klugheit, Verschwiegenheit und ähnliches waren nötig, wollte man nicht, im eigentlichen und im übertragenen Sinn, auf Nachbars Weide grasen.

Mir scheint – ist es eine Sinnestäuschung? –, früher sei hier alles weicher, sanfter, einfacher gegangen. Jedenfalls gab es die politischen Überschneidungen nicht, die heute die Bewohner eines Dorfes streng auseinanderhalten.

Wir sind eine rauhe Rasse, was eine gewisse Gewalttätigkeit nicht ausschließt, das Land will es so. In Wahlzeiten kann das rach- und streitsüchtige Züge annehmen. Das sind, neben dem Karneval, die Zeiten, wo die Heftigkeit unseres Temperamentes durchschlägt.

Mehr als ehedem gibt es heute die schlechten Hirten, um sie mal so zu nennen. Politische Führer, welche die Leute gegeneinander aufhetzen, meist für die eigenen, privaten Zwecke.

Das Land ist klein, und die Politik reißt die Familien auseinander. Du bist auf der einen Seite, ich auf der anderen. Zwistigkeiten entstehen.

Man haut Etiketten drauf. Unsere beiden christlichen Parteien beschlagnahmen den Katholizismus und werfen einander vor, keine Christen zu sein. Will man einen Hund ersäufen, sagt man, er habe die Räude; genau so ist es. Kannst es im Buch lassen, es soll hier gelesen werden.

In dieser Atmosphäre lebe ich und leide sehr daran. Ich finde es einen skandalösen Mißbrauch, Gott in sein eigenes Lager ziehen zu wollen, um damit die Gegenpartei besser verdammen, schuldig sprechen zu können. Ich habe ja auch der Kirche immer vorgeworfen, sie verunglimpfe jene, die nicht bereit sind, den Statthaltern der Priesterschaft die Füße zu küssen. In der Politik hat man diese Lektion gelernt, hat aufgeholt.

Fünfzig Jahre früher war das schon so. Zu Wahlzeiten nahmen die Rivalitäten ungeahnte Formen an. Die Leute redeten nicht mehr miteinander, alle Nerven waren gespannt. Zum Glück dauerte das nicht an. Alle vier Jahre hatte man eine friedlose Zeit, für einen recht kleinen Machtanspruch: in einer Gemeinde das Sagen haben! Zum Schluß hängt ja eh alles vom Kanton ab, von Sitten!

Die Dorfkämpfe geben in kleinerem Maßstab das Bild der politischen Interessenkonflikte wieder, die sich drunten abspielen. Ich will aufhören, von diesen Dingen zu reden, sonst lasse ich mich selbst zu jener Heftigkeit verleiten, die ich eben verpönt habe. Von wirklicher Religion findest du in diesen Auseinandersetzungen nichts, wie solltest du auch!

Du läßt nichts untendurch.

Das ist die Macht, die das Alter verleiht.

Wenn man auf einem Vulkan lebt, ist es nicht einfach.

Gott sei Dank lebe ich nicht mittendrin in dem Gewühle. Ich habe mich immer abseits gestellt, was auch nichts besser macht.

Wenn man Familien in jedem der feindlichen Lager hat, erschwert das die Beziehungen von den einen zu den anderen, und dann war ich, vergiß nicht, eine Frau, die wie ein Mann arbeitete. Von beiden Seiten habe ich öfters eins auf den Kopf bekommen, gerade weil ich mich, mit einer gewissen Belustigung, herausgehalten habe, mit einer gewissen Verachtung auch. Mehr Verachtung wohl als Belustigung. Etwa als hätte ich unabsichtlich ein wenig Wasser auf einen Ameisenhaufen gespritzt: Das ging nach allen Seiten los!

Daß ich für ein kleines Unternehmen Verantwortung trug, verzieh man mir nicht. Man verzieh mir nicht, daß ich eine gewisse Standfestigkeit erreicht hatte. Die Geringschätzung, die ich ihrem Gezänk gegenüber, im Unterschied zu einer wahrhaft politischen Auseinandersetzung, bezeugte, nahm man mir sehr übel.

So war für mich denn nicht jeden Tag Sonntag. Daß eine Frau ihren Weg machte, sah man nicht gern.

Jemand, der jetzt gestorben ist, sagte einmal ziemlich spitz: »In Evolène haben wir nur einen Mann, und das ist eine Frau.« Das war auf mich gemünzt.

Immerhin, ich habe nie versucht, Leute hereinzulegen, anderen Bananenschalen vor die Füße zu werfen. Mit mir hat man das versucht; zum Glück bin ich nicht ausgerutscht.

Gestern sprach ich mit einer von deinen Nachbarinnen, die du achtest, ohne mit ihr Freundschaft zu pflegen. Je älter sie würde, je besser könne sie dich verstehen, hat sie mir gesagt. Du hättest am Unverständnis deiner Umgebung sehr leiden müssen, meinte sie.

Am Unverständnis habe ich nicht sehr gelitten. Ich erwartete nicht Verständnis von den Leuten. Hätten die einen mich verstanden, wäre ich von den anderen verachtet worden. Ich versuchte einfach, den Kopf höher zu halten als das Herz. Stolz? Ich glaube nicht. Notwendigkeit, ja.

Mein wirkliches Problem hier war, daß ich nicht bigott war. Ich arbeitete, tat niemandem etwas zuleide. Die Gläubigen gingen zu ihrem frommen Zauber, ich nicht.

Ehedem zwang man uns in die Kirche hinein; man mußte »Besuche« abstatten, wie das, an irgendwelche Kapuzinerfürze gebunden, hieß. Man mußte in die Kirche hinein, Gebete aufsagen, herauskommen, wieder hinein, neue Gebete aufsagen, heraus, hinein, unaufhörlich, was für eine Beschäftigung!

In meiner Jugend habe ich es ein oder zwei Mal gemacht. Sehr rasch habe ich mich davon befreit. Was man übelnahm, versteht sich.

Vor ein paar Jahren noch machten die Frauen solchen Zauber mit. Und so ging es weiter:

Eines Tages sucht mich ein junger Priester auf, der aus Evolène gebürtig ist. Wörtlich sagte der mir: »Die Frauen sind schwachsinnig, wissen Sie. Ich sehe, wie sie diese Übung der Besuche abstrampeln. Gehen hinein, hinaus, und jedesmal meinen sie, eine Arme Seele aus dem Fegefeuer erlöst zu haben.«

Das empörte mich: »Aber, mein lieber Herr Pfarrer«, rief ich, »Sie erinnern sich nicht mehr? Vor zehn Jahren noch zwang man uns unter Androhung schwerer Sühne zu diesen Besuchen. Einen ganzen Nachmittag mußte man in die Kirche hinein, hinaus. Ihr Urteil ist sehr unpassend. Ungerecht. Auf der einen Seite eine religiöse Verpflichtung, der man nachkommt, auf der anderen Ihre Einschätzung ebendieser Übung, die Ihnen blöd vorkommt und gerade noch für Frauen gut, für ein paar Alte. Nicht nur aus Frömmigkeit, sondern aus barmherziger Nächstenliebe wollen die eine Pflicht erfüllen.«

»Das stimmt«, erwidert er, »ich dachte nicht mehr an die Vorschriften; aber das wird sich ändern.«

Der Zorn übermannte mich: »Wenn nun die Vorschriften sich ändern, kann man dann von jenen, die sie noch mit geschlossenen Augen befolgen, sagen, sie seien Dummköpfe? So bin denn ich, die das nie mitgemacht hat und auf die man mit Fingern wies, plötzlich im Recht und im Stande der Wahrheit! Das ist schon die Höhe, finden Sie nicht auch?«

Ich weiß nicht, was er nach dieser Unterredung dachte, ich habe ihn nie mehr gesehen, außer von weitem.

Eine andere Andachtsübung: der Rosenkranz am Abend. Die Pfarrer klagten, kein Mensch wolle mehr hinkommen; man hat den Rosenkranz abgeschafft. Im Monat Mai nimmt man aber diese Andachten wieder auf, und die Kirche ist voll! Die Pfarrer meinen, es gehe aufwärts mit der Frömmigkeit. Ich glaube nicht. Dieser Rosenkranz ist ein Stück Muße in unserem gehetzten Leben. Die Gläubigen gehen hin, hören eine kurze Ansprache, beten dann ihren Rosenkranz her und kommen entspannt, zufrieden wieder heraus. Sogar die Kinder mögen es. Es dauert nicht zu lange, eine Viertelstunde, zwanzig Minuten, Zeit, bei einem Vaterunser, ein paar Aves seinen Frieden zu finden.

Von den Reformen und der Umgestaltung der Morgenmesse, der Messe im allgemeinen, verstehe ich nichts. Früher gab es beim Gottesdienst einige Augenblicke der Ruhe: Man konnte sich sammeln, betrachten, sein Leben vor dem inneren Auge vorüber ziehen lassen, vor allem uns erschöpften Frauen bekam das. Es war eine halbe Stunde, die unsere Batterien auflud und uns eine Verbindung mit Gott brachte.

Heute ist jegliche Meditation unmöglich. Die Messe am Morgen gleicht verbalen Gymnastikübungen, mit Gebeten und Stoßgebeten, die man im Laufschritt erledigt.

Ich habe Freunde von auswärts befragt, was sie angesichts dieser Reformen empfänden. Vor allem die Frauen reagierten wie ich. Vorher war es ein Innehalten, jetzt eine Trapezübung. So gehen sie denn weniger gern zur Messe.

Zweifelsohne liegt diesen Neuerungen eine gute Absicht zugrunde, aber sie sind das Werk einer Priesterschaft, der es an der geringsten Psychologie mangelt und die jede Vorstellung von dem Geheiligten verloren zu haben scheint.

Und die Messe auf französisch, deutsch, in allen Sprachen, die man sich denken kann. Schluß mit dem Gregorianischen Gesang, der großartig war und einen auf Höhepunkte der Spiritualität entführte.

Im Moment feiern wir Gottes Ruhm mit sentimentalem Zeug, mit einer Jukebox-Musik fast wie *Die Regenschirme von Cherbours*, das ich im Fernsehen verfolgt habe. Welch katastrophaler Irrtum, zu meinen, die Sprache der Messe müsse von jedermann verstanden werden. Um die Zuhörerschaft an dem göttlichen Opfer teilnehmen zu lassen, stellen sie in gewissen Kirchen ein Mikrophon vor den Altar. Ein Pfarrer erklärt alles, was da geschieht, nimmt so dem Ganzen jegliches Mysterium. So sah ich es auch im Fernsehen. Es ist eine Beleidigung Gottes und eine Beleidigung der Gläubigen.

Ich habe dir von einem Buch erzählt, von einem orthodoxen Geistlichen verfaßt, das mich mit einem gewissen Bild Gottes ausgesöhnt hatte. Kennst du die slawischen orthodoxen Gesänge? Erhaben sind die, von einer solchen Erhabenheit, obwohl man kein Wort davon versteht.

Die Gottesdienste sollten Augenblicke der Meditation sein, der Betrachtung, mit entsprechenden Gesängen und Musik. Das laute Aufsagen der Gebete zerstreut und entführt einen. Erlaubt dir nicht, zu einer mystischen Erfahrung zu gelangen, zu einem Verständnis unserer unmittelbaren Vereinigung mit Gott.

Die Aufgabe eines Gottesdienstes sei es, uns von jedem Gedanken loszulösen, wie es die Ewigkeit tue. Wer schrieb das?

Der Autor von *Die Kathedrale* und *Da unten*; weißt du, wie er die dümmlichen Liedlein nannte, jene Hymnen, die man am Schluß eines Gottesdienstes singt und die so an Wiegenlieder gemahnen? Er sagte: das Bidetwasser der frommen Litaneien.

Ich fand, das sei zu stark, sei blasphemisch. Doch nein, recht hatte er. Die französischen Texte sind schwachsinnig, während eine Motette, eine Antiphon in mittelalterlichem Latein uns in den Zustand vollkommener Vereinigung versetzt.

Vor kurzem habe ich im Radio den Gefangenenchor aus *Nabucco* gehört. Ich habe nicht, wie üblich, in einem Reflex den Kasten abgestellt. Ich blieb daran hängen und hing jenen wirklich großen feierlichen Hochämtern der Tradition nach. Die Jungen, welche diese Verzückung nie gekannt haben, können nicht enttäuscht sein von der Verjüngung des Kultes, wir Alten aber …

Ich gelte als ungläubig. Letztes Jahr, als ich von ihm ein Stück lateinisch zelebrierte Messe hörte, entwickelte ich einige Sympathien für Lefèbvre. Die lateinische Messe, die Gesänge erwärmten mir das Herz: Ich war zu Hause.

Welch ein Riesenfehler, mit der Tradition zu brechen! Für viele Leute ist es möglich, einfach durch Geräusche, durch reine Laute zur Anschauung Gottes zu gelangen. In ihren Klöstern summen die buddhistischen Mönche sehr sanft ihre Mantras, deren Sinn ihnen verschlossen bleibt. Manchmal erheben sich die Stimmen zu stärkeren, blitzenden Akzenten. Die geistliche Musik hat eine geistige Tonalität, die im Einklang ist mit dem lebendigen Pulsschlag.

Vor einigen Jahren las ich in einem Buch von Bernanos eine Bemerkung, die dieser einem Priester in den Mund legte, lange vor der Reform. Der sagte ungefähr: »Ich gebe darauf acht, nichts abzuschaffen, denn sobald man eine Tür aufmacht, weiß man nicht, was durch will, auch nicht, was weggeht.«

Wie der Satz paßt und übereinstimmt mit dem, was wir jetzt erleben. Die Tür steht offen.

Endlich hat man die Gläubigen von ihrem Schuldkomplex befreit, das muß man sagen. Priester und Pfarrer sahen, daß zu viele ihrer Frömmigkeitsspielchen an Aberglauben grenzten. Daß man den Frommen zu viele Lasten auf den Buckel lud. Aber anständige Zeremonien, richtige, hätte man ihnen dennoch lassen können.

Du wirst zugeben, daß solche Bemerkungen aus meinem Mund komisch klingen mögen. Aber nein, wirklich, man hätte den Leuten sagen müssen, sie seien jetzt freier, es hätte aufgehört, Verdammnis zu regnen; einer, der eine persönliche Auffassung der Religion entwickle, werde dafür nicht mehr gestraft; und man hätte, einmal im Monat, eine lateinische Messe behalten können, die alle zufriedenstellt.

Ich gehe noch weiter. Ein paar Aspekte des Christentums, die nie befriedigend aufgehellt werden konnten, müßten fallengelassen werden: Ursünde, jungfräuliche Empfängnis, Geburt Christi, Loskauf von den Sünden durch den Tod Gottes, Auferstehung des Fleisches, Tag des Jüngsten Gerichts. Nichts als unverständliche, nie enden wollende Predigten, bei denen wir doch ein Recht auf Mysterien gehabt hätten. Aber man wollte alles erklären, alles ausdeuten; und man verdunkelte alles!

Noch immer zählt die Kirche hochgescheite Leute guten Willens zu ihren Gelehrten. Die Krise aber, die sie durchläuft, ist zu tief, als daß sie noch bis zu uns hin strahlen könnte. Möglich, wir stehen gar am Ende der christlichen Ära. Zu viele Anzeichen kommen zueinander.

Ich weiß nicht, ob dem so ist, aber gelesen habe ich, eine Religion überdauere etwa zweitausend Jahre, was einem Tag der Wendekreise entspricht. Nicht Gott ist es, der anders wird, aber die Gestalt, die man ihm gibt.

Schaut man zurück, versteht man das immer besser. Die Assyrer feierten Mithra in der Gestalt eines Stieres. Assyrien ist die Wiege der Menschheit, sagt man. Die Juden nahmen dann das Lamm als Symbol. Die Christen den Fisch. Jedes von diesen Zeichen entsprach einem Zeitenlauf, einer Zivilisation – und umgekehrt.

Nun treten wir also ins Zeichen des Wassermannes, Zeichen der großen Umstürze, Umwandlungen, Reinigungen auch, des wahren Fortschritts. Wäre das so überraschend? Das Überhandnehmen von Sekten zeigt ein tiefes Bedürfnis nach Religion an allen Ecken und Enden. Die Leute haben genug von einer Zivilisation, die sich vor allem materialistisch äußert. Und sie empfinden tief in sich die Notwendigkeit, mit etwas verbunden zu sein.

Sie wollen einen Gott, der sie nicht mit Stockschlägen erwartet.

Sie warten auf Liebe; sind sie aber selber imstande, Liebe zu geben? Daß die Religion an sich verschwindet, halte ich für unmöglich. Die Erfahrung des Heiligen ist keine Episode, sie gehört zur Struktur des Menschengeistes; was bleibt, ist die Infragestellung. Im Angesicht der Krise, der Gefahr, kann die Antwort nicht vorweggenommen werden. Man muß wachen und wachsam sein.

Die Bräuche, die sich um Taufe, Hochzeit, Begräbnis ranken, haben die sich geändert?

Nein. Doch die Anteilnahme ist nicht mehr die gleiche wie früher. Zu meiner Zeit und vorher starben die Leute in ihrem Bett, außer bei einem Unglück in den Bergen. Man kannte nicht jenes oft grausame Exil in Hospitälern und Altersasylen.

War jemand am Sterben oder schlecht dran, rief man den Pfarrer; der nahm die Beichte ab und gab die Kommunion, die Letzte Ölung!

Das geschah sozusagen in der Öffentlichkeit. Man läutete die Kirchenglocke. Wer im Dorf das hörte, rannte in das Haus, in dem der Sterbende versehen wurde. Ging es ans Ende, läutete die Glocke zur Agonie: neun Schläge bei einem Mann, sechs für eine Frau … ich möchte auf die Diskriminierung noch im Augenblick des Todeskampfes hinweisen.

Während der Agonie umstanden die Dörfler den Sterbenden im Gebet. Der Leichnam wurde zwei Tage lang bewacht, am dritten begraben. An diesem Morgen empfing man die Familie, die Nächsten, die zu der Zeremonie eingetroffen waren. Sie bekamen ein Mahl aus weißem und schwarzem Brot, Käse und Wein.

Es gab drei Arten Käse: alten, halbalten und frischen. Gegessen wurde vor und nach der Messe. Nahm jemand keinen Wein, bekam er Kaffee. Je älter der Käse war, desto zufriedener die Gäste. Einige dieser Laibe waren fünfundzwanzig Jahre alt. Diese Totenfeiern nannte man *chelumèn.*

Das wird heute noch gemacht, wenn in einem Haus ein Toter zu beklagen ist. Oft aber im Restaurant. Mir scheint, es müsse heute alles schneller gehen als früher. Es wird nicht mehr zum Versehen geläutet und nicht mehr zu den Agonien. Alles geht verschwiegener vor sich. Dennoch sind, wie früher, alle Familien des Dorfes beim Gottesdienst und auf dem Friedhof vertreten.

Ich denke, es ist gut, daß man das Geläute abgeschafft hat, das Zusammenströmen am Bettende der Sterbenden. Stell dir vor, wie der, der auf den Tod wartete, sich jene besah, die ihm beistanden. Wenn Leben und Tod bei uns auch immer in enger Verbindung standen: sterben ist sterben! Der Sterbende hat das Recht darauf, in Frieden zu gehen. Das braucht er auch. Die Glocke, diese Menschenversammlungen schaffen unnütze Angstgefühle. War er bei Bewußtsein, durchlebte der Sterbende schon seine letzten Qualen. Im Namen des Glaubens, der Hölle und des Jüngsten Gerichts kam er so wieder und wieder auf den Rost.

Man wird mir vorrechnen, ich widerspreche mir selbst andauernd. Bedauern, daß die lateinische Messe abgeschafft ist – und sich dann gegen das hergebrachte Ritual wenden, welches das letzte Sakrament umgibt! Bis ans Ende hatte die Kirche uns unter dem Nagel; dagegen stehe ich auf!

Der Tod ist das Ende vieler Leiden. Man muß mit ihm vertraut werden, ohne Zuschauer; jene, die uns lieben, das reicht.

Wir wollen zur Ruhe kommen, so soll man uns in Frieden lassen. Es gibt eine Zeit zu leben – und Sterben hat seine Zeit.

In der Familie wurde für die Verstorbenen lange gebetet. Man wollte viele Messen haben, und die waren nicht billig. Es gab insbesondere den Dreißiger, eine Reihe von dreißig aufeinanderfolgenden Messen, die man gleich nach dem Hinschied bezahlen mußte. Jahrelang hatte man dafür zur Seite gelegt!

Bei den Beerdigungen gab es immer auch rituelle Praktiken, um die bösen Geister aus dem Leichnam auszutreiben. Sie wurden, will mir scheinen, von den Priestern nur schlecht beherrscht und bestanden darin, daß man dreimal um den Sarg herumging, ihn mit Weihwasser besprengte, gewisse Formeln hersagte. Überreste magischer Bräuche, deren Herkunft man vergessen hat, die sich aber in die christliche Zeremonie einfügten.

Starb ein Neugeborenes oder ein sehr kleines Kind, war man hin- und hergerissen zwischen zwei Gefühlen: das Kind würde einem fehlen, und wie! Und dennoch, es war im sicheren Hafen, im Himmel. Wenn es vor seinem Tod getauft werden konnte. Es in Sicherheit zu wissen, dieses Gefühl ist verständlich. War das Leben doch so unsicher, man hatte so wenig! Ein Maul weniger zu füttern, das hieß schon etwas.

Wann immer ein Kleinkind starb, beging man zu Hause mit Pate, Patin, Onkeln und Tanten ein Fest. Aus sehr schönem Stoff nähte man ihm schnell ein weißes Kleidchen. Das verzierte man mit Spitzen und Bändern. Zwei Tage lang wurde der kleine Leichnam in der Wiege aufgebahrt, damit die Leute ihn betrachten konnten. Vor dem Begräbnis bettete man ihn in einen kleinen Sarg, den man mit einem Hochzeitstuch bedeckte.

Das Totenmahl heißt: die kleine Hochzeit. Es wurde vor dem Begräbnis gehalten. Anschließend gingen alle zusammen in die Kirche. Der Pate trug das tote Kind unter dem Arm auf den Friedhof.

Bei der Rückkehr verflog die Trauer, die Schatten des Unglücks wurden von einer gewissen Heiterkeit verdrängt. Das Kind war ja ein Engel im Himmel und restlos glücklich. Nie würde es die Sünde kennen oder leiden, weder am Lebenskampf noch an der Hinfälligkeit des Alters.

Genährt wurde diese echte Heiterkeit von der Liebe, die man diesem kleinen Wesen entgegengebracht hatte, das von Gott gekommen und so rasch wieder zu ihm gegangen war. Später einmal würde man es in der Ewigkeit treffen, eines Tages.

Bei Hochzeit und erster Kommunion konnten sich die alten Bräuche besser halten. Die Taufe hatte Änderungen hinzunehmen. Ehedem taufte man das Kind am Tag nach seiner Geburt. Die Mutter war noch im Kindbett. Nur die beiden Paten begleiteten das Neugeborene an den Taufstein. Heute hält man etwa einen Monat nach der Geburt Taufe, so daß auch die Mutter dabeisein kann.

Die Geburten waren immer Hausgeburten, und mit Recht! Gleich nach der Niederkunft bekam die Mutter ein Glas sehr guten Rotwein, Dôle oder Humagne, in einem Holzbecher, der für diesen Zweck gemacht war. Man nahm an, die jungen Mütter verlören während der Schwangerschaft und bei der Geburt viel Blut.

Wenn die Gebärende wieder auf den Beinen war, mußte sie in die Kirche zur Aussegnung; macht man das noch?

Als ich jung war, sagte man, eine Frau setze allerlei aufs Spiel, wenn sie ohne diesen Segen herumlaufen wolle. Es gibt hierzu sogar eine Geschichte, auch wenn ich mich schlecht daran erinnere.

In Begleitung der Hebamme hatte eine Frau aus Lanna sich zu dieser Aussegnung aufgemacht. In ihrer Eile hatte sie den entsprechenden Schleier vergessen. Diesen zu holen, war die Hebamme nach Lanna zurückgelaufen. Als sie an die Stelle kam, wo die junge Frau warten sollte, war niemand mehr da. Weg und davon, man hat sie nie gefunden; sie wurde für ihre Vergeßlichkeit gestraft! Am Wegrand bezeichnete eine Lärche die Stelle ihres Verschwindens, man nannte sie die »Lärche der Niedergekommenen«. Inzwischen wurde sie gefällt. Durch die Sage aber schimmert noch einmal die Pranke der Kirche.

Und die Hochzeiten?

Neben dem religiösen Einfluß konnten sich bestimmte heidnische Bräuche halten. Immer schon wollten die Menschen, vor allem junge, einen Blick in die Zukunft tun. In dem Wunsch zu wissen, welches das künftige Gespons, wie der Gefährte wäre, kam man auf ein sonderbares Spiel, das weit in die Urzeiten zurückgehen muß: das Spiel mit dem Hühnerei. Man spielte es am Vorabend der Heiligen Drei Könige. In meiner Jugend wurde es oft veranstaltet.

Einige Tage vorher schon mußte man eine Reihe Gebete verrichten, zur Kommunion gehen. Dann war ein Haus zu finden, das neun Türen aufwies; dort mußte man den Abend verbringen. Und vor jeder Tür im Patois »*Nou Lèndach*« sagen. Die neun Türen standen für eine Novene; so sprach man vor einer jeden die vorgeschriebenen Gebete.

Was daran auffällt: Ehe man auf sehr unkatholische Art zu spielen gedachte, machte man mit der Religion seinen Frieden.

In dem Haus drinnen versammelte man sich in der

Küche vor der Trächa. Jeder legte das Ei eines jungen Huhns in die Asche. Man hätte das Spiel ganz allein machen können, doch hatte niemand die Nerven, die ganze Nacht so für sich vor dem Herd auszuharren.

Man setzte sich also zueinander. Und hörte dann, nach mehr oder weniger langem Warten, wie im Halbdunkel bei der gespannten Stille schwere Schritte durchs Haus gingen, in die Küche kamen. Man durfte sein Ei nicht aus den Augen lassen. Die Schritte näherten sich, plötzlich packte eine unsichtbare Hand das Ei, drehte es und setzte es auf den Kopf.

Nur der, dem das Ei gehörte, war imstande, das Geschöpf auszumachen, das nun Gestalt annahm. Konnte er einen Mönch sehen, war er für das Ordensleben bestimmt. Sah er ein Skelett, mußte er noch im selben Jahr sterben. Sollte er heiraten, sah er seinen künftigen Gefährten.

Bei diesen Abendsitzen waren die Augenblicke der Spannung von nervösem Gelächter durchsetzt. Wenn es auch ernst zuging, erzählte man sich dennoch Narreteien. Der größte Teil des Abends aber wurde mit Beten verbracht.

Manchmal verschwieg man den andern, was man gesehen hatte. Denn statt eines schönen jungen Mannes mochte es eine unförmige Gestalt gewesen sein! Ich glaube nicht, daß man das Spiel noch treibt. Erstens gibt es keine Trächa – und bald auch keine frischen Eier mehr!

Hingegen weiß ich, daß man sich noch beim *grélesses* amüsiert; das sind Holzbecher, die man im Aostatal *grelio* nennt.

Statt den Bohnenkönig zu erküren, versteckte man am Nachmittag der Drei Könige die verschiedensten Dinge unter solchen Bechern. Die Sachen hatte man vorher alle den Mitspielenden gezeigt und ihre Bedeutung erklärt: für die Hochzeit ein Ring, ein Kreuz für das Versprechen, Kohle hieß Buße tun, ein Stock war eine Pilgerreise, ein Silberstück verhieß Reichtum … was immer man wollte. Natürlich betete man, ehe das Spiel begann. Ein Älterer versteckte dann ohne Wissen der andern diesen oder jenen Gegenstand unter dem Becher.

Mit einiger Unruhe hoben wir der Reihe nach die Becher auf, gaben uns unbesorgter, als wir waren. Es war kein harmloses Spiel, um so mehr, als es von geradezu mystischen Vorbereitungen begleitet war, so daß man das Gefühl hatte, vor etwas Schwerwiegendem, Entscheidendem, fast vor etwas Heiligem zu stehen.

Ich habe es mitgemacht; selten sah ich, daß jemand lachte, wenn er den Becher hob.

Mit allen möglichen Mitteln versuchte man immer wieder, die Zukunft auf ihre Geheimnisse hin zu befragen. Dann und wann gelang es.

Da war doch die Frau, die mit den Toten redete!

Ja, eine sehr alte Dame. Sie hieß Madeleine Maître; man nannte sie die Bischofs-Madeleine, weil sie in dem Haus wohnte, das einmal dem Bischof gehört hatte. Ein sehr ärmliches Haus, nicht viel mehr als ein Schopf.

Sie behauptete, sie rede mit den Toten; sie sähe sie, und unter gewissen Voraussetzungen machten sie ihr vertrauliche Vorhersagen von dem, was geschehen werde. In drei Vierteln der Fälle war das gewiß Spintisiererei.

Und dennoch muß man auf das schwere Unglück im Gavil hinweisen. Eine Lawine hatte dort vier Männer mitgerissen, Maurice Georges, Lochmatter und die beiden Brüder Joseph. Drei Wochen lang wurden sie gesucht, und man konnte nichts finden.

Eines Abends erklärt diese arme Alte, ich kannte sie gut: »Ihr sucht am falschen Ort. Man muß weiter unten suchen. Dort seht ihr, halb aus dem Schnee ragend, einen zerbrochenen Baum. Und vor diesem Baum liegen zwei Leichen.«

Sie wies auch den Ort, an dem sich die beiden anderen befanden. Skeptisch, glaubten es ihr die Leute erst nicht; sie sei verrückt, hieß es. Und diesen Eindruck konnte sie schon machen. So elend war sie, hatte so viel Unglück erlebt. Jemand machte dann folgende Überlegung: »Wenn schon die halbe Gemeinde mit uns sucht, kostet es nichts, auch dort nachzuschauen.« Und man fand sie dort, die Toten!

Vorahnungen, das gibt es. Und alles war gewiß nicht falsch an dem, was sie sagte. Wer eine Gabe zum Hellsehen hat, kann diese nur zu bestimmten Zeiten einsetzen. Du siehst die Bischofs-Madeleine dort an der Wand, das ist sie, sie kam oft und schaute bei mir herein. Ich versuchte ihr zu helfen, so gut es ging. Manchmal sagte sie: »Ach, wenn ich tot bin, werde ich dich nicht vergessen, ich verspreche es.«

Auch einer anderen sprang ich bei, einer alleinstehenden, sehr stolzen alten Frau. Die wollte unter keinen Umständen, daß man ihr Geld gebe. Aber sie stellte sich vor, Gebet könne man ummünzen. So schickte ich sie denn in die Kirche. »Geht und macht eine Novene für mich, ich habe keine Zeit.« Da konnte ich ihr ein paar Rappen zustecken, die sie ohne weiteres nahm.

Eines Tages vertraute sie einer meiner Freundinnen im Tal an: »Diese da (sie redete von mir), im Dorf heißt es, sie sei nicht sehr gläubig; aber wenn ich tot bin, will ich ihre Hand halten und sie nicht mehr loslassen.«

Sie ist vor zwanzig Jahren gestorben. Daß sie mir die Hand gereicht hätte, habe ich nicht sonderlich gespürt. Trotzdem! Vielleicht hat sie, einmal im Jenseits, ihr Versprechen gehalten. Wer kann schon sagen, was drüben geschieht.

Wenn es auch nicht möglich ist, einen Beweis für das Überleben der Seele nach dem Tod beizubringen, gibt es doch Ereignisse, die nachdenklich stimmen. Man muß sie als Hinweise betrachten, ohne ihnen den Wert von Erkenntnissen zu geben. Warum sollten jene, die in irgendeiner Form an ein Leben danach glauben, im Irrtum und die im Recht sein, die nicht daran glauben?

Ausbaden

Wenn es dir recht ist, wollen wir von den Frauen reden. Bei unseren Unterhaltungen hörte ich immer: Die Frauen gehen melken, sie netzen die Tücher, sie mähen und spinnen … Und die Männer? Wenn ich in Evolène durch die Hauptstraße gehe, sehe ich oft, wie sie dastehen und Passanten begucken. Oder sie plaudern miteinander, und sie scheinen sich recht wohl zu fühlen.

Die Männer stehen im Dorf; eine alte Gewohnheit hier und eine sehr lateinische. Ich habe das so oft gesehn, daß es mir nicht weiter auffällt.

Die Frauen? Ach, du Ärmste, es ist dasselbe wie im Tal. Sie stehen am Ofen, den ganzen Tag dieselbe Mühle. Hier wie anderswo waren sie immer um den Haushalt besorgt, in dem die Männer keinen Finger rührten. Im Sommer verdingten sie sich als Führer, gingen in die savoyischen Berge oder machten sich gerade noch mit dem linken Finger ans Heuen.

Ich rede von vor sechzig Jahren. Das Leben hat sich ungeheuer verändert. Heute arbeiten sie mehr, haben auch einen Beruf. Ehedem hatten sie nur die Landwirtschaft.

Die Hausarbeiten waren allein den Frauen aufgebürdet. Und damit meine ich Gärtnern, Scheren von Schafen, Hüten der Schweine, Kindererziehung, Krankenpflege, alles lag ihnen auf dem Buckel. Die Bergwirtschaft ist etwas, das sich immer schon auf dem Rücken der Frau tat. Wenn ich an die Mühe denke, die allein das Erstellen einer Aussteuer kostete. Da hieß es Hanf pflanzen, spinnen, was keine Eile erträgt. Die Familie einzukleiden, spannen sie Schafwolle. Woben die Leintücher, die karierten Tischtücher, die seit Jahrhunderten nicht anders wurden. Man mußte, wie es hieß, noch die Maultiere anziehen, also jene Tücher weben, in die das Heu kam. Das bedeutete Meter und Meter und Meter Stoff. Wann immer sie einen Augenblick hatten, strickten sie, beim Gehen, beim Kühehüten, abends. Sie hörten nie auf, hielten nicht ein. Nie sah man sie auf der Straße tratschen.

Seit jeher waren sie selbständig in Dingen des Hauses. Jener enge Freiraum ging von der Küche über das Schlafzimmer bis in den Stall! Im übrigen blieben sie ein ganzes Leben lang ihren Ehemännern unterstellte Minderjährige. So fanden sie denn, ich, die Ledige, hätte enormes Glück. Trotzdem kann ich dir versichern, für ein Mädchen ist es nicht lustig, in einer Familie mit lauter Männern zu leben.

Man ließ sie einfach nicht erwachsen werden, die Mädchen. Sie zählten nur für die Arbeit, die sie bringen mußten. Von den Burschen hieß es: Sie müssen zu Kraft kommen. Sie konnten sich Zeit lassen. Und sie hatten das Recht, auf ihre Kraft zu warten. Hatten auch das Recht auf ihre Liebestollheiten; die Rechnung bezahlte in jedem Fall ein Mädchen.

Aus familiären wie wirtschaftlichen Gründen habe ich nie geheiratet. Ich nahm das auf mich, gut, aber wie viele geopferte Frauenleben habe ich doch gekannt! Ich hatte eine richtige Wut im Herzen!

Ich habe dir von den Schwierigkeiten erzählt, die eine Heirat in unseren Bergen mit sich brachte. Wollte ein Kind im heiratsfähigen Alter, Mädchen oder Bub, seinen Wunsch in die Tat umsetzen, mußte es den Eltern die Einwilligung beinahe mit Gewalt entreißen.

Auch die Lage verwitweter Frauen war dramatisch. Kein Mensch half denen, es sei denn irgendein Mann. An eine Wiederheirat war gar nicht erst zu denken!

Gnadenlos war dieses Leben als Bäuerin. Schau dir das Schicksal meiner Großmutter an, Witwe mit drei Kindern: ein elfjähriges, meine Mutter, eines neun, eines drei Jahre alt.

Wie konntest du dir ein Bild machen über die Lage der Frau in ihrer Beziehung zum Mann, da du doch unverheiratet bist?

Ich lebte in einer Familie, in der Vater und Mutter sich schlecht verstanden. Lebte zu Hause mit drei Männern, meinen Brüdern, und dann kam ich nicht umhin zu sehn, wie, in einem allgemeineren Sinn, die Frau immer die Geprellte war.

Verstand sie sich gut mit ihrem Mann, konnte sie in einem gewissen Einklang mit ihrer Familie leben, was allerdings mit einer echten Entwicklung ihrer Persönlichkeit nichts zu tun hatte. Die Begleitumstände dieses Lebens waren sozusagen zwangsläufig voller Schikanen. Die Frau war nur dazu da, dem Mann zu dienen, und gar gern ließ sich dieser ein bißchen gehen. Um dem Ganzen die Krone aufzusetzen, gab es noch die sexuellen Tabus. Ginge es nach der Kirche, würde die Frau sich ihres Körpers nur bewußt, um, wenn möglich, alle Jahre ein Kind zu gebären.

Als ich diese unsere Lage als Frau wirklich erfaßte, stand ich schon voll in der religiösen Auflehnung, denn neben dem, was ich eben sagte, hatte ich begriffen, daß wir, durch religiöse Unterweisung mehr oder weniger bewußt, dem Mann das Instrument der Sünde bedeuteten. Was die Macht der Männer noch verstärkte. Seit Jahrhunderten hatte man ihm von der Kanzel herab zur Genüge wiedergekäut, das Unglück sei durch die Frau in die Welt gekommen. So steht es im Schöpfungsbericht! Ich entdeckte dann – Faden zur

Nadel – die Lage, in der sich die Frau befand, ihre Unterwerfung in einer männlichen Welt. Es ist zu ungerecht, dachte ich, was kann man dagegen tun?

Was kann man tatsächlich unternehmen?

Inzwischen entwickelten sich die Dinge ein wenig: Die meisten Frauen haben Ehemänner, die ihnen eine Hand reichen. Manchmal verdienen beide ihren Lebensunterhalt, sind also unabhängiger; dennoch, was für eine Art Freiheit ist das denn, daß sie über den Geldsack geht!

Nicht dadurch, daß sie wie ein Mann schuftet, sollte die Frau frei werden, während der Mann, ohne es zu wissen, selbst auch ein Gefangener ist, das Opfer einer kollektiven Entfremdung: Zwangsarbeit! Mach weiter oder verreck …

Ich erinnere mich an eine Zeit zurück: Es war um 1930, da hatte ich den Frauen Wolle zu spinnen gegeben. Endlich verdienten sie ein paar Rappen, die ihnen selbst gehörten. Bevor sie sich, auf meine Anweisung, ans Werk machten, war jeden Mittwoch das Betreibungsamt vorbeigekommen und hatte irgend etwas ersteigert. Seit sie spannen, hatten sie ihr kleines Taschengeld und mußten nicht mehr auf die magere Barschaft der Männer zurückgreifen, die aus dem Erlös von einem verkauften Tier im Jahr bestand. Seither waren sie besser angesehen, erwarben eine gewisse Sicherheit, begannen auch sozial etwas zu gelten. Das mit dem Betreibungsamt war vorbei!

Der Gerechtigkeit halber muß gesagt sein, daß auch das Leben eines alleinstehenden Mannes sehr hart war. Wer weder Frau noch Schwester hatte, wer verwitwet war, blieb sich selbst überlassen, um so mehr, als man ihm in seiner Jugend ein Gefühl der Überlegenheit anerzogen hatte. Die Frauen waren stolz darauf, Knaben auf die Welt zu bringen. Nicht nur bei uns.

Wenn ich zurückschaue, was unser Leben früher war, und wenn ich heute rings um mich blicke, kann ich nichts mehr davon erkennen; Frauen dürfen ausgehen, haben ihr eigenes Auto, tun fast alles, worauf sie Lust haben – zu meiner Zeit hingegen!

Das ganze Elend, unser Elend, war ein Lösegeld für die Erbsünde; die Frau mußte erniedrigt werden, bestraft für Sünden, die sie persönlich gar nicht begangen hatte.

Mir klingen noch die Ohren von den Darstellungen der Volksmissionare, die hierher predigen kamen. Mit den französischen Patres mochte es noch angehn, die waren wenigstens anständig. Als Fremde im Land wagten sie nicht, zu weit zu gehen.

Was die vom Bischof entsandten einheimischen Missionare angeht, die waren gräßlich. Diese Erklärung kannst du so in dem Buch stehenlassen, es ist die lautere Wahrheit.

Ich ging nicht mehr zu jenen Volksmissionen, die drei Wochen dauerten. Da hängte man uns an einen Faden über die weit offene Hölle. Zwei Predigten am Tag, in denen uns die ewige Verdammnis vor Augen geführt wurde. Man mußte hingehen und das ausbaden …

Daß ich nicht hinging, löste einen Skandal aus. Aber ich fand, man verunstalte dort die Botschaft der Evangelien dermaßen, daß es nicht mehr annehmbar war. Die Übertreibungen, primitiven Entstellungen, Unterstellungen hatten mich entrüstet. Für wen nahm man uns da, und für was?

Eine Cousine von mir, sie starb vor ein paar Jahren an Krebs, kam einmal nach einem solchen Abend ganz niedergeschlagen zu mir gelaufen.

»In dem Schulzimmer, in dem sie uns am Abend versammeln, sagte uns der Pater, der den Vortrag hielt, im Himmel gäbe es nicht eine einzige Frau, denn wir seien der Grund für die Erbsünde. Und dann beschimpfte er uns noch auf diese und jene Art. Möchtest du nicht hinkommen und uns verteidigen, du kannst doch reden.«

Ich antwortete ihr: »Hör, meine Liebe, ich weiß wohl, daß er nicht nach dem Evangelium redet, denn das Evangelium behandelt die Frauen nicht auf diese Art. Das liegt nur an diesen abgestumpften Missionaren. Die meinen, sie können euch arme, wehrlose Geschöpfe so in die Mangel nehmen.«

Das Evangelium kannte ich gut. Jeden Abend las ich etwas daraus. Die Cousine drang in mich. Ich lehnte ihre Einladung rundweg ab. »Wenn ich mitkomme, werden die Frauen, für die ich rede, wohl oder übel alle gegen mich sein; ich lasse es an Ehrfurcht für den Pater fehlen, sagen sie dann. Wenn er euch wirklich zu sehr auf den Deckel gibt, geht doch einfach nicht mehr hin. Er wird vor leeren Stühlen predigen.«

Das war die Lösung. Sie haben es nicht gewagt; ihre Angst war zu groß. Es stimmt, ich wollte mich nicht mit ihm anlegen. Würde ich doch von beiden Seiten gleichzeitig angeschossen.

Ja, das Evangelium habe ich immer wieder studiert, denn zu gewissen Zeiten erstickte ich tatsächlich an dem, was ich in der Kirche hörte. Ich wollte das genauer ansehen und mich so gut als möglich vergewissern. Und wie das mich aufgestellt hat! Aber das Lesen der Bibel war uns ja verboten. Ich habe es trotzdem getan, kümmerte mich nicht um die Vorschriften, Verbote, Erlaubnisse. Auch manche der Kirchenväter habe ich gelesen. Einer, der mich mit seinen Reden über die Frau ganz besonders wütend gemacht hat, war der heilige Paulus. Ich glaube, in der katholischen Kirche von der Zeit meiner Jugend bis heute ist man sozusagen paulinischer als … wie soll ich das ausdrücken – ich sage es einmal so –: als evangelisch, wenn du so willst!

Noch eine Geschichte kommt mir wieder in den Sinn. Es ist vielleicht zwanzig Jahre, nicht sehr lange her. Da war so eine »Publikation« herausgekommen, für die man dreißig Rappen bezahlte. Ein altes Melodram, ich weiß nicht mehr von wem, es erzählte die Abenteuer eines armen Mädchens, das man mit einem Typ verheiratete, der sie dann verlassen hat; in der Geschichte kam ein falscher Priester vor.

Die Frauen stürzten sich alle auf diese Lektüre.

Von einer Frömmlerin darauf aufmerksam gemacht, kam der Pfarrer von Evolène hinter die gefährlichen Lieferungen. Statt nun in einer Predigt zu erklären, was daran so ungeheuerlich sei, behauptete er, die Frauen hätten nicht das Recht, sich diese Heftchen mit Geld zu kaufen, das sie nicht selber verdient hätten.

So also behandelte man sie, um die moralische Ordnung aufrechtzuerhalten!

Vor diesem Pfarrer hatte ein anderer schon erklärt, wir hätten alle zusammen nur einen einzigen Traum: die Waschmaschine und das Radio. Warum hätten wir solche Träume nicht haben dürfen? Er besaß zwei Waschmaschinen: eine, die ihm die Gemeinde zur Verfügung gestellt hatte, und seine eigene. Er besaß ein Radio und eines der ersten Tonbandgeräte am Ort.

Du siehst, wenn die Frauen ihr Schicksal beklagten und versuchten, bei einem Priester Verständnis und Trost zu finden, stellte der sie ohne weitere Erklärung auf die ausgefahrensten Geleise zurück. So hingen sie denn zwischen zwei Höllen: der ewigen und der alltäglichen. Hinzu kam noch das ständige Schuldgefühl, nicht jedes Jahr ein Kind zu haben. In der Kirche war nur von leeren Wiegen die Rede und von Jugendsünden. Die Mädchen brauchten bloß irgendwo einen Schatz zu haben, schon waren sie verdammt.

Dieser Druck hat über Jahrhunderte gedauert.

Die Frauen reagierten nicht?

Die gebaren, das war alles. Über Schwangerschaft und Niederkunft reden war schändlich. Von Verboten umstellt wuchs man heran. Ohne daß man genau verstand, worauf die Verbote des schlechten Benehmens hinauswollten.

Unschuldig zu lachen über das von einem Burschen hingeworfene Scherzwort war unstatthaft. Ein Bild anzuschauen, das ein Geschöpf mit nackten Armen zeigte, untersagt.

Sich schlecht aufführen – was hieß das? Wir sollten wie die Englein leben, ohne genauer zu wissen, wie denn die verpönten Fehltritte eigentlich ausgesehen hätten. Die Zehn Gebote, das verstand sich von selbst, aber der Rest? Welch eine Verschwörung des Schweigens! Welch ein Kopfzerbrechen für ein rechtdenkendes Hirn, das sich Fragen stellte!

Im Beichtstuhl fragt mich der Pfarrer eines Tages, ob ich Beziehungen zu jungen Leuten hätte. Ganz kindlich sagte ich ihm: ja. In meinem Denken beschränkten sich Beziehungen auf Guten Tag und ein Lächeln. Eine Drecklawine bekam ich ins Gesicht, im Beichtstuhl, durchs Gitter. Ich wurde nicht geschont und wußte nicht warum.

Ohne es zu ahnen, hat der Pfarrer ganze Arbeit geleistet. Seine Beschimpfungen, sein Zorn weckten meine Aufmerksamkeit und meine Neugier, in einem guten Sinn!

Da die Frauen nichts über ihren Körper wußten, der seit

Geburt von Sünde gezeichnet war, kannst du dir ja denken, wie stark das Bedürfnis uns peinigte, mehr darüber zu erfahren. Unsere Phantasie galoppierte. Will man Unheil abwenden, so gibt es in diesem Bereich nichts Schlimmeres als das Unwissen.

Vor kurzem noch sagte mir ein alter Talbewohner: »Früher einmal hörte man im ganzen Wallis Sonntag für Sonntag in der Kirche nur einen einzigen Kehrreim: den von den Verfehlungen der Jugend und von den Sünden gegen die Keuschheit. Von allem andern, vom Mangel an Nächstenliebe, von fehlender Barmherzigkeit redeten sie nie.«

Siehst du die Lage der Frauen? Die großen Familien zählten bis zu zehn Kinder, ohne jene, die früh gestorben waren. Die Kindersterblichkeit war hoch. Heute sieht man nicht mehr so viele kleine Gräber auf dem Friedhof.

Eine Schwangerschaft hielt man so lange wie möglich verborgen. Die Frauen schämten sich dieses eindeutigen Beweises sexueller Beziehungen … auch wenn er von der Kirche abgesegnet war!

All die Verbote rund um das Geheimnis der Zeugung, während der Leib bei körperlicher Entwicklung dunkel nach seinem Recht verlangte, das ließ Phantastereien jeden Raum. Unbefriedigt, wie sie waren, träumten die Frauen vor sich hin; und ihr ganzes Leben war eine einzige Frustration. Sie vermuteten, sie seien in der Liebe an etwas Wesentlichem vorbeigegangen; sie wußten nicht recht, was das sein sollte.

Das ist ja die Situation von Eva im Paradies …

Gewiß! Ihr sollt nicht kosten vom Baum der Erkenntnis. Kein Warum. Ihr sollt nicht daran rühren! Was für eine Anziehung dieser Baum haben mußte! Und sage mir, warum es nicht Adam sein kann, der sich über den Geschmack der

Äpfel seine Gedanken macht? Warum Eva, die, auf Anstiftung der Schlange, das Verbot übertritt?

Auf die Gefahr hin, noch einmal für eine furchtbare Abtrünnige gehalten zu werden, will ich es dir sagen: Die buchstabengetreue Ausdeutung ist eine Erfindung von Theologen, die über dieses Thema nicht besser Bescheid wissen als du und ich. Eva hat Adam in Versuchung geführt. Durch ihre Schuld wurden sie aus dem Paradies verjagt. Darum also müssen wir die Nacktheit verbergen und im Schweiße des Angesichts unser Brot verdienen. Mehr wußte man uns darüber nicht zu sagen.

Ich habe wahnsinnig viel darüber nachgedacht und mir den Kopf zerbrochen. Ich fand das so absurd und grauenhaft in einem. Also grübelte ich weiter, wollte wissen, was ein Apfel, was der Apfel anderer Offenbarungen bedeuten konnte.

Soweit ich mich erinnere, gab es den Apfel der Zwietracht beim Urteil des Paris, die Hesperidenäpfel, den Apfel im Hohelied, der, wie es heißt, die Fruchtbarkeit des göttlichen Wortes bedeutet. In der keltischen Überlieferung ist der Apfel eine Frucht der Erkenntnis, der Magie, der Offenbarung. Eine wunderbare Frucht.

Es handelt sich also immer um ein Mittel der Erkenntnis, einmal Frucht vom Lebensbaum, die Unsterblichkeit verleiht, dann wieder Frucht des Wissens um Gut und Böse, die zum Sündenfall führt.

Wenn ich das richtig gedeutet hatte, sollte das Verbot Gottes den Menschen vor der Übermacht irdischer Gelüste bewahren, die in dem Apfel ausgedrückt sind. Gelüste, die ihn, im Gegensatz zum geistigen Leben, zu einem materialistischen hinführten. Diese Warnung gab dem Menschen die beiden Richtungen zu erkennen und gleichzeitig die Unausweichlichkeit der Wahl, der Entscheidung. Diese Deutung ist weder anfechtbar noch unantastbar, das gebe ich zu. Die Wahl hingegen liegt schon eher im dunkeln, denn sie ist von einem Verbot ohne Erklärung begleitet. Und vor allem, warum mußte es Eva sein, die unterlag und Adam verführte? Ich bin mit meinen Überlegungen überhaupt nicht weitergekommen, kann Evas Handlung nicht verstehen.

Als Mutter mir die Geschichte vom Sündenfall erzählte, erwiderte ich ihr: »Das ist unmöglich. Du sagst mir, Gott sei unendlich gut und allwissend. Wie kann er die ganze Welt für eine so unbedeutende Sünde bestrafen? Wenn ich nur einen Apfel nehme, und du hast es verboten, wirst du mich nicht zu ewigem Leiden verdammen, du wirst mir eine herunterhauen...«

Ich sage das heute so, aber mit sechs Jahren dachte ich nicht anders. Mein ganzes Leben, auch heute noch, stellte ich mir diese Frage, die ein Rätsel blieb: Warum hat Gott mittels des Weibes den Mann verführt?

Wenn er es wirklich wollte, ist die Strafe nicht gerechtfertigt, es sei denn, man brauchte einen Sündenbock: die Frau.

Da ich mit meinen bescheidenen Möglichkeiten die Religionen miteinander verglich, kam ich zu dem Schluß, das Christentum sei der Glaube, der von allen auf der Welt einem denkenden Menschen am schwersten beizubringen war! Nein, nie wird man mir aus dem Sinn bringen, daß man sich dieser Geschichte bediente, um die Frau zu zerschmettern, um aus ihr diese Person zu machen, die in jedem Augenblick dem Mann den verhängnisvollen Apfel hinhält. Was ich sage, ist gewiß sehr vereinfacht. Es ist eine primitive Reaktion auf jene primitive religiöse Unterweisung, die man uns wie Zurückgebliebenen gab. Sie hat schreckliche Verheerungen angerichtet. Die Erbsünde wurde zum sine qua non der ganzen christlichen Kultur. Und machte aus der Frau die Sklavin; die letzte Ausgebeutete.

Was hältst du von den Befreiungsbewegungen der Frauen?

Mit der Richtung, die das jetzt genommen hat, scheint mir eine Befreiung mehr zufällig, auch wenn sie gerechtfertigt ist. Und gerechtfertigt ist sie. Die Forderungen der Frauen sind begründet, doch verzetteln sie sich bis hin zum totalen Widerspruch. Vielleicht mußte dieser Weg eingeschlagen werden, um in einem von den Männern für die Männer erdachten Universum zu einem Gleichgewicht zu kommen. Trotzdem habe ich mich in Wort und Tat immer der Frauensache angenommen; nur daß ich zuhinterst in einem Tal wohne, wo es keine militanten Bewegungen gibt. Ich habe keine Lösungen vorzuschlagen, keine Ratschläge zu erteilen. Dennoch bin ich überzeugt, daß es gilt, einen Mittelweg zu suchen zwischen der unerträglichen Versklavung und dieser verbitterten Revolte.

Ich kann gut verstehen, daß die Emanzipation durch die Empörung, durch den Zorn zu gehen hat, ja sogar den Weg einer bestimmten Gewalt, gegen Egoismus und Gewissenlosigkeit des Mannes. Heute aber ahmt die Frau den Mann in seinem Schlechtesten nach, in dem, was sie bei ihm bekämpft. Sie wird hart und sektiererisch. Nimmt, was eigentlich vielen Männern eigen ist, eine gewisse Härte im Denken auf sich. Das ist schade. Ich verstehe das, aber es ist schade. Es gibt andere Waffen (obzwar ich das Wort nicht gern habe, weil es Gewalt ins Spiel bringt); es gilt, indem wir unsere eigenen Mittel besser erkunden, auf andere Lösungen zu stoßen. Unsere

Mittel sind bei weitem vielfältiger, als wir meinen. Immer war es die Frau, die alle Opfer, jeden Verzicht auf sich nehmen mußte. Sich in den Schatten stellen, sich fügen und schweigen. Ich weiß, daß es damit vorbei ist und daß die Baracke in die Luft gehen muß! Ich habe dieses Gefühl der Ohnmacht bis zur Neige gekannt, das auf geradem Weg in die Lähmung führt. Ich weiß, wovon ich rede. Darum fürchte ich, in der brutalen Form, die sie jetzt annimmt, richtet diese Revolte mehr Schaden als Nutzen an, mehr Rassismus als Ausgleich, Schaden, für den die Kinder aufkommen müssen.

Denn, ob man es will oder nicht, bis heute ist das Paar das Fundament jeder Gesellschaft. So muß man im Innern der Familie arbeiten, am Vater und besonders am Sohn. Solange die Mütter das Vorrecht sozialen Lebens allein den Knaben zubilligen, wird sich nichts ändern. Und solange die Väter widerspenstig bleiben, heißt es auf deren Ablösung durch besser erzogene Söhne warten!

Der Mann muß einsehen, daß man die Aufgaben teilen kann, ohne daß es seinem lächerlichen Männlichkeitswahn Abbruch tut. Das Paar müßte wirklich zusammenarbeiten, ich sage nicht gerne: in der Pflicht – aber in Freiheit. Die Freiheit, in zahlreichen Bereichen auswechselbare Rollen zu übernehmen.

Ist es altmodisch, so zu reden?

Bei uns gibt es ein Sprichwort, und das sagt, nach ein paar Jahren erkenne man die verheiratete Frau daran, daß sie nicht mehr gewachsen sei, weil sie eine Schieferplatte auf dem Kopf habe, eine *loja*.

Erst einmal muß die Frau sich vom Gefühl der Abhängigkeit von ihrem Partner befreien. Und nicht einfach durch Gesetzesänderungen wird sie besser geschützt sein. Man muß den Mann ändern, muß ihm die Augen öffnen und mit ihm brüderliche Beziehungen entwickeln, die Gegenseitigkeit verlangen. Es ist dies eine andere Auffassung der Liebe, und heute neigen viele Junge, ob Mädchen oder Burschen, ihr zu.

Eine brüderliche Gesellschaft, von der ich träume, doch solange das Wort Brüderlichkeit den Beigeschmack männlicher Rechthaberei behält, solange wird eine aktive Teilhabe der Frau an dieser idealen Gesellschaft immer abgestritten werden ... ach, es ist nicht einfach. Aber der einzige Weg.

Hat sich mit dem Stimmrecht für die Frauen etwas geändert?

Hier? Ich weiß nicht, glaube nicht. Mit den Frauen des Dorfes redete ich sehr wenig über Politik oder Emanzipation.

Als sie das Stimmrecht bekamen, war ich begeistert. Ich hoffte, sie würden ein Bewußtsein für die Macht entwickeln, die sie erhalten hatten. Nein, nichts!

Jede wurde von einer anderen Partei geschnappt, und wenn sie auch nicht immer den Anweisungen ihrer Männer folgten, so doch in der Regel jenen der Partei, zu der ihre Familie sich zählte.

Nach Erhalt des Stimmrechtes hätte man den Frauen zureden müssen, sie nach ihren Wünschen befragen, ihnen sagen, worum es ging, damit sie dieses Recht am besten für ihre gemeinsame Sache nutzten, ehe sie in eine Partei eintraten, wie man ins Kloster geht.

In meinem eigenen Dorf konnte ich das nicht tun. Man hätte es für eine Verteidigungsrede für den eigenen Standpunkt gehalten. Und warum zwischen Gatten, zwischen Müttern und Kindern zusätzliche Spannungen schaffen? Es gibt deren außerhalb der politischen Reibereien genug, oder?

Was hat heute im Bergdorf ein junges Mädchen für eine Stellung?

Die Mädchen! Meine Liebe – es tut sich ihnen wenig auf, es sei denn, die Eltern gäben ihnen eine Chance, bezahlten ihnen eine Lehre. Für einen Bauern, der nur von seiner Landwirtschaft lebt, ist das nicht immer einfach.

Früher machte man verschupfte Dienstmädchen aus ihnen. Eine Rasse, die Gott sei Dank verschwunden ist. Für ein Salär von vierzig Franken im Jahr wurden sie wirklich wie Dreck mißhandelt. Sie machten nicht mehr mit. Arbeiten möchten sie, aber was? Schneiderin? Aber es braucht keine zehn in einem Weiler.

Heute beschäftigt die Sodeco, diese Filiale aus Genf, eine nicht geringe Zahl Mädchen mit einer Arbeit, welche die Männer nicht mehr tun wollen. Das ist keine Stellung. Für ein Mädchen vom Land ist eine Fabrik wie ein Käfig, in den man einen Vogel sperrt.

Auch können sie nicht alle einen Mann finden. In einem Dorf sind, wie auf der ganzen Welt, die Frauen in der Überzahl. Das Problem bleibt dasselbe, nur auf einer anderen Ebene. Ebenso schwer ist es für ein Mädchen, einen Burschen im Dorf zu finden, wie für den Mann eine Frau. Hinzu kommen die Inzuchtprobleme. Seit das Tal aufging, heiraten die jungen Burschen eher Mädchen aus einem anderen Dorf. Auch wenn das Vaterhaus nur eine Stunde von dem neuen Heim entfernt ist, ist das für sie dennoch eine Lebensveränderung.

Und dann die Mädchen, die in die Ebene hinunter heiraten. Deren Entwurzelung ist stärker. Das Tal hier hält uns! Eine Städterin, die auf den Berg kommt, hat gewaltige Mühe, sich anzupassen.

Was für eine Stellung beziehst du zur Abtreibung?

Vorausgesetzt, das Leben der künftigen Mutter ist nicht in Gefahr, sehe ich das nicht als Lösung, solange neben der Frau, verheiratet oder nicht, ein Mann steht, der imstande ist, seine Vaterschaft ernst zu nehmen.

Ist die Frau allein, ohne Beistand, ohne Unterstützung, und fehlen jegliche Mittel, dann ziehe ich die Abtreibung einer Verstoßung vor.

Nicht daß ich dafür plädierte, das wäre gegen meine Überzeugungen, aber ich meine, jede Frau hat das Recht der freien Wahl. Es ist ihr Körper, ihr Problem: ein schweres Problem. Auch denke ich, was Gott geschaffen, geht nie verloren. Ein abgetriebenes Kind kann immer nur in die Hände Gottes fallen.

Früher redete man uns vom Vorhimmel: hier sollten die ungetauft verstorbenen Kinder, Opfer der Erbsünde, auf immer weilen. Und nie zur Anschauung Gottes kommen! Vergil schon hat diesen Vorhimmel neben der Hölle angesiedelt. Er machte daraus den Aufenthaltsort der totgeborenen Kinder oder jener, die nur kurze Zeit auf Erden waren. Die Vorstellung wurde vom Christentum übernommen. Ich glaube, sie ist im Schoß der Kirche umstritten, denn sie stellt sich nicht mit der gewünschten Klarheit ins Glaubensgut der Christen. Ich konnte das nie annehmen, es schien mir zu absurd.

Ehe ich weiterrede, muß ich dir eine Geschichte erzählen. Sie ist einer meiner Freundinnen geschehen, die in einem anderen Kanton in einem sehr katholischen Dorf wohnte. Die hatte ein Mädchen von fünfzehn Jahren und ein einjähriges Kleines. Eines Tages bekommt sie Besuch von einem durchreisenden Volksmissionar. Der grüßt sie, besieht sich die beiden Kinder, fragt nach dem Alter. »Fünfzehn und eines«, antwortet die Mutter. Er straft sie mit einem sehr strengen Blick und sagt: »Wo sind denn die dreizehn andern?« Da gibt's nichts zu sagen, nach dem kommt keiner mehr!

Ich entsinne mich auch der Jahre 1918 bis 1920. Mutter gab in Chalais Unterricht. Am Rhoneufer leben da, in ihren Hütten, Italienerfamilien: eine hatte dreiundzwanzig Kinder, die andere zweiundzwanzig. Diese fruchtbaren Mütter mußten etwa mit fünfzehn geheiratet und jedes Jahr ein Kind gehabt haben. Vor den Jahren gealtert, verbraucht, starben sie noch jung – und man sagte: schöne Familien!

Um den Dramen der Abtreibung zuvorzukommen, ist also Verhütung unabdinglich.

Kein Kind wollen? Nun, das ist eine Wahl; aber dafür sexuelle Kontakte zu Zeiten der Empfänglichkeit verweigern? Da wird alles schwieriger. Die Pille benutzen, auf die Gefahr hin, den Organismus zu stören? Man kommt aus dem Schlamassel nicht heraus. Das gleiche Problem auf der Ebene der sozialen Eingliederung der Frau: arbeiten, ja. Zuviel arbeiten, nein! Eine Mutter hat sich um ihre Kinder zu kümmern. Das sind die Fallen der verantwortungsvollen Liebe.

Und warum soll denn über der Frau das Damoklesschwert eines Medikamentes hängen, dessen Langzeitwirkung auf die Nachkommenschaft man nicht kennt? Zuviel Vorkehr hier, von der kein Mann betroffen wird, die ihn schont, von der er profitiert.

Wenn die Sexualität einmal zusammengeht mit einem neu erwachten Bewußtsein, wenn der Mann imstande sein wird, seine Anwandlungen zu meistern, statt sich ihnen blindlings zu überlassen, wenn die Frau nicht mehr als Lustobjekt angesehen wird, wenn man erst einmal aufhört zu glauben, nur im Sex finde das menschliche Wesen seine volle Entfaltung, wenn aus der Sexualität ein Mittel wird und nicht ein Ziel, wird eine Etappe in der Entwicklung des Menschen überwunden sein.

Teuer bezahlt man heute zweitausend Jahre der Unterdrückung, die den Leuten den Sex in den Kopf gedrückt hat, was beileibe nicht der Ort ist, wo er hingehört.

Die unehelichen Kinder?

In unserem sehr katholischen Tal gab es immer ein recht weites Verständnis für diese Zwangslagen. War ein Mädchen schwanger geworden, wies man ihm nicht die Tür, man sagte: »Wenn du nicht mit dem Herzen heiratest, laß es sein; wir werden das Kind aufziehen.«

Das befremdete viele Auswärtige.

Nein, das war nicht immer die lautere Freude! Doch war das Kind einmal da, wurde es zum Hätschelding des Hauses.

Zu meiner Zeit spielte da ein eigennütziger Hintergedanke dem Mädchen grausam mit; auf diese Art behielt man es als Arbeitstier zu Hause. Was ich nie verstand: daß die allgemeine Mißbilligung nur das Mädchen schuldig sprach. Und wessen war sie eigentlich schuldig? Den Burschen schonte man, rasch war der Flecken in seinem Reinheft vergessen. Er hatte, wie alle Männer, seine jugendliche Verirrung begangen. Dann heiratete er eine andere; für ihn ging das Leben weiter.

Doch von der Liebe hast du nicht gesprochen.

Wir kommen ans Ende eines Zyklus, ans Ende einer Religion, vielleicht ans Ende einer Form, einer Auffassung von Liebe. Ans Ende der bergenden, ans Ende der Liebe aus Leidenschaft.

Wäre, bei näherem Hinschauen, die Liebe, wie wir sie seit Jahrhunderten begreifen, die besitznehmende Liebe, nichts als ein kulturelles Phänomen? Zweifelsohne entsteht sie zum Teil aus den Verboten, die man ihr entgegenstellt.

Ich glaube, das Absolute der Liebe kann nur Gott sein, und Liebe ist, in welcher Form auch immer, ein Sehnen nach dem Göttlichen, ist der Weg, der zu diesem führt.

Was hat die Kirche nicht für einen Fehler begangen, als sie das Geschöpf verfluchte! Dieses Verfluchen hieß im gleichen den Schöpfer verfluchen. Man hat sie wirklich beschmutzt, die Liebe des Menschen.

Mit dem Schwamm habe ich das Leben abgewischt

Du kommst nur noch selten aus dem Haus. Was machst du ganz allein?

Ich war schon immer einsam. Schau, ich versuche zu lesen. Mein Augenlicht schwindet mehr und mehr. Ich lese eine Viertelstunde, dann muß ich das Buch weglegen. Wohl habe ich eine starke Lupe, aber das ist lästig, besonders wenn du Berge von Büchern verschlungen hast.

So denke ich nach. Und sage mir plötzlich: »Mein Gott, wie ich mich doch verändert habe. Was die Religion und was mein ganzes Leben anbelangt!« Das heißt nicht wirklich denken. Gedanken kommen einfach so hoch. Oft sind es unerwartete Antworten auf sehr alte Fragen, die ich mir in meiner Jugend gestellt habe. Es ist etwa wie mit den Blasen, die noch an die Oberfläche steigen, lange nachdem man eine Flasche ins Wasser geworfen hat.

Wie kommt es, daß ich mich so sehr verändert habe. Das ist alles so geheimnisvoll wie das Keimen einer Pflanze!

Manches Mal drückt mich die Einsamkeit schrecklich. Dennoch weiß ich mir irgendwie zu helfen. Das Alter macht uns durchsichtig, wir werden empfänglicher, vielleicht auch verwundbarer, wir Alten.

Alt werden, wie soll ich dir sagen … ist einmal die stille Zeit der Besänftigung, das Annehmen dessen, was kommt, also des Todes. Zugleich sehr lästig, wenn man seine Fähigkeiten schwinden sieht. Als ich die Augen noch zusammenkneifen konnte, um einem Text zu folgen, fühlte ich mich nicht wirklich alt. Nun ist es schon fast Nacht. Ich bin linkisch geworden, verschütte alles, habe Flecken auf dem Kleid, stoße überall an, verliere das Gleichgewicht. Wenn ich ein paar Schritte ins Dorf mache, fange ich an zu wanken. Habe immer Angst hinzufallen, ein Bein zu brechen, ganz bewegungsunfähig zu werden, abhängig. Mein Leben lang verabscheute ich die Abhängigkeit.

In Sachen Gefühl erwartet man nicht mehr viel und kann kaum etwas bedauern. Man verlangt nichts mehr. Altern ist eine Umwandlung. Jede zärtliche Geste aber, die man für dich noch hat, ist ein unglaubliches Geschenk.

Ich habe gemerkt, daß die Leute hier mir freundlicher gesinnt sind als früher. Seit ich sozusagen aus dem Rennen bin, zeigen sie eine Art warmer Anteilnahme, während ehedem … nun gut, ich war die Frau, die den Kopf hinzuhalten wagte und ihr Anderssein deutlich machte.

Früher müssen sie dir mit gemischten Gefühlen entgegengekommen sein. Von dem ist heute nur noch Bewunderung für deinen Mut geblieben.

Ach nein, ich glaube nicht, daß ich zur Bewunderung verleite. Aber es stimmt, ich war eine der wenigen Frauen, die kämpften, die lasen und über unsere Probleme nachdachten, versuchten, diese zu lösen. Die andern, meine Liebe, konnten sich das kaum leisten, denn sie standen unter der Zuchtrute ihrer Männer. Trotzdem, einige konnten sich, anders als ich, als verheiratete Frauen verwirklichen. Gerade zahlreich sind die aber nicht.

Ohne dir hier Blumen zu streuen, in Evolène gibt es die Marie Métrailler …

Nein, nein, da sind andere Frauen, ich weiß nicht … ich

für mich habe nur die Schläge wahrgenommen, die ich kassierte, Mißerfolge, die auf Unverständnis, ja auf Gehässigkeit gewisser Leute zurückgehn oder einfach auf die Tatsache, daß ich zum sogenannten schwachen Geschlecht gehöre.

In einem Dorf, das mußt du sehen, werden Feindschaften viel durchschaubarer, direkter. Die Pfeile werden aus der Nähe abgeschossen. Man kann nie anonym sein. Kann nichts unternehmen, ohne daß nicht alle davon wüßten.

Früher einmal hielten die Leute jeden für einen Irren, der sein Leben nicht gerade auf die örtlichen Gewohnheiten ausrichtete. Ich habe nie darauf geachtet. Aber das engt ein, engt ein, kann ich dir sagen! Es ist, als liefest du durch dichte Spinnennetze; das nimmt dir den Schwung.

Daß so viele Freundschaften von außen an dich herangetragen wurden, macht dich schon anders.

Gewiß, doch fing es mich nicht auf. Es trug mir Schwierigkeiten im Umgang mit den Einheimischen ein, aber das ist lange her. Mit einem Schwamm habe ich das Leben abgewischt. Ich erzählte dir, nach dieser Operation vor dreizehn Jahren hätte ich mein Gedächtnis wiedergefunden und mir geschworen, die Sagen des Landes aufzuschreiben. Ich tat es nicht. Nun ist es zu spät… So ist es gut, was wir hier zusammen machen. Ich kann ein Vorhaben verwirklichen, das ohne dich nie an den Tag gekommen wäre.

Werde ich noch lange genug leben, um diese Arbeit fertigzubringen? Werde ich das Buch noch sehen? Wenn es Leser findet, möchte ich einfach, daß, wer darin liest, Hilfe fände, wie mir gewisse Bücher geholfen haben. Wie die meisten anderen Sterblichen mußte ich einen steinigen Weg gehen.

Ich wünschte, dieser Bericht könnte Zuversicht geben,

Hoffnung, und eine gewisse Liebe Gottes sichtbar werden lassen, eine Liebe zum Leben. Nicht alle können glauben. Ich wünschte, längs dieser kurzen Wegstrecke, durch meine bescheidene Erfahrung, möchte der Leser entdecken, daß man alles bewältigen kann, wenn man dem Geistigen den Vorrang über das Zeitliche gibt, das so schnell vergeht.

Wenn man alt wird, merkt man, wie man sich den Weg mit viel Tand versperrt hatte: Und man fragt sich leise, wie es dazu kommen konnte.

Auch wenn ich jetzt, außer bei unseren Gesprächen, neben dem Leben einhergehe, in einem anderen lebe, anderswo, denke ich über diese Dinge viel und oft nach. Das macht gewiß, daß ich, wenn ich eine Geschichte erzähle, wohl den Faden der Anekdote noch finde, aber Namen, Orte und Zeiten durcheinanderbringe. Es hat dies alles nicht mehr die Wichtigkeit von einst. Ich erinnere mich schwerlich noch an Leute, weniger noch an Pflanzen. Und weiß Gott, die Pflanzen liebte ich! Meinen ganzen kritischen Sinn hingegen habe ich bewahrt, er ist sogar schärfer geworden. Es geht keineswegs darum, zu urteilen oder jemandem Vorwürfe zu machen. Nein, im Gegenteil, ich versuche, jedes Ding an seinen richtigen Ort zu stellen.

Trotzdem trage ich ein gewisses Bedauern in mir, das nichts mit Eitelkeiten zu tun hat. Es läßt in mir ein Gefühl des Unvollendeten zurück. Daß ich nie schreiben noch malen durfte. Ein bißchen mit Tusche gezeichnet habe ich zwar. Mir gefielen diese schweren Tintenrisse, verziert von ein paar Goldtupfen. Auch Hinterglasmalerei versuchte ich, ganz naiv.

Das Bedürfnis zu schreiben erwachte in mir sehr früh, mit sieben Jahren. In der Schule war ich mit meinen Aufgaben immer vor den anderen fertig. Dann schrieb ich Geschichtchen, dachte mir Sagen aus. Ohne Fragen zu stellen, ließ Vater mich gewähren. Nach ihm bekam ich eine Lehrerin und wagte es nicht mehr, zwischen zwei Lektionen zu schreiben. Sie hätte mich gefragt, was ich da in meiner Ecke tue. Ich aber stemmte mich schon aus vollem Leib gegen unsere bornierte katholische Erziehung. Instinktiv spürte ich, die Lehrerin hätte meine Aufsätze nach Kriterien beurteilt, denen sie nicht entsprachen. Aus Scham habe ich es also gelassen. Als hätte ich mir eine Hand abgeschlagen.

Und der Tod, Marie?

Wenn ich müde bin, macht er mir angst. Ich sehe, wie er herankommt, sehe diese langsame Auflösung des Körpers. Die Vorstellung, auf einem Friedhof begraben zu sein, gefällt mir nicht. Es beängstigt mich. Trotzdem, schön ist er, unser kleiner Kirchhof von Evolène. Ein wirklicher Fried-Hof; wo man, beschützt von zersprungenen Mauern, ausruhen kann, im Schutz der Kapelle, im Schutz von Bergen und verwildernden Blumen.

Auch die Kränze aus Perlen gefallen mir. Hoffentlich bleiben die! Auf französischen Friedhöfen sah ich Kränze aus Porzellan; zu schwer, sie drücken auf die Erde. Die aus Perlen aber sind ganz luftig; man hängt sie an die Kreuze, und es ist, als schwebten sie. Manchmal sind sie vor lauter Kitsch geradezu rührend. Mit Plastikblumen allerdings brauchst du mir nicht zu kommen! Zum Heulen, so häßlich ist das!

Ich möchte ganz einfach in den Wald getragen werden. Ich weiß wohl, daß es nicht möglich ist. Wenn das ginge, wäre die Vorstellung des Todes für mich weniger beunruhigend. Es ist nicht so leicht, diese blöden Einbildungen einfach abzustellen!

Ich möchte aber auch nicht kremiert werden. Es ist idiotisch, aber ich bin geprägt davon, daß die Einäscherung lange Zeit als Sünde angesehen wurde.

Letzthin trug ich meinem Neffen Henri auf: »Mach keinen Grabstein hin, laß nackte Erde auf mir sein; die ist schwer genug, ohne daß ein Stein draufkommt.«

Wie du siehst, geht man durch viele Zustände hindurch. Das Lebensbedürfnis wehrt sich aus lauter Gewohnheit, während der Geist schon weit über alle Kleinigkeiten hinaus ist.

Vor ein paar Tagen war ich wirklich krank. Allein zu Hause, bei halbem Bewußtsein, nicht in der Lage, jemanden zu rufen, hing ich da sechs Stunden lang kraftlos in einem Sessel neben dem Radiator. Kalt hatte ich, mir war so kalt im Rücken, und weh tat es, sehr weh ... wo, weiß ich nicht mehr. Mechanisch renkte ich mich nach links, nach rechts, wie es ging, nach ein bißchen Wärme. Nachmittags um zwei erst kam ich wieder zu Bewußtsein. Ich hatte das Gefühl, sehr, sehr nahe am Ende vorbeigegangen zu sein. Und nicht eine Sekunde empfand ich Angst. Wenn der Tod nahe ist, verfliegt alle Angst.

Im übrigen weiß ich nicht, ob ich an meinem Körper hänge; vielleicht hängt der an mir! Ihn zu verlassen macht mir nichts aus; aber ob er mich verlassen will, um halbbewußt unter der Erde begraben zu sein ... In welchem Augenblick tritt der Tod wirklich ein? Man sagt, man müsse den Leichnam einige Tage, mehr als zwei oder drei, vor der Beerdigung aufbehalten, damit die Seele sich ganz von ihm lösen könne. Damit sie nicht in Verwirrung gerate, nicht herumirre auf der Suche nach der körperlichen Stütze, die ihr nun fehlt.

Der Tod ist eine viel erhabenere Sache als seine klinischen Erscheinungen. Viele Leute, auch Ärzte, wissen nichts davon. Wenn ich an diese Ahnungslosigkeit denke, macht mich das elend, dann gehe ich wieder durch ein Stadium ohnmächtiger Revolte. Darum träume ich vom Wald, von freier Luft.

Und da ist noch, was nach dem Tode kommt. Was wird es sein? Ach, jeder Mensch muß allein sterben! Der Tod ist ein Sprung in eine andere Dimension, in eine andere Dauer. Er ist kein endgültiges Verschwinden, dessen bin ich sicher, zu viele Dinge haben mir das Gegenteil bewiesen. Ich sage das nicht, um mich abzusichern. Der Tod ist kein Ende, er ist ein Anfang.

In den letzten Monaten versuche ich, zum Wesentlichen vorzustoßen. Vorher konnte ich das nicht, zu sehr war ich damit beschäftigt, die Angst vor jenem Verschwinden zu überwinden, wie es uns die Kirche versprochen hatte. Es gelang mir, an vielen Vorurteilen zu rütteln, was aber im Unbewußten bleibt, erledigt man nicht, wie man will. Was man uns aufzwang, aufpfropfte, Gericht, Strafe, Hölle, dessen entledigt man sich nicht. Die uns solche Bilder eingeprägt haben, waren furchtbar grausam mit uns. Es ist so schon schwer genug, mit dem Tod ins reine zu kommen; man braucht das nicht noch mit Züchtigungen zu verstärken.

Wenn ich nicht müde bin, beherrsche ich die Lage, fasse alle Möglichkeiten ins Auge. Früher hatte ich einmal buddhistische Freunde. Für sie ist der Tod einfach. Man geht in einen anderen Zustand des Lebens über, wo man die ewige Erlösung erhält.

Gerne würde ich wie sie denken, aber da ist gleich wieder die Angst und klopft an, und das bringt mich für den Augenblick von dieser Lehre ab. Ich schwanke, das spricht für die Macht der eingetrichterten Ideen.

Ein Leben lang hast du gegen die gekämpft.

Wer kämpft nicht? Ich wette mit dir, du findest keinen Katholiken, der nicht im Innern dagegen angegangen ist, besonders in einem Dorf wie diesem, wo der Klerus allmächtig war, wo er durchsetzte, was er die machtvollen Ideen nannte. Mit Drohungen waren die Schäfchen leichter zu führen.

Die gleiche Situation fand ich in der Bretagne. Klar, daß man die Leute in den Himmel bringen will, aber mit Fußtritten in den Hintern. So zittern sie denn vor Gott, vor dem Leben, zittern vor dem Tod. Sie sind ein einziges Zittern!

Meine arme Mutter kannte ihr Leben lang nicht einen einzigen Augenblick des Friedens, des Glücks, denn sie fürchtete sich vor Gottes Gericht. Da mußte sie uns wohl erziehen, wie sie es tat, in ihrer ganzen bigotten Strenge; es war ihre Art, uns zu lieben.

Heute sieht man den religiösen Druck durch den des Geldes ersetzt. Es ist nur etwas wert, wer etwas hat. Reden sie von »guten« Menschen, meinen sie solche mit einem »Guthaben«. Wer nichts hat, ist nichts. Der Greis zum Beispiel ist ohne Bedeutung, da er nicht konsumiert. Kürzlich hörte ich am Radio, in England sei vorgeschlagen worden, die Alten über achtzig aus den Zivilstandsregistern zu tilgen. Man löschte sie rundweg aus!

Um auf den Tod zurückzukommen: Teilte der Glaube nicht blinden Schrecken mit, sondern Grund zur Hoffnung, siehst du, wie süß das wäre. Statt eines schwarzen Lochs wäre der Tod endlich das große Abenteuer, auf das man sich freut.

Nähme man uns die Angst vor dem Tod, keiner würde mehr dem Geld nachrennen. Für den Lebensunterhalt arbeiten, mit Freuden teilen, was wir haben: das würde uns genügen. Kriege hätten keine Daseinsberechtigung mehr.

Ich träume von einer Gesellschaft, von der wir alle träumen, auch der abgefeimteste Materialist. In der es gut wäre, auf der Erde zu leben. Und man verließe sie ohne Schrecken. Ich träume davon, weil ich das Leben liebe, weil ich die verzweifelte Haltung derer hasse, die sagen, man müsse alles genießen, solange man da ist, weil nachher … Jene, die den andern das Nötigste stehlen, um sich gegen die Gefahr zu versichern, zuwenig Überfluß zu haben. Jene, die offiziell und legal stehlen, von Land zu Land, von Nation zu Nation. Sie wissen nicht, daß diese abirrenden Spiele der internationalen Wirtschaft eine Versicherung gegen den Tod sind, daß es die Hölle ist und daß wir die hier unten durchleben!

Nein, die Furcht ist nicht der Weisheit Anfang. Sie ist einer der Gründe von Habgier, Haß, Gewalt, die zunehmen werden, du wirst es erleben. Was will man: Sie haben den Kopf dem Herzen vorgezogen. Intellekt auf Kosten des Gefühls. Der Glaube ist zur Prothese geworden. Wie einfach alles wäre, besänne sich der Mensch darauf, daß er vergeht wie die Jahreszeiten. Daß er, wer weiß, wie diese vielleicht wiederkommt!

Scheint dir nicht, die Menschen versuchen in dieser höchsten Verwirrung wieder vermehrt ihre geistigen Dimensionen wiederzufinden?

Doch, und das ist ein Grund zur Hoffnung. Sie sind überallhin zerstreut, doch in größerer Zahl, als man annähme, versuchen sie ehrlich, die Probleme, die das bringt, mit den Mitteln zu lösen, die sie haben.

Auch ich versuchte, meines auf meine Art zu lösen. Zum Preis von was für Rückschlägen auch immer. Wie viele Male niedergestampft, heftigst beschimpft, dann, für Augenblicke, übertrieben optimistisch und wieder Rückschläge in die tiefste Nacht! Ich weiß, daß ich nicht unbedingt recht haben muß; aber ich weiß auch, daß jedes menschliche Wesen ein Stück einzigartiger Wahrheit besitzt.

Das Wesen der Religion sollte darin bestehen, andere Glaubensüberzeugungen zu akzeptieren. Das dachte ich schon als Kind. Kannst dir vorstellen, wie gern gesehen das war, da die Volksmissionare von der Kanzel herab riefen: »Außerhalb der Kirche kein Heil!«

Heute weiß ich, Gott ist gerecht, unter diesem oder jenem Namen, und der Mensch weiß nichts. Man hat ihm das Denken in eine Gußform geleert. Man muß die Form zerbrechen!

Und die Kirche muß verzichten auf ihren Imperialismus in Geistesdingen, auf ihre Bekehrungswut. Sie muß darauf verzichten, als einzige Religion im Besitze der Wahrheit sein zu wollen. Das letzte Vatikanische Konzil tat immerhin einen Schritt in diese Richtung. Was für eine Haltung wird der Pole einnehmen?

Um es deutlich zu sagen: Es mußte ja soweit kommen. Die Gläubigen rannen ihnen in Rom durch die Finger. Die abgingen, waren oft die Besten. Ich will nicht sagen, der Rest sei: ferner liefen …

Was wird in den kommenden Jahren geschehen? Man kann die Antwort nicht vorausnehmen, alles ist möglich. Nur das Verschwinden der Religion nicht. Die Erfahrung des Heiligen ist keine Episode der Geschichte; sie gehört zu den Strukturen des Menschengeistes. Ich habe das schon gesagt, ich weiß, denn dies ist als Gewißheit in mir tief verankert.

Als ich dich heute besuchen kam und den alten Weg entlangging, sagte ich mir: »Es liegt in der Ordnung der Dinge, daß Marie vor mir gehen würde. Wenn sie mir dann ein kleines Zeichen geben könnte …«

Wenn ich kann, wenn ich kann, keine Sorge!

Ich glaube, mein Vater hat mir mehrere gegeben. Versteht man sie immer?

Du sagst mir, unser Gespräch komme bald ans Ende. Ich möchte mit einer anderen Note aufhören, nicht mit diesem Wiedergekäu. Und kann es nicht, kann nicht! Wie habe ich diesem Gewicht von Schuld widerstanden? All die Religionen! Was machte man, statt der Brücke, die Menschen verbindet, aus ihnen? Ein Folterinstrument. Man möchte wahrlich meinen, sie hätten nie dem Göttlichen gedient, sich nur dessen bedient, um ihre Macht zu festigen. Was ich da sage, ist grauenhaft, und ich erschrecke in meiner alten Angst vor der Blasphemie.

Immer traf ich nur Leute, die sich die Lenden geißelten, um zur Überzeugung zu gelangen, sie liebten Gott; und sie zitterten. Man kann nicht lieben, wovor man zittert.

Ich habe alles über Bord geworfen. Da hatte man noch die Frechheit, uns zu sagen, wir seien frei! Frei wovon? Frei, uns plattwalzen zu lassen.

Darum möchte ich so sehr, daß es eine Verbindung zwischen dem Jenseits und uns, zwischen Endlichem und Unendlichkeit gäbe. Ich möchte einem göttlicheren Gott begegnen; in dem Sinn, wie man sagt: einem menschlichen Menschen – und nicht einem Richter, auch keinem Knecht Ruprecht!

Im Katholizismus von heute gab man uns den Glauben als Krücke; genommen hat man uns Hoffnung und Barmherzigkeit, die beide in Richtung Liebe gehen.

Ohne Haß, doch voll Bitternis, ist dies eine ungeschickte Anklagerede gegen jene, die uns kaputtgemacht haben.

Du bist dir bewußt, welches Gewicht dein Alter dieser Anklage gibt?

Ach, weißt du, eine Bauersfrau!

Diese Anklage wird gerade gut genug sein für ein paar Freundinnen, die verstehen werden, für ein paar Frauen, die so zerstört sind, wie ich es war. Die andern werden losbrüllen; sie hätten sich in mir nicht getäuscht, werden sie sagen.

Seit ich das »Außerhalb der Kirche kein Heil« anzweifelte, versuchte ich redlich, auch durch andere Offenbarungstraditionen die Wahrheit herauszuschälen. Und ich bemerkte, solange sie noch nicht deformiert waren, zielten sie auf das eine hin: unsere Conditio humana zu übersteigen. Und ich sagte mir dann: »Wenn du die Mittelspersonen ausschaltest, die man uns aufdrängt, kannst du geradesogut bei deinem eigenen Glauben bleiben.«

Was bedeutet dir das Gebet?

Die Bedeutung liegt nicht in der Wiederholung von Worten und Formeln, wenn ich unter einem bestimmten Blickwinkel auch glaube, die ständige Wiederholung eines Lautes, eines Wortes hätte die eindeutige Wirkung, das Bewußtsein loslösen zu können. Es ist dies die indische Technik des Mantra.

Das Gebet aber ist etwas anderes: der Versuch, mit dem Göttlichen in Berührung zu kommen; um in der Sprache der Elektriker zu reden: uns an Gott anzuschließen. Wenn der Strom durchgeht, sind wir eingeschaltet in einen schweigenden Verbindungskreis.

Du betrachtest dich also immer noch als katholisch?

Es ist der Glaube, zu dem ich geboren, die Kultur, in der ich aufgewachsen bin. Daß er der einzige Weg wäre, der zum Göttlichen führte, widerspräche der Vorstellung von Gerechtigkeit. Die Christen machen einen Fünftel der Menschheit aus. Möchte man nun, daß dieses Fünftel als einziges erkoren sei, die Auserwählten zu stellen? Und die anderen? Die Moslems, Juden, Animisten, die Ungläubigen?

Wichtig ist, unser Leben in Einklang zu bringen mit unserem Glauben. Je nach Empfangsbereitschaft enthüllt Gott sich in verschiedenen Gestalten. Man kann sich ihn als gewaltigen Berg vorstellen, dessen Spitze er wäre. Über verschiedene Anstiege klettern wir alle hinauf; was nicht heißt, einzelne dieser Routen wären besser. Die einen sind jäh und steil, die anderen gehen rundherum. Doch auf dem Gipfel ist man in der einen Einheit. Nichts ist mehr bruchstückhaft, man sieht die Ebene in ihrer ganzen Ausdehnung, auch den Himmel; unsere Kletterwege interessieren keinen mehr.

Ist meine Erklärung ein bißchen kindisch?

Nein, sehr bestimmt.

Findest du?

Eine Freundin von mir suchte einen Glauben, dem sie ganz anhängen konnte. Sie hat vieles erprobt, schrieb sich sogar in die französiche kommunistische Partei ein! Sie sagte mir: »Ich bin furchtbar unglücklich, doch möchte ich nichts anderes sein als immer auf der Suche!«

Der Zustand des Suchens ist ein Vorrecht. Es gibt Leute, denen ist der Glaube angeboren, und er blitzt wie ein Goldbarren aus ihren Herzen. Wie jene Freundin habe ich mich vorgetastet, habe gegraben. Wurde ich fündig?

Vor ein paar Jahren hielt eine Gruppe von Theologen ein Seminar in La Sage. Sie waren zu dritt: ein Benediktiner, ein Dominikaner und wahrscheinlich ein Jesuit. Um sie herum schwirrten eine ganze Sammlung von Schwestern der Weisheit aus Paris sowie zwei Theologinnen, die in Rom ihre Studien gemacht hatten. Sie waren gekommen, um die Möglichkeiten der Erwachsenenkatechese in Erfahrung zu bringen. Eine ziemlich strenge, schroffe Angelegenheit, denn die Theologensprache ist Laien kaum verständlich. Ohne etwas zu begreifen, mußten sie alles auswendig lernen, wie Kinder in der Schule! Ich weiß nicht mehr, wie die bei mir gelandet sind, um mir Fragen über den Glauben zu stellen.

Ich saß auf dem Schemelchen und antwortete ihnen mit höchster Redlichkeit, so gut ich konnte, auf die Gefahr hin, sie abzustoßen. Die Sitzung dauerte vier Stunden!

Ihre letzte Frage lautete: »Wie sehen Sie Gott?«

Ich entgegnete ungefähr dieses: »Sie und ich, wir sind alle katholisch hier, teilen also denselben Glauben. Stellen wir uns einmal vor, wir könnten unser Denken materialisieren und das Bild, das wir uns von Gott machen, auf die Wand da gegenüber projizieren. Wenn wir auch den gleichen Glauben haben, ich denke, das Bild wäre wahnsinnig unterschiedlich für einen jeden von uns. Was man allein von uns verlangen könnte, wäre, Gott auch in der Projektion des anderen zu erkennen. Sie könnte sogar die unsere erweitern. So machten wir Gott allen und für alle annehmbar.«

Hier ging die Versammlung zu Ende; ich habe nie herausgebracht, was sie davon hielten.

Welches sind für dich die Werte, auf denen ein Leben aufzubauen ist?

Erstens der Sinn selber, den man diesem Leben zu geben hat: Wozu sind wir auf Erden, was haben wir hier verloren? Der Sinn des Lebens ist eng mit dem Heiligen verbunden.

Ich hatte immer eine gläubige Seele; die Welt ist nicht von selbst geworden, wie es uns eine bestimmte positivistische Wissenschaft weismachen will; aber die Vorstellung der Erbsünde wies ich immer zurück. Einen Menschen in Schuldgefühle stoßen, um ihn zur Unterwerfung unter eine religiöse Lehre zu bringen, das war mir unannehmbar. Ich hörte also auf zu praktizieren … und überließ mich Gott allein. Mir fehlt auch der Sinn für die Sünde, einfach so. Ich habe einen Begriff von Fehlern, die zu verbessern sind, das ist etwas ganz anderes. Das Böse ist das Gute, das nicht an seinem Ort steht.

So viel von dem, was die mir aufs Herz und ins Bewußtsein gekleistert hatten, versuchte ich auszumerzen. Mein Wissensdurst hat sich verflüchtigt. Jetzt gieße ich ab, dekantiere. Fange an, weise zu werden. Die Weisheit besteht nicht darin, vieles zu wissen; nein, man muß das wenige, das man weiß, verstehen, wissend, daß man nichts weiß.

Jeder hat seinen Weg zu gehen. Ich ging den meinen.

Die äußere Form, die ich meinem Leben gab, könnte bestimmt abstoßen, habe ich mich doch der Frömmigkeit in Form von Formeln versagt und wies die Gesetze einer Kirche zurück, die sich selbst entleerte, mir eher vorkam wie eine große Verwaltungsbürokratie, Reglementen unterworfen, Besitzerin von Schulen, Banken, Klöstern … Weiter praktizieren wäre Heuchelei gewesen. Wenn ich mit mir im reinen bin, bin ich mit Gott im reinen, meine ich.

Beim heiligen Johannes las ich einen wunderbaren Satz, den Jesus an die Juden richtete, und man hütete sich wohl, ihn uns zum Betrachtungsthema zu geben: Ein jeder von euch ist ein Gott. Verstehe, wer's mag!

Im Namen jener Unabhängigkeit, die ich dem Obskurantismus abrang, versagte ich mir ein Urteil über jene, die anders dachten als ich. Nie versuchte ich mich im Bekehrertum. Es gibt so viele Arten zu glauben, wie es Menschen gibt; so viele Wege zur Erkenntnis, wie Männer und Frauen sind.

Meinen wesentlichsten Wert will ich dir sagen: Ich weigere mich, in unvollkommener Übereinstimmung mit Gott zu sein.

Bereitest du dich auf die Reise vor?

Ich versuche es, doch ist man je bereit? Weiß man denn, ob man, im Augenblick der Verlassenheit, die Angst im Zaume halten kann? Nichts ist je gewonnen, besonders nicht, wenn du deine ganze Jugend über in einer Wanne mit Säure gebadet hast. Die Verbrennungen hinterlassen Narben, die sehr empfindlich auf jeden Temperaturwechsel reagieren!

Bestimmt war eine Kraft in mir, die mir erlaubte, mich aufrecht zu halten, auch wenn ich spürte, daß ich am Zusammenklappen war. Ich mußte ganz einfach wieder Haltung annehmen, wenn ich auch jeden Augenblick den Boden unter den Füßen verlieren konnte.

Ich glaube nicht an die Strafen, die ein Buchhalter-Gott verteilt. Wir werden unser eigener Richter sein.

Das wichtigste ist, sein Geschick anzunehmen. Das heißt nicht, passiv bleiben, im Gegenteil; aber es heißt, werken mit dem, was man hat, heißt, die inneren Kontinente aufspüren, heißt, das eigene Ego auslöschen, den Bedürfnissen von Leib und Seele harmonisch entgegenkommen. Dann ist man bereit.

Ein Satz von Jung erfüllte mich mit Freude. Er schrieb: »Wir sind nur durch das Wesenhafte etwas; findet man keinen Zutritt hierzu, ist das Leben vertan.«

Ich glaube, ich habe meines nicht vertan. Das allein ist

mir Gewißheit. Leben lernen, ohne sich zu belügen noch sich selbst zu schmeicheln. Unter der Bedingung, daß er ehrlich bleibt, ist jeder Mensch in der Wahrheit.

Von einem gewissen Zeitpunkt an muß man allein weitergehen, muß alle helfenden Hände hinter sich lassen. Das ist der Preis der Reife. Und bestimmt der Preis der geistigen Reife, die unsere zweite Geburt ist.

Sollte im Augenblick des Aufbruchs mich Angst packen, ich könnte kippen im Unbekannten, hoffe ich auf die Kraft, mich ein letztes Mal aufzurichten und das Dunkel mit einem Lächeln zu empfangen.

Nachwort

Um den Sommer 1974 hatten Marie Métrailler und ich, ein bißchen zusammenhanglos und mehr zum eigenen Spaß, diese Unterhaltungen aufgenommen. Der Gedanke, sie in einem Band zu vereinigen, kam erst später, zu spät: Der Tod hat uns getrennt, im Frühjahr 1979.

So wurde dieses Spiel, Arbeit mittlerweile, an der Marie sehr hing, unterbrochen, als es auf dem besten Weg war, zum ehrgeizigen Vorhaben zu werden: ein richtiges Buch, ohne die Zwischenfragen. Und Marie wäre dessen einzige Autorin gewesen.

Hierzu hätte man beinahe von vorne beginnen müssen und Löcher stopfen, hätte mehr Erinnerungen genauer herausarbeiten müssen, weitere Sagen sammeln, vorantreiben die Hinterfragung einer Lektüre, die ihr wesentlich war und ihr half, die »eigene« Wahrheit aufzuspüren. Jene Wahrheit, die sie sowohl in Büchern suchte als auch im unmittelbaren, intuitiven Erfassen einer geistigen Wirklichkeit; oder durch die Natur, der sie so nahe geblieben war.

Aus Ehrfurcht vor ihrem Andenken zog ich es vor, unsere Gespräche zusammenzustellen, die Kette davon in jenen Schuß zu weben, den sie hinterlassen hatte, fest und gewandt auf den Webstuhl ihres Lebens gezäumt. Und mit wieviel Klugheit, mit welcher Strenge!

Bewußt gebrauche ich den Ausdruck Kette und Schuß, denn Marie, Bergbäuerin aus dem Val d'Hérens, 1901 in Evolène geboren, hat, lange vor der heute neuen Hinwendung zum Handwerk, dort oben das Weben, das hier in allen Familien über Generationen ausgeübt wurde, zu nutzbringendem Zweck wiedereingesetzt. Sie machte daraus ein Kunsthandwerk, wie auch einen Broterwerb für Frauen, die reich nur an aufreibender Alltagsarbeit waren.

In ihrem kleinen Laden an der Hauptstraße des Dorfes, wo ein herzhaftes Durcheinander herrschte, das einen einlud, mit der Hand in den Stoff zu fahren, sah Marie Hunderte von Neugierigen hereinschauen, Käufer, die sich in die alten Leinen- und Hanfstoffe verliebten, in Stickereien und Landwolle. Von denen, die einmal in den Laden kamen, wurden die meisten ihre Freunde. Die Ausstrahlung, die von dieser Frau ausging, nahm sogleich gefangen, man staunte über ihre freie Sprache und das unglaubliche Wissen, das ihr in den unterschiedlichsten Bereichen eigen war.

In diesem Tal, dessen Bauern eine bewundernswerte Zivilisation hervorgebracht hatten, in dem man einen herrlichen Dialekt spricht, den archaischsten der Westschweiz, hatten vor allem die Frauen jenen Fundus an Weisheit und Lebensklugheit, den Marie in höchstem Grad besaß. Sie hatte auch Reserven an Ausdauer und Mut, geboren aus dem geschärften Sinn für die gerechte Revolte gegen Unterdrückung, woher sie auch kam, den sie von Kind auf in sich trug.

Auf diesen Seiten erzählt sie das harte Leben der Bauern, redet von den Bräuchen, Sagen, Legenden, der alltäglichen Arbeit, vom Schicksal der Frauen, von Feen, von Gott und ihrer Lektüre, von den tellurischen Mächten der Gegend, von klaren Gebirgsbächen, vom Tod, vom Keltentum und von »übernatürlichen« Ereignissen, von Abendsitzen auf der Alp. Sie gibt sogar Küchenrezepte.

Überall ist dieser anrührende Reisebericht eines Lebens durchzogen vom Leitfaden einer beispielhaften inneren Erfahrung, die weder in den Forderungen an sich selbst Konzessionen macht noch in der Weigerung, einer Glaubenslehre anzuhängen, solange deren Grundsätze nicht in der Tiefe erprobt und erfahren wurden. Er bezeugt die unbeugsame Kraft eines Menschen, der, nach vielen tastenden Versuchen, seine ureigensten Quellen entdeckt hat. Er enthüllt die Schwächen eines Leibes, welcher der Vernichtung überantwortet ist. Und beweist, daß nichts Wesentliches erreicht wird, wenn man sich nicht als Ganzes in das Abenteuer einbringt.

Dieses heftige Bedürfnis nach Echtheit, einer der Grundzüge ihres Charakters, führte sie dazu, sich selbst sehr genau kennenzulernen, bis in ihre Widersprüche. Auf- und abzusteigen die Stufen ihres Seins, die Strände von Licht und Schatten zu erforschen, um – vielleicht – jene viszeralen Ängste zu überwinden, mit denen die Seele dem Körper auf den Leim geht. Um jene »heilsamen« Schrecken auszutreiben, die man damals in der Kinderseele einpflanzte im Namen eines Glaubens, der Schuldgefühle weckte. Jene Schrecken, die in Augenblicken der Übermüdung, der Zerrüttung, der Krankheit wieder auftauchen konnten.

Überzeugt davon, daß es eine einmütige Offenbarungstradition gebe, die kein Alter kenne und die im Herzen eines jeden einzelnen erwachsen könne, unternahm sie den Versuch, wie sie sich ausdrückt: »mit den bordeigenen Mitteln« Christentum, Judentum, Keltentum, Buddhismus zu vergleichen, um das Wesentliche herauszuschälen; das brachte sie zur Überzeugung, eine gemeinsame Wahrheit trage ihr Wasser auf alle großen Religionen.

Als ich sie, ehe sie zur anderen Seite des Lebens ging, im Walliser Sanatorium, wohin sie die Krankheit geführt hatte, ein letztes Mal sah, hatte sie ihr gutes, frisches Lächeln, zart, ein bißchen sehr wissend, aber von jenem höheren Hintersinn, der den Sieg über die Furcht kündete, die überwundene Revolte, die Aussöhnung mit dem Tod, der so nahebei stand.

Sie redete wenig. Ein paar Sätze, hingemurmelt, die ich wie ein Geheimnis bei mir trage, das Ende unserer Gespräche, die letzte vertrauliche Mitteilung, die genaueste ohne Zweifel, die reinste.

Ihr Leichnam liegt auf dem kleinen Kirchhof von Evolène.

Ich wünschte, dieses Buch sei ihr leichtester Kranz, einer, den sie gerne gehabt hätte, geflochten vom Gefühl unserer Verbundenheit, von der Übereinstimmung unserer Gefühle, unserer Revolten und Überzeugungen, unserer Hoffnungen, vor allem aber von der Dankbarkeit, die ich ihr bewahre, da sie mit mir die Reichtümer ihres Herzens teilte, mich bis an den Schlußpunkt dieser Arbeit – unserer Arbeit – begleitete, die so befruchtend war!

Ich möchte ein paar Worte beifügen in bezug auf Irrtümer, die sich, trotz aufmerksamen Korrigierens, vielleicht haben ins Werk schleichen können. Sie betreffen die Geschichte des Landes. Exaktheit von Daten, von Orten, die phonetische Transkription der Dialektausdrücke.

Das Wesentliche liegt nicht hierin, und falls es dafür einen Beweis braucht, will ich ihn erbringen mit der Erzählung eines wunderbaren Abenteuers, das sich ganz natürlich ins Leben der Marie Métrailler einfügt, über ihren Tod hinaus.

Als ich die Stelle abschrieb, an der Marie ihre Begegnung, im Geschäft, mit einer kleinen erstaunlichen Dame, »deren Augen man nicht vergißt«, erzählt, kam mir spontan und ohne weitere Absicht der Gedanke, die betreffende Dame anzuschreiben, sie zu fragen, ob sie sich an Marie Métrailler entsinne, die Weberin in Evolène.

Acht Tage darauf bekam ich aus Maine, USA, einen Brief, die Antwort von Marguerite Yourcenar, die diesem Text als Schlußwort dienen soll:

»Ihr Brief erfüllt mich mit trauriger Sehnsucht und Zärtlichkeit (denn ich hatte überaus freundschaftliche Erinnerung an Marie Métrailler), aber auch mit Gewissensbissen. Daß ich ihr all die Jahre über nicht geschrieben habe ... Jene wahrhaft unvergeßlichen Stunden, die wir in Evolène in ihrem Laden verbrachten, und ihre Erzählungen von den Sagen der Gegend, den sonderbaren Geschehnissen, deren kluger Zeuge sie war ... Man müßte immer schreiben, darauf bauen, daß die Leute noch da sind und daß sie Freude an einer Botschaft hätten ... Welche verpaßte Gelegenheiten ... Aber ich habe mich nicht mehr länger in der Schweiz aufgehalten seit meinem letzten Sommer im Wallis, 1951, wenn ich nicht irre. Der Zufall führte mich in eine Reihe anderer Länder, wo ich manchmal an Marie Métrailler dachte, wenn ich in einem fremden Umfeld auf Riten und Glaubensvorstellungen stieß, die denen aus ihrem Val d'Hérens entsprachen. Vor etwa achtzehn Monaten erinnerte mich in Georgia zum Beispiel der ›Seelenpfad‹ der Indianer an jenen Armenseelenweg, dessen Verlauf quer über einen Hügel sie mir in der Nähe von Evolène zeigte.

Ich weiß nicht, wie alt sie am Ende war, aber in ihr wohnten wahrhaft Jahrtausende menschlicher Erfahrung. Ich möchte, wie es in einem buddhistischen Spruch heißt, daß wir uns träfen zu Füßen desselben Wasserfalles, im Schatten eines gemeinsamen Baumes.

Im Sommer trage ich im Garten noch immer ein weiß-schwarz gemustertes Wollkleid bäuerlicher Fasson, das aus Stoff von ihrem Laden gemacht ist.«

Marie-Magdeleine Brumagne